Charles Martig / Leo Karrer (Hg.)
Traumwelten

Film und Theologie

Schriftenreihe der internationalen Forschungsgruppe „Film und Theologie"
und der Katholischen Akademie Schwerte

herausgegeben von:

Peter Hasenberg, Deutsche Bischofskonferenz, Bonn
Johannes Horstmann, Katholische Akademie Schwerte
Leo Karrer, Universität Fribourg
Gerhard Larcher, Universität Graz
Matthias Loretan, Institut für Journalistik und Medienwissenschaft, Fribourg
Charles Martig, Katholischer Mediendienst, Zürich
Joachim Valentin, Universität Freiburg
Christian Wessely, Universität Graz
Udo Zelinka, Katholische Akademie Schwerte
Reinhold Zwick, Universität Münster

Band 4

Charles Martig / Leo Karrer (Hg.)

Traumwelten
Der filmische Blick nach innen

Die Deutsche Bibliothek – CIP-Einheitsaufnahme

Die deutsche Bibliothek verzeichnet diese Publikation in der deutschen Nationalbibliographie; detaillierte bibliografische Daten sind im Internet unter http://dnd.ddb.de abrufbar.

Abbildungsnachweis: Umschlag: Laura Elena Harring in David Lynchs MULHOLLAND DRIVE (F/USA 2001), Frenetic Films, Zürich / Cinémathèque Suisse Zürich; 1, 2, 24.1/2 Warner Bros. / Cinémathèque Suisse Zürich; 3 Tobis-Filmkunst / Cinémathèque Suisse Zürich; 4, 5, 15, 22 TV DRS / Cinémathèque Suisse Zürich; 6–10, 12.1, 13, 16, 17 Cinémathèque Suisse Zürich; 10 Cinémathèque Suisse Zürich; 11.1–4, 12.2, 14.1/2 Svensk Filmindustri / Janus; 18 Rialto Film AG / Cinémathèque Suisse Zürich; 19–21 Frenetic Films, Zürich / Cinémathèque Suisse Zürich; 23 UIP / Cinémathèque Suisse Zürich; 25–28 Filmcooperative Zürich / Cinémathèque Suisse Zürich

Schüren Verlag GmbH
Universitätsstr. 55 · D-35037 Marburg
www.schueren-verlag.de
© Schüren Presseverlag 2003
Alle Rechte vorbehalten
Gestaltung: Erik Schüßler
Druck: WB-Druck, Rieden
Printed in Germany
ISBN 3-89472-341-6

Inhalt

Vorwort
Charles Martig, Leo Karrer   7

Ich träume, also bin ich
Philosophische und theologische Annäherungen an Träume und Wünsche
Walter Lesch   11

Traumdeutung in der Tradition von Sigmund Freud
Hartmut Raguse   31

Bausteine einer psychoanalytischen Filmtheorie
Zur Verhältnisbestimmung von Psychoanalyse und Film am Beispiel des Traums
Mechthild Zeul   45

Kunstmittel oder Verleugnung?
Die klassische Filmtheorie zu Subjektivierung und Traumdarstellung
Matthias Brütsch   59

Transformationen
Luis Buñuel und die Surrealisten träumen
Moritz Geisel   91

Träume – Ängste – Verwandlungen
Traumstrukturen bei Ingmar Bergman
Dietmar Regensburger   119

Lynchville
Selbstbezüglichkeit und Irrealisierung im Werk von David Lynch
Charles Martig   149

„Wir sind in dieser Welt nie wirklich zu Hause"
Peter Weir als Traumwandler zwischen den Welten
Thomas Binotto 169

Love me
Weibliche Identität zwischen Traum und Wirklichkeit
Ulrike Vollmer 181

Einer liebt mich?
Laetitia Massons Traum von einer Wirklichkeit der Liebe in LOVE ME
Matthias Müller 201

Zu den Filmen 221

Auswahlbibliographie 231

Autorenverzeichnis 235

Vorwort

Die Verbindungslinien zwischen Film und Traum sowie die Reflexion über dieses Phänomen lassen sich bis in die frühe Filmtheorie zurückverfolgen. Dabei beruht die Analogie zwischen Film und Traum auf einer Intuition, die sich mehr auf die Alltagsvernunft als auf methodische Zugänge stützt. Sehr einfach ist es, die Metapher der „Traumfabrik" für die Produktionsstätte in Hollywood zu zitieren, oder eine Identität von Tagträumen und Kinoerlebnissen zu postulieren. Doch diese Abkürzung ruft Skepsis hervor. Für die Auseinandersetzung mit den Traumwelten im Kino ist es deshalb ratsam, die Unterschiede zwischen Film und Traum herauszuarbeiten und nach Formen der Subjektivierung und Irrealisierung im Film zu fragen. Der Traumdiskurs wurde bisher vor allem in der Literaturwissenschaft eingehend geführt – insbesondere in der französischen Tradition, was mit der überragenden Bedeutung des Surrealismus und der Freud-Rezeption in Frankreich zusammenhängt. Über die Ästhetik des Traums im Film gibt es jedoch nur wenige Publikationen. Die Literaturwissenschaft hat bisher ein mangelndes Interesse am Film gezeigt und die Filmwissenschaft hat sich ihrerseits kaum für den Traum interessiert. Eine Ausnahme bildet dabei der von Bernard Dieterle herausgegebene Sammelband *Träumungen. Traumerzählung in Film und Literatur* (1998), der uns für die Entwicklung eines interdisziplinären Gesprächs zwischen Filmwissenschaft, Philosophie, Theologie und Psychoanalyse wertvolle Anregungen gegeben hat. Entscheidend war auch der Einfluss der wissenschaftlichen Recherchen von Matthias Brütsch, der am Seminar für Filmwissenschaft der Universität Zürich zum Traumthema arbeitet.

Der vorliegende Sammelband führt den Dialog zwischen Film und Theologie mit Blick auf den Traumdiskurs fort. Der Band „Traumwelten" enthält die für die Publikation überarbeiteten Referate des gleichnamigen Symposiums, zu dem die internationale Forschungsgruppe „Film und Theologie" im Frühsommer 2001 in Fribourg (Schweiz) zusammenkam. Getragen wurde es vom Lehrstuhl für Pastoraltheologie an der Universität Fribourg und vom Katholischen Mediendienst in Zürich. Das Symposium reflektierte aus theologischer und ästhetischer Perspektive über die Funktionalität und Sinnhaftigkeit von Traumdarstellungen. Grundlagen der systematischen Theologie, der Philosophie, der Filmtheorie sowie der Psychoanalyse wurden anhand von ausgewählten Filmbeispielen diskutiert. In der Auseinandersetzung mit Werken von Ingmar Bergman, Luis Buñuel, Stanley Kubrick und Laetitia Masson wurde nach der Bedeutung des Traumes für die Theologie sowie für die Ästhetik des Kinos als sozialer Ort des Träumens und Erinnerns gefragt. In der Weiterentwicklung des Themas hat sich gezeigt, dass auch zwei monographische Schwerpunkte zu David Lynch und Peter Weir notwendig sind, um das Spektrum zu öffnen und den Dialog breiter zu führen.

Walter Lesch, Professor für Sozialethik und Moralphilosophie an der Universität Löwen, führt eine Spurensuche durch, die aus philosophischer und theologischer Perspektive über Träume und Wünsche reflektiert. Seine Annäherung an eine „Philosophie des Träumens" geht über die bekannte Vernunftkritik der vergangenen Jahrzehnte hinaus und nimmt neben der Kritik des Wissens und Sollens das Problem des Wünschens und Begehrens auf. Der Weg durch die Philosophiegeschichte spannt den Bogen von Platons Traumargument über Descartes' Meditationen bis zu Freuds Traumtheorie. Die Ansätze von Ernest Hartmann und Bertram D. Lewin werden von Lesch dargestellt und in einen theoriegeschichtlichen Kontext eingefügt. Anhand von Filmen von Wim Wenders und Stanley Kubrick zeigt der Autor zudem exemplarisch, wie der Traumdiskurs in der Gegenwartskultur präsent ist.

Als Hinführung auf die psychoanalytische Filmtheorie gibt *Hartmut Raguse*, Psychoanalytiker und Titularprofessor für Neues Testament und Hermeneutik in Basel, einen konzisen und von langjähriger Praxis geprägten Überblick zu Sigmund Freuds *Traumdeutung*. Er geht dabei von der ursprünglich im Jahr 1900 erschienen Fassung aus und führt mit zahlreichen Beispielen in die Grundbegriffe der Traumdeutung ein. Raguse stellt die Weiterentwicklung der Freudschen Traumdeutungstheorie dar und referiert kurz die Kritik Freuds an den Surrealisten.

Mechthild Zeul, Psychoanalytikerin in Madrid und Mitherausgeberin der Zeitschrift Psyche, beschäftigt sich mit den psychoanalytischen Ansätzen in der Filmtheorie unter dem Fokus des Traums. Gertrud Koch und Jean-Luc Baudry haben das von Bertram D. Lewin in die psychoanalytische Literatur eingeführte originelle Konzept der Traumleinwand untersucht und dabei die vom Film bei den Zuschauern ausgelösten Bewusstseinszustände erarbeitet. Zeul betrachtet die Einführung der Traumleinwand in die Theorie der Träume als einen objektbeziehungstheoretischen Aspekt und erstellt ein Konzept, das die Beziehung zwischen dem Medium Film und dem Zuschauer als eine primitive Objektbeziehung nahe legt. Sie zielt damit auf eine psychoanalytische Filmtheorie, in deren Zentrum die Wiederbelebung der oralen Wünsche steht: Schlafen, Essen und Gegessen-werden.

Matthias Brütsch, Lehrbeauftragter und Assistent am Seminar für Filmwissenschaft der Universität Zürich, geht auf die klassische Filmtheorie ein und stellt systematisch dar, wie Hugo Münsterberg, Béla Balázs, Rudolf Arnheim, Siegfried Kracauer und Jean Mitry mit Fragen der Sujektivierung und Traumdarstellung im Film umgehen. Sind diese „feinstes Kunstmittel" oder schlichtweg die „Verleugnung der filmischen Grundeigenschaften"? In dieser Spannung untersucht Brütsch die theoretischen Prämissen, die zu je unterschiedlichen Urteilen geführt haben.

Eine sorgfältige Studie zur Bewegung der Surrealisten und zum Regiewerk von Luis Buñuel hat *Moritz Geisel* verfasst. Der Romanist stellt das literarische Umfeld dar, schildert die Entstehung der Bewegung und führt Buñuel als Surrealisten ein. Durch die detaillierte Analyse der Traumstruktur des Films DER DISKRETE CHARME DER BOURGEOISIE (LE CHARME DISCRET DE LA BOURGEOISIE, 1972) interpretiert Geisel den Film als Kritik an den realen gesellschaftlichen Bedingungen mit Hilfe von Träumen, wobei stets ein nicht hinterfragbarer Rest zurückbleibt. Die surrealistischen Verfahren wie Verfremdungseffekte, das Spiel mit den Erwartungen der Zuschauer, die Überwindung der Grenzen von Wirklichkeit und Traum sowie die Aufgabe traditioneller Erzähltechniken rücken den untersuchten Film in die Nähe des Buñuelschen Frühwerks.

Dietmar Regensburger von der Universität Innsbruck untersucht die Traumstrukturen im Werk von Ingmar Bergman. Mit einem Vorspann zum Verhältnis von Film und Traum öffnet er den Horizont auf einen größeren filmgeschichtlichen und gesellschaftlichen Kontext. Die spezifische Funktion der Traumdarstellung erarbeitet er in einer Einzeluntersuchung zu Bergmans WILDE ERDBEEREN (SMULTRONSTÄLLET, 1957). Die Beziehung Bergmans zum Traumthema zeigt sich besonders prägnant in einer Interpretation zu PERSONA (1966). Regensburger bezieht weitere Filme aus dem Œuvre ein und führt in einem abschliessenden Teil das Gespräch mit der Theologie. Dabei erhält das biblische Umkehrmotiv eine zentrale Bedeutung.

David Lynchs Film MULHOLLAND DRIVE (2001) gab den Anstoß für den Beitrag von *Charles Martig*. Der Filmbeauftragte des Katholischen Mediendienstes in Zürich wählt als Ausgangspunkt das selbstreflexive Design im Filmschaffen von Lynch – ein eigenständiges ästhetisches Universum, das auch als *Lynchville* bezeichnet wird. Von BLUE VELVET (1986) über LOST HIGHWAY (1996) bis zu MULHOLLAND DRIVE (2001) ist der amerikanische Regisseur zu radikalen Formen der Subjektivierung und Irrealisierung vorgestoßen. Martig stellt Lynchs ästhetische

Strategie vor, bietet leitmotivische Interpretationen zu LOST HIGHWAY, MULHOLLAND DRIVE und THE STRAIGHT STORY (1999) und entwickelt vor allem an diesen Filmen das Traumthema. Dabei führt ihn seine Spurensuche in das selbstbezügliche Labyrinth der narrativen Verstrickungen, in die Ästhetik des Unheimlichen, aber auch in neue Traumlandschaften.

Der Filmpublizist *Thomas Binotto* charakterisiert den Filmschaffenden Peter Weir als Traumwandler zwischen den Welten. Von den frühen australischen Filmen wie DIE AUTOS, DIE PARIS AUFFRASSEN (1974) und DIE LETZTE FLUT (1977) über die erfolgreichen Produktionen DER EINZIGE ZEUGE (1985) und GREEN CARD – SCHEINEHE MIT HINDERNISSEN (1990) bis zur hochentwickelten Seifenoper DIE TRUMAN SHOW (1998) gibt Binotto einen ausgezeichneten Überblick. Dabei geht er von Edgar Allan Poes Gedichtzeile „Nothing but a dream within a dream" aus und zeigt überzeugend, dass Weir den Traum als poetisches Mittel nutzt, um der Rauheit des Alltags zu begegnen. Die Traummetapher bearbeitet vor allem das Gefühl der Weltfremdheit, das im Kino des australischen Regisseurs immer wiederkehrt.

Aus einer Begeisterung für das junge französische Kino und insbesondere für die Filme von Laetitia Masson ist ein Schwerpunkt entstanden. *Ulrike Vollmer* und *Matthias Müller* haben mit LOVE ME (2000) den dritten Teil einer Trilogie, die mit HABEN (ODER NICHT) (En avoir [ou pas], 1995) und ZU VERKAUFEN (A VENDRE, 1998) begann, in den Mittelpunkt ihrer Interpretationen gestellt. Beide nähern sich der irritierenden Geschichte einer jungen Frau und ihrer unerfüllten Liebesverstrickungen aus unterschiedlicher Perspektive. LOVE ME ist offen für verschiedene Deutungen und erstmals wird in der Reihe „Film und Theologie" versucht, zwei Interpretationen zu einem Film ausführlich zu entwickeln und zu publizieren. Vollmer befindet sich im PhD Studium an der Universität Sheffield (GB) und Müller ist Dissertant in Fundamentaltheologie an der Universität Freiburg.

Es ist uns ein Bedürfnis, all jenen zu danken, die das Symposium in Fribourg mit großem Engagement vorbereitet, mitgestaltet und mitgetragen haben. Der Katholische Mediendienst in Zürich, das Katholische Institut für Medieninformation in Köln sowie die Katholische Akademie Schwerte haben die Redaktion und den Druck dieses vierten Bandes in der Reihe „Film und Theologie" zu wesentlichen Teilen finanziert. Auch diesen Partnern sei ein herzlicher Dank gesagt.

Leo Karrer, Fribourg und Charles Martig, Zürich im August 2002

Ich träume, also bin ich
Philosophische und theologische Annäherungen an Träume und Wünsche

Walter Lesch

„Ich glaube, dass einem Film ein Traum vorausgehen muss, entweder ein regelrechter Traum, an den man sich beim Aufwachen erinnert, oder ein Tagtraum. Ich will das nicht verallgemeinern, das gilt sicher nicht für alle Filme. Viele Filme brauchen keinen Traum, sie sind Ergebnisse von Kalkül und somit nicht Investitionen emotioneller, sondern finanzieller Art. Aber von denen rede ich nicht. Ich rede von den Filmen, die eine Seele haben, denen man ein Zentrum anmerkt, die eine Identität ausstrahlen. Die sind allesamt ‚erträumt' worden, da bin ich sicher."[1] Diese Bemerkung von Wim Wenders aus dem Jahr 1991 bringt nicht ohne Pathos auf den Punkt, was wir an Träumen bewundern und warum wir ihnen einen Einfluss auf das kreative Gestalten zuschreiben. Träume stehen für eine Gegenwelt, die sich gegen das Diktat instrumenteller und zweckrationaler Abläufe behauptet. Sie repräsentieren all das, was auf dem Altar des Profits oft so leichtfertig geopfert wird und was uns eigentlich davor bewahren könnte, zu seelenlosen Maschinen zu werden. Die Träume wären also so etwas wie die Hüter der Vernunft, die sich in der Geschäftigkeit einer eiskalt kalkulierenden Rationalität zu verlieren droht. Es versteht sich von selbst, dass Wenders mit diesen Klischees keineswegs naiv umgeht. Er weiß, dass jeder Rekurs eines Filmemachers auf die Macht der Träume eine Anknüpfung an einen Traumdiskurs bedeutet, der inzwischen sehr komplex ist und vielfach mit den Theorien über das Träumen außerhalb der Welt des Films verflochten ist.

Der konkrete Anlass von Wenders' Überlegungen war Anfang der neunziger Jahre[2] sein Film BIS ANS ENDE DER WELT (1991), eine Auseinandersetzung mit Traumwelten, auf die ich am Schluss des Beitrags noch zu sprechen kommen werde. Doch zunächst möchte ich einen Umweg wählen, für den philosophische und theologische Beiträge zu interdisziplinären Tagungen berühmt und berüchtigt sind. Dabei wird die *philosophische* Perspektive eindeutig dominieren, um gelegentliche Ausblicke auf verwandte theologische Fragestellungen zu eröffnen. Das Interesse an diesem theoretischen Hintergrund im Kontext des Projekts „Film und Theologie" ist leicht zu begründen. Es geht letztlich um nichts anderes als um die Legitimität eines philosophischen und theologischen Traumdiskurses in Verbindung mit Filmen. Wir könnten uns die Sache einfacher machen und behaupten, dass die Verknüpfung evident sei und keiner theoretischen Vergewisserung bedürfe. Schließlich seien Träume auf der inhaltlichen Ebene in vielen Filmen präsent: sie werden als zu erzählender Vorgang und als Gestaltungsmittel eingesetzt. Und sie sind Gegenstand der Reflexion auf einer Metaebene, wenn der Film als Medienprodukt in Analogie zum träumenden Blick nach innen verstanden wird. Doch dagegen ist die bewährte Strategie der Skepsis ins Feld zu führen, die sich mit Evidenzbehauptungen nicht zufrieden gibt und auch dort Komplikationen wittert, wo alles so selbstverständlich zu sein scheint. Dass der Schein trügt und dass erst recht den Illusionen der Traumwelten nicht zu trauen ist, gehört zu den elementaren Prämissen des sich für vernünftig haltenden Denkens. Deshalb wollen wir die Probe aufs Exempel machen und uns auf die Provokation der Kunst einlassen. Wie wäre es, wenn wir der Vermutung von Wenders nachgehen, wonach Filme, die eine Seele haben, erträumt worden sind? Und wie wäre es, wenn dies nicht nur für die Sonderwelt der Filme Gültigkeit hätte, sondern auch für andere Produkte des menschlichen Geistes? *„Ich träume, also bin."* Das könnte nach vielen Desillusionierungen der Moderne ein Weg zur Seele und gleichzeitig ein Weg zur Erkenntnis sein.

Die Philosophie beginnt mit einigen zweifelnden Fragen, die der Allianz von Denken und Träumen misstrauen. Gibt es einen größeren Kontrast als den zwischen dem hellen Licht denkerischer Klarheit und der Verworrenheit unserer Träume? Was sollte der Anspruch auf Selbstbestimmung des Subjekts (Autonomie) mit dem Selbstverlust in den obskuren Welten des Unbewussten (Heteronomie) zu tun haben? Wäre die Philosophie folglich nicht besser beraten, um die Unklarheit und Unverbindlichkeit des Träumens einen Bogen zu machen? Die nahe liegende Antwort auf diese Fragen ist ganz einfach folgende: die Philosophie würde sich um eine Erkenntnisquelle betrügen, wenn sie aus übertriebener Sorge um das „Reinheitsgebot" der Vernunft jeden Kontakt mit dem „Anderen der Vernunft" meiden wollte. Es kann nicht darum gehen, das „Cogito ergo sum" endgültig durch ein „Somnio ergo sum" zu ersetzen. Aber ein Gedankenexperiment ist es schon wert, die Blickrichtung einmal zu ändern und plötzlich träumerische Evidenzen zu sehen, neben denen die begriffliche Anstrengung der Vernunft zum Gestammel wird.

„*Ich träume, also bin ich ...* " Die philosophische Anthropologie wäre halbiert, falls sie die Dimension des Traumes kategorisch aus ihrem Arbeitsfeld verdammte. Die Ethik wäre gnadenlos, wenn sie bei all unseren Handlungen an eine totale Transparenz der Motive und der eindeutigen Verantwortungszuschreibung glaubte sowie mit buchhalterischer Strenge über das Konto unserer Rechte und Pflichten, unserer Erfolge und unseres Versagens wachte. Unsere Phantasie lässt sich zwar nicht auf die Traumwelten reduzieren; aber ohne sie wäre sie um eine wesentliche Quelle ärmer.

Die Annäherung an eine Philosophie des Träumens will mehr sein als nur eine Wiederholung der sattsam bekannten Vernunftkritik der vergangenen Jahrzehnte, obwohl deren andauernde Aktualität gar nicht bestritten werden soll. Es geht vielmehr darum, neben der Kritik des Wissens und des Sollens dem Problem des Wünschens nachzugehen, das allzu oft in den Bereich des nicht Diskursfähigen abgeschoben wird. Das Wünschen oder (um es mit einem in der Umgangssprache antiquierten, aber begriffsgeschichtlich sehr befrachteten Wort zu sagen) das Begehren ist eine wichtige Triebfeder unseres Denkens und Handelns, vielleicht sogar stärker als das moralisch Gebotene oder das intellektuell als richtig Erkannte. Anders wäre die häufig zu beobachtende Diskrepanz zwischen dem theoretisch akzeptierten Ideal und dem tatsächlichen Handeln gar nicht zu verstehen. Die Wahl dieser Perspektive ist natürlich insofern nicht ganz zufällig, als sie den Zusammenhang mit der psychoanalytischen Traumtheorie herstellt, mit deren Hilfe wir den wirkungsgeschichtlichen Bogen von der Wiener Moderne bis in unsere Tage spannen werden. Doch auch unabhängig von diesem Paradigma scheint es mir von Interesse zu sein, Lebensentwürfe unter dem Aspekt des Erhofften, Befürchteten, Ersehnten, Gewünschten zu betrachten und die vorgefundene Realität sowie die Grenzen des Realisierbaren mit diesen Wünschen und Ängsten zu konfrontieren. Dazu möchte ich mich zunächst in einem „Vorspann" der offenkundigen und verborgenen Verbindungen zwischen Film und Traum vergewissern, um anschließend in einer „Rückblende" prägnante Positionen des philosophischen Traumdiskurses zu rekonstruieren. Im Mittelpunkt steht Freuds Traumtheorie, die dann vor allem unter dem Gesichtspunkt des träumerischen Überschreitens moralischer Grenzen betrachtet wird. Den Abschluss bilden einige Gedanken zur Präsenz des Traumes in der Gegenwartskultur.

Vorspann

Von Seiten des Kinos bestand nie ein Zweifel an der engen Verbindung zwischen dem Medium Film und der Welt des Traumes. Daran erinnert nicht nur die stereotype Redensart von der „Traumfabrik Hollywood" und anderen professionellen Stätten der Traumreproduktion und der Trauminduktion. Als ein Medium, das sich gegen die Arroganz einer vermeintlich rationalen Schriftkultur durchgesetzt hat, war der Film seit seinen Anfängen ein herausragender Ort der Inszenierung von Träumen durch die Technik der Projektion von Bildern auf die Leinwand im verdunkelten Raum. Der Vergleich mit Platons Höhle ist in der Geschichte der Filmtheorie häufig bemüht worden, um dem faszinierenden Spiel mit dem ästhetischen Schein auf die Spur zu kommen und eine Aussage über Wahrheit und Abbild, Echtheit und Illusion zu machen. Für die Bewohner der Höhle sind die Schatten an der Wand ein vertrautes Bild, dessen Erzeugung sie nicht verstehen müssen, um sich am Spiel der Bewegungen zu ergötzen. Was aber ist die eigentliche Quelle der Wahrheit? Das Höhlenfeuer? Das Sonnenlicht? Oder die Personen, deren Schatten für die Wirklichkeit gehalten werden? Das technische Dispositiv des Kinos ist subtiler. Auch hier wird mit einer Lichtquelle gearbeitet, die aus den bewegten Bildern des Films die Illusion eines tatsächlichen Geschehens erzeugt – aber nicht als rätselhaftes Schattenspiel, sondern mit dem optischen Eindruck von täuschend echter Realität. Das Medium reproduziert Wirklichkeit und produziert zugleich die Illusion von Authentizität. Es dokumentiert die sichtbare Welt, kann diese jedoch auch als Produkt innerer Bilder inszenieren, so dass die Grenzen von Außenwelt und Innenwelt, von Wirklichkeit und Einbildungskraft verwischt werden.

Aus dieser Spannung zwischen dem Realen und dem Irrealen bezieht der Film seine poetische Kraft, die Jean Cocteau mit folgenden programmatischen Worten beschrieben hat: „Ich bin kein Filmemacher. Ich bin ein Dichter, der die Kamera als ein Vehikel benutzt, das es allen ermöglicht, gemeinsam ein und denselben Traum zu träumen – einen Traum, der nicht Traum im Schlaf ist, sondern Wachtraum, der nichts anderes ist als jener irreale Realismus, jenes Wahrere als das Wahre, das man eines Tages erkennen wird als das wahre Kennzeichen unserer Zeit."[3] An der Beschwörung des Gemeinschaftserlebnisses im Kinosaal sind freilich Zweifel anzumelden. Denn man könnte auch von einer Versammlung von Individuen sprechen, deren subjektive Erlebnisse nur begrenzt mitteilbar sind. Jeder träumt seinen eigenen Traum – auch dann, wenn die Filmbilder ein Ergebnis persönlicher Imagination allgemein zur Verfügung stellen. Auf den individuell unterschiedlichen Wegen der Rezeption dieser Bilder werden wieder Verknüpfungen hergestellt, die nur teilweise miteinander verglichen werden können. In Cocteaus Filmverständnis spiegelt sich der Geist des Surrealismus, dessen Künstler nach dem suchten, was wahrer ist als das Wahre und wirklicher als das Wirkliche – eben über der empirischen Wirklichkeit schwebend, obwohl genau sie das Material ist, aus dessen unkonventioneller Zusammenstellung blitzartig neuer Sinn oder einfach nur spielerischer Unsinn aufscheint.[4]

Über das surrealistische Interesse am Traum gelangen wir zu einer weiteren kulturellen Konfiguration, die sich für den Traumdiskurs als bestimmend erwiesen hat: die Begegnung mit der Psychoanalyse, speziell mit Freuds Traumtheorie. Deren Beachtung in filmtheoretischen Zusammenhängen verdankt sich vor allem einer suggestiven Wortprägung des Psychoanalytikers Bertram D. Lewin, der in einem 1949 publizierten Aufsatz von der Bedeutung des „dream screen" sprach (in deutscher Übersetzung „Traumhintergrund", französisch „écran du rêve"[5]). „Danach wird jeder Traum auf einen leeren, im Allgemeinen vom Träumer nicht bemerkten Schirm projiziert, der die Mutterbrust symbolisiert, so wie das Kind sie in dem Schlaf, der auf seine Fütterung folgt, halluziniert; der Hintergrund befriedigt den Schlafwunsch. In gewissen Träumen (leere Träume) erscheint er allein und ermöglicht so die Regression zum primären Narzissmus."[6] Deutlicher könnte die Film-Traum-Analogie nicht ausfallen, obwohl es sich letztlich als problematisch erweist, diesen Zusammenhang mit allen Konsequenzen herstellen zu wollen.[7] Ist wirklich jeder Film ein Traum? Und ist jeder Traum ein Film? Eine Projektion, die den Schlaf begleitet und sichert? Befremdend ist nicht nur die konkretistische Identifizierung des „dream screen", sondern auch der Verweis auf kindliche Bedürfnisse. Wir werden auf diesen für Freuds Theorie zentralen Punkt – der Traum als Wunscherfüllungsmaschine – noch zurückkommen.

Immerhin kann nicht bestritten werden, dass die Traumanalogie im Repertoire unser kulturtheoretischen Grundbegriffe eine wichtige Rolle spielt. Bei Filmen und Träumen sprechen wir beispielsweise von Zensur. Doch wer ist der Zensor? Nach welchen Kriterien und mit welchen Mitteln geht er vor? Traumzensur wäre eine Blockierung der unbewussten Wünsche, die darauf drängen, wenn schon nicht erfüllt, so doch wenigstens auf die Traumleinwand projiziert zu werden. Offensichtlich haben wir es mit einer komplexen Struktur von Steuerungsinstanzen und biologischen Abläufen zu tun, deren Ineinandergreifen uns nicht restlos klar ist.

Das Sprechen von der Filmprojektion legt auch die Assoziation des Projektionsverdachts nahe, dessen Problematik sich Forschende in einem Projekt über „Film und Theologie" vielleicht besonders zu Herzen nehmen sollten. Denn was liegt näher als die alte religionskritische Vermutung, die Theologie projiziere die offenen und geheimen Wünsche und Sehnsüchte der Menschen auf eine riesige Leinwand, um diese Bilder dann als religiöse Wahrheit zu verkaufen? In diesem Punkt funktioniert die psychoanalytische Religionsdeutung analog zur Traumdeutung, was für eine an rationalen Standards interessierte Theologie nicht gerade schmeichelhaft ist. So drängt sich der Verdacht auf, Film, Theologie und Traum seien drei ziemlich merkwürdige, letztlich aber kongeniale Partner in Sachen Irrationalität, da es doch in allen drei Bereichen um die Verdrängung des Realen zugunsten unvernünftiger Hirngespinste gehe. In einer solchen Konstellation könnte sich die Philosophie als Sachwalterin des Rationalen anbieten, um das Licht der Vernunft gegen die obskuren Nachtgestalten der Projektionen zu verteidigen. Träume stünden demnach als Regressionsphänomene unter dem Verdacht, dem klaren Denken nur zu schaden und unsere ohnehin schon nur begrenzt präzisen Ausdrucksmöglichkeiten endgültig zu verhexen. Doch jede Philosophie, die sich nicht positivistisch auf die Beschreibung dessen, was der Fall ist, beschränken will, sieht sich auch mit den Fragen der Imagination und des Imaginären[8] konfrontiert und weiß um die Funktionen des Fiktiven bei der Gestaltung von Wirklichkeit. Die irritierenden Bilderwelten der Träume und deren Verwandtschaft mit religiösen Vorstellungen holen uns also spätestens auf dem Gebiet der Ästhetik wieder ein und zwingen zu einem selbstkritischen Umgang mit den Idealen vermeintlicher Rationalität. Wenn Ästhetik sich in der Moderne gelegentlich als eine Ersatzfunktion des Religiösen präsentiert hat, so unterstreicht dies nur die strukturellen Parallelen zwischen Religion und Kunst und eröffnet insbesondere auch den Raum für Gespräche zwischen Religion und heutiger Medienkultur, die mehr noch als ihre logozentrischen Vorgänger den visuellen Nerv unserer Epoche trifft.

Die aufklärerische Abwehr dieser als Bedrohung empfundenen Zuwendung zum Ästhetischen benutzt gerne als Emblem Francisco de Goyas berühmtes Capricho Nr. 43: *El sueño de la razon produce monstruos* (Der Schlaf der Vernunft bringt Ungeheuer hervor), datiert auf das Jahr 1797.[9] Es ist, so eine häufige Lesart, ein frühes Sinnbild für die Dialektik der Aufklärung, die ihre Schattenseiten mit sich trägt. Wer schläft (oder träumt!), verliert die Kontrolle über seine Hirnfunktionen, die nun auch Horrorvisionen und Wahnsinn produzieren können. Daraus lassen sich unterschiedliche Konsequenzen ziehen. Es wäre möglich, mit Gelassenheit zu reagieren und im Wissen um die Differenz von Schlafen und Wachsein dem Toben der Monster dort freien Lauf zu lassen, wo sie hingehören: in die Phantasiewelten. Wer aber den idealen Wachzustand durch die Ungeheuer der Unvernunft bedroht findet, wird alle nur denkbaren Aufputschmittel nehmen, um nicht einzuschlafen oder – was auch nicht viel realistischer ist – den Verlockungen des Unbewussten nicht nachzugeben. Viele Intellektuelle haben sich von diesem Denkbild geradezu hypnotisieren lassen und waren naiv genug, sich gegen Einbildungskraft immunisieren zu wollen.

Es gehört zu den epochalen Leistungen der Freudschen Traumtheorie, diese Zusammenhänge etwas abgeklärter anschauen zu können, ohne mit allen Details des Deutungsvorschlags einverstanden sein zu müssen. Träume verlieren in der psychoanalytischen Deutung ihre irrationale Unheimlichkeit. Sie werden lesbar als phantasierte Wunscherfüllungen und haben somit mehr oder weniger identifizierbare Ursprünge in der Dynamik des Seelenlebens, das zwar nicht alle Geheimnisse preisgibt, aber doch immerhin rational besprochen werden kann. Mit der Analyse des Wünschens erschließt sich auch dem theologischen Diskurs ein ungeahntes Feld der Forschung, die eine Kooperation mit den Kulturwissenschaften sinnvoll macht. Die Bereitschaft zur Auseinandersetzung mit diesem typisch modernen Paradigma der Traumdeutung impliziert den Abschied von einem kulturgeschichtlichen Missverständnis, das besonders beim theologischen Flirt mit dem Geheimnis der Träume häufig anzutreffen ist. Traditionelle theologische Aussagen über Träume, einschließlich der Auslegung der in der Bibel erwähnten Träume, bedienen sich des alten Verstehenshorizonts der Mantik, also einer Kunst der Weissagung, die sich auf *künftige* Ereignisse bezieht. Besonders inspirierten Menschen wird in Träumen von göttlichen Mächten die Gabe eines Wissens geschenkt, das normalen Sterblichen verborgen bleibt, weil sie die Zeichen des sich anbahnenden Geschehens nicht deuten oder auch nur erahnen können. Träume wären also so etwas wie eine seherische Gabe der Vorhersage des Zukünftigen (Divination).[10] Das moderne Traumparadigma lenkt hingegen den Blick von der Zukunft in die Vergangenheit. Träume und erst recht deren Deutungen sind wie archäologische Grabungen in den Schichten der angehäuften, aber unverstandenen Lebenserfahrung. Sie sind Erkundungen in der Fülle von chaotisch archiviertem Material, dessen Sichtung Überraschungen zu Tage fördert und das Verständnis der Gegenwart in ein neues Licht rückt.[11]

Philosophische Rückblende

Es wäre reizvoll, die gesamte Philosophiegeschichte unter medientheoretischen Gesichtspunkten neu zu lesen, um das „Kopfkino" des Denkens in Abhängigkeit von den jeweiligen technischen Ausdrucksformen zu begreifen.[12] In einer kurzen Rückblende soll hier jedoch nur der Kern des Problems rekonstruiert werden, das in der Philosophie unter dem Namen „Traumargument" bekannt ist. Gemeint ist die Unsicherheit der Unterscheidung zwischen Traum und Wirklichkeit, die schon Platon in seinem Dialog *Theaitetos* thematisiert hat, ohne die sich daraus ergebenden Konsequenzen zu dramatisieren. Er belässt es bei dem Hinweis auf eine mögliche Selbsttäuschung, die zu selbstkritischer Wachsamkeit Anlass gibt, aber nicht an der prinzipiellen Berechtigung von Traumwelten rüttelt.

Zum Problem wird die Traumhypothese für Descartes, den Gründervater neuzeitlicher Philosophie, der in seinen *Meditationes de prima philosophia* das Gedankenexperiment des *Theaitetos* wiederholt und radikalisiert. „Ich will daher annehmen, dass nicht der allgütige Gott, der die Quelle der Wahrheit ist, sondern ein ebenso böser wie mächtiger und listiger Geist all sein Bestreben darauf richtet, mich zu täuschen; ich will glauben, dass der Himmel, die Erde, die Luft, die Farben, die Gestalten, die Töne und alles außerhalb von uns nur das Spiel der Träume sei, durch die er meiner Leichtgläubigkeit nachstellte. (...) Ich will hartnäckig in dieser Meditation verharren, und wenn es dann auch nicht in meiner Macht steht, etwas Wahres zu erkennen, will ich wenigstens, soweit es an mir ist, mit festem Geist mich hüten, etwas Falschem zuzustimmen, damit nicht jener Betrüger, sei er noch so mächtig, noch so listig, irgendwelchen Einfluss auf mich bekomme. Aber dies Unternehmen ist mühevoll, und eine gewisse Trägheit bringt mich zu den Lebensgewohnheiten zurück. Wenn ein Gefangener, der etwa im Traum eine eingebildete Freiheit genoss, nachher zu merken beginnt, dass er schläft, fürchtet er das Erwachen und hält bei schmeichlerischen Traumbildern lässig die Augen geschlossen; und ich falle von selbst zurück zu den alten Meinungen und fürchte aufzuwachen, damit nicht der friedlichen Ruhe ein beschwerliches Erwachen folge, welches künftig nicht in einem Lichtschein, sondern in der undurchdringlichen Finsternis der einmal angeregten Schwierigkeiten verbracht werden muss."[13]

Die Fiktion des bösen Dämon bringt Descartes in arge Bedrängnis und lässt ihn an allen Gewissheiten zweifeln. Es bleibt nur die Gewissheit des *Cogito*, das im Wachzustand eine kohärent strukturierte Wirklichkeitswahrnehmung möglich macht. Wer aber führt Regie in unseren Träumen? Wer sitzt am Schneidetisch, wenn immerhin doch eine träumerische Art von Kohärenz erreicht wird? Descartes hat die vermeintliche Klarheit seines festen philosophischen Fundaments mit einem hohen Preis bezahlt: der systematischen Ausgrenzung all dessen, was nicht in eine rationale Philosophie passt. Er hat damit ungewollt den Impuls gegeben für die permanente Arbeit an einer Wiedergewinnung der Traumwelten als dem „Anderen der Vernunft", als einem Ort mystischer Erfahrung oder einem Weg der Selbstüberschreitung.[14] Wesentliche Kapitel der französischen Gegenwartsphilosophie lassen sich als Variationen über dieses Thema lesen: als eine Chance für die Potenziale des „wilden Denkens", des Wahnsinns und der ästhetischen Vernunft.[15] Damit kommen wir vor allem mit der poetischen Kraft der Träume in Berührung, deren Bedeutung auch darin liegt, dass in jedem Menschen ein Künstler schlummert, der auf jeden Fall zu den Hervorbringungen einer „poésie involontaire" fähig ist, wenn er sich der Anregungen aus der Bedeutungsfülle des Unbewussten kreativ bedient.

Freuds Theorie der Wunscherfüllungen

Liest man die Freudsche Traumtheorie als einen philosophischen Text im Kontext der Auseinandersetzung um Vernunft und Unvernunft des Unbewussten, so fällt der psychoanalytische Ansatz weniger aus dem Rahmen, als dies in populären Darstellungen oft behauptet wird, die sich vor allem für den Aspekt des sexuellen Begehrens und den gegen Freud erhobenen Vorwurf des Pansexualismus interessieren. Denn nach der 1900 publizierten Theorie ist der Traum gerade „nicht sinnlos, nicht absurd, setzt nicht voraus, dass ein Teil unseres Vorstellungsschatzes schläft, während ein anderer zu wachen beginnt. Er ist ein vollgültiges psychisches Phänomen, und zwar eine Wunscherfüllung; er ist einzureihen in den Zusammenhang der uns verständlichen seelischen Aktionen des Wachens; eine hoch komplizierte geistige Tätigkeit hat ihn aufgebaut."[16]

Obwohl Freud den Traum als den Königsweg zum Unbewussten betrachtet, hält er den Weg in dieses geheimnisvolle Gelände für durchaus berechenbar und mit rationalen Mitteln beherrschbar. Sämtliche Bestandteile seiner Traumtheorie deuten auf diese Überzeugung hin. Mit analytischem Scharfsinn soll es möglich sein, die manifesten Traumbilder und Traumgeschichten auf eine tiefere Schicht latenter Träume abzuklopfen und so die eigentlichen Wünsche freizulegen. Dies geschieht sogar gegen die störenden Mechanismen der Traumzensur, mit denen die latenten Wünsche unter Kontrolle gehalten werden sollen. Mit Hilfe der freien Assoziation kann diese Barriere jedoch umgangen werden, so dass im Besprechen des Traums unter kundiger Anleitung die manifesten Gehalte in eine ursprünglichere Absicht rückübersetzt werden können. Neben dem psychologischen Effekt der Wunscherfüllung, in der Regel mit erotischen Konnotationen, dient der Traum nach Freuds Auffassung vor allem dem physiologischen Zweck der Erhaltung des Schlafes. In nunmehr hundert Jahren der kritischen Auseinandersetzung mit der *Traumdeutung* hat es an grundsätzlichen Anfragen nicht gefehlt.[17] Es gab und gibt aber auch eine Fülle zustimmender Anwendungen der Theorie. Zu den prominentesten Adaptationen gehören Arthur Schnitzlers *Traumnovelle* (1926) und der auf deren Grundlage in erstaunlicher Nähe zur literarischen Vorlage von Stanley Kubrick erarbeitete Film EYES WIDE SHUT (USA 1999). Diese Werke sind nicht als bloße Illustrationen der Freudschen These zu verstehen. Aber sie haben doch eine unbestreitbare Affinität zum theoretischen Referenzsystem der *Traumdeutung*. Das gilt für Schnitzlers unmittelbare intellektuelle Beheimatung im Umfeld der Wiener Moderne und für die sehr werkgetreue Übertragung dieses Arrangements ins New York unserer Tage durch Kubrick.

Die ästhetische Faszination, die von der psychoanalytischen Theorie ausgeht, entsteht vor allem durch das Spiel mit der Offenbarung geheimster Wünsche, die nach moralischen Maßstäben kritisiert und zensiert werden, die aber im Freiraum illusionsloser Vernunft ungehindert zur Sprache kommen können. Im Falle von Schnitzlers Novelle bzw. Kubricks Film stehen Tabubrüche im Umgang mit bürgerlicher Ehemoral zur Diskussion – eine Provokation auch an die Adresse der christlichen Ethik.

Doch bevor wir uns diesem Fallbeispiel zuwenden, sei wenigstens vermerkt, dass die Traumforschung sich inzwischen längst von der erdrückenden Autorität Sigmund Freuds emanzipiert hat und in intensiven Gesprächen mit den Neurowissenschaften eigene Wege geht. Dabei sind die Fokussierung auf sexuelle Themen und die strikte Trennung von Schlaf- und Wachzustand über Bord geworfen worden. So postuliert etwa der amerikanische Psychiater Ernest Hartmann zur Erklärung der Herstellung von Traumbildern eine Theorie der neuronalen Vernetzung, die für ein breites Kontinuum von Wach- und Traumzuständen Gültigkeit haben muss, um ein insgesamt plausibles Erklärungsmuster zu ergeben.[18] Unser Wachzustand zeichnet sich durch einen hohen Grad an Selbstreflexivität aus, die es erlaubt, Bilder in logischen Sequenzen der einzelnen Elemente aufzubauen und eindeutige Zuordnungen vorzunehmen. Mit einem Nachlassen dieser fokussierenden Tätigkeit wird die Verwendung konventioneller Kategorien weniger rigide. Wir lassen unsere Gedanken schweifen, haben Tagträume, experimentieren zwanglos mit freien Assoziationen und entdecken unvermutete Zusammenhänge. Unsere Sprache wird metaphorischer.[19] Genau dieser Prozess wird im Traumzustand noch gesteigert. An die Stelle der linearen Abfolgen von nüchternen Beschreibungen oder strukturierten Argumenten treten anspielungsreiche Bilder und komplexe Verknüpfungen von Gedanken, die auf eine hohe neuronale Aktivität hindeuten. Wiederum ergibt sich aus diesen Zusammenhängen ein ästhetischer Mehrwert für die Träumenden, die ihre Phantasien nicht als einen defizienten Zustand empfinden müssen, sondern im Gegenteil als eine Entfaltung der im Wachzustand nur re-

Abb. 1 Tom Cruise als Bill Harford auf seiner nächtlichen Odyssee durch New York, EYES WIDE SHUT (USA 1999)

duziert eingesetzten Bildkompetenz. In dieser Hinsicht sind Träume auch ein hervorragendes Laboratorium der Emotionen, die der Bildersprache des Unbewussten näher sind als den kontrollierten Kategoriensystemen des wachen Bewusstseins. Hier treffen sich moderne Forschungen durchaus mit den Thesen der klassischen Psychoanalyse, die in der Umgehung der Traumzensur den Zugang zum „wilden Denken" der Wünsche vermutete.

Trauminhalte als Transgression der Moral

Zu den besonderen Herausforderungen der Traumdeutung gehört die Auflösung moralischer Kategorien, an die sich Träumende offensichtlich nicht mehr gebunden fühlen. Dies kann eine Befreiung von verkrusteten und unmenschlichen Normen bedeuten; es kann aber auch mit der Verunsicherung verbunden sein, im

Traum nicht mehr Herr im eigenen Haus zu sein und vor dem Spiel der Triebe kapitulieren zu müssen. Freud ging bereits auf die Frage ein, ob sich im Traum versteckte unmoralische Seiten ausdrücken, die wir im wachen Zustand nicht einmal zu denken wagen und die als „ungewollte Vorstellungen" in geträumten Handlungen manifest werden.[20] Viele Interpreten haben dahinter eine Lizenz zur Unmoral gewittert. Richtiger wäre es wohl, von einer methodischen Einklammerung der Moral in der Psychoanalyse zu sprechen. Denn deren Anliegen ist ja nicht die moralische Wertung oder die Begründung der Werturteile, sondern die wertneutrale Darstellung biologisch-psychischer Abläufe.

Freilich lässt sich diese Trennung nicht konsequent durchhalten. In der eben bereits erwähnten Traumtheorie von Ernest Hartmann wird den Träumen sogar ausdrücklich eine moralbildende Funktion zugeschrieben, insofern in der Imagination die Übernahme von Verantwortung bereits probeweise beginnt. „In dreams begin responsibilities."[21] Diese Aussage ist ambivalent, da sie als moralisierender Zugriff auf die Träume missverstanden werden kann. Diese Ambivalenz ist allerdings auch typisch für die Rezeptionsgeschichte der psychoanalytischen Traumdeutung, die ja immerhin mit einem desillusionierenden Anspruch aufgetreten ist und zumindest ein wissenschaftliches Ethos der Objektivität verinnerlicht hatte. Wenn die therapeutische Gesprächssituation ausdrücklich von moralischen Normen entlastet ist, so eröffnet sich dem Therapeuten in der Rolle des Zuschauers ein ungewöhnliches Terrain von Wünschen und Konflikten, für die es jedenfalls auch normative Kategorien gibt, zu denen sich der Psychoanalytiker nicht völlig neutral verhalten kann.

Hat das Träumen nach dem Freudschen Triebmodell eine Ventilfunktion? Dient das Ausagieren ungelebter Wünsche der Herstellung eines seelischen Gleichgewichts, das es ohne den „Spielraum" des Träumens nicht gäbe? Wenn das so ist, könnte die psychoanalytische Trauminterpretation implizit einen enorm moralisierenden Effekt haben, da die Gesellschaft in der Rolle des Therapeuten über die Entschlüsselung des Verborgenen endlich einen Zugriff auf anarchische und archaische Traumwelten bekommt. Deshalb ist in kritischen Einwänden gegen eine letztlich systemstabilisierende Psychoanalyse immer wieder der Vorwurf erhoben worden, das Imaginäre beherrschen zu wollen und mit der Deutung der Träume eines der letzten Refugien zu kolonisieren, in das sich Menschen vor der herrschenden Moral zurückziehen können.[22] Dagegen gelte es die Lust an Regelverletzungen zu stimulieren und einen subversiven Geist zu fördern. Falls sich die Psychoanalyse als eine Anpassungsideologie entpuppt, die nur dem besseren Funktionieren der alten Konventionen dient, dann war ihr subversives Pathos nur eine Tarnung.

Dieses sympathische Plädoyer für die Macht des Imaginären trifft einen wunden Punkt, der bei jeder Verständigung über Moral anzutreffen ist. Auch wenn es fast wie eine Selbstimmunisierungsstrategie aussieht: jede moralische Norm lebt von der Möglichkeit ihrer Überschreitung. Sonst gäbe es keine Freiheit. Sonst gäbe es nicht die Konflikte, um deren Analyse es in der Ethik geht. Es wäre wichtig, die Debatte um die Gültigkeit von Normen ergebnisoffen führen zu können. Alles andere wäre nur die rücksichtslose Durchsetzung einer Doktrin, die den Verstand und das Herz der Handelnden nicht wirklich erreicht. Genau in dieser Hinsicht hat der Dialog zwischen Ethik und Psychoanalyse seine bleibende Aktualität. Denn die Psychoanalyse weist auf den für die Ethik äußerst relevanten Umstand hin, dass die Regeln der Moral keine natürlichen Gesetzmäßigkeiten sind, sondern sich auf eine natürliche Konstitution beziehen, die als Abgrund beschrieben werden kann. Mit diesen Abgründen der Seele beschäftigt sich unter anderem auch die Traumdeutung, die entdecken konnte, dass unter dem Mantel bürgerlicher Anständigkeit und hinter den konventionellen Formen von Ehe und Familie eine Verunsicherung verborgen ist, die an den geltenden Regeln zweifeln lässt bzw. diese unter einen immer größeren Legitimationszwang stellt.

Man mag sich darüber streiten, ob die Hintergrundannahmen der Psychoanalyse auch heute noch in allen Punkten übernommen werden können. Gerhard Gamm hat auf das Problem aufmerksam gemacht, dass die Freudsche Analyse einen letztlich mythologischen Kern hat. Sie inszeniert auf der Bühne des Unbewussten den dramatischen Kampf unbekannter Mächte: „die unbekannten Mächte werden mit eigener Handlungslogik und -intentionalität versehen und agieren wie sonst die Götter auf dem Olymp jetzt in den Seelenabgründen der Menschen."[23] Es ist das erklärte Ziel der Therapie, diesen Sumpf trockenzulegen: „*Wo Es war, soll Ich werden.*" Wo der Eindruck von Chaos vorherrscht, soll ein tieferer Sinn entdeckt werden. Was sich hinter den manifesten Traumbildern versteckt, soll als tatsächlicher Inhalt ans Licht gezerrt werden. Doch zwischen dem Streben nach Selbstkontrolle und dem Einblick in den Abgrund öffnet sich ein Spalt, der eventuell so groß wird, dass alle Beteiligten im Strudel des Unbewussten versinken. Es sei denn, der Therapeut vermag als erfahrener Lotse alle Klippen zu umgehen und steuert das Schiff ans sichere Festland. Im Wechselbad zwischen Vernunft und Leidenschaften haben Psychoanalyse und Ethik einen schweren Stand, da sie letztlich beide mit dem Anspruch auftreten, rationale Lösungen anzubieten.

Der Weg zu lebbaren Lösungen führt nicht über theoretische Debatten, sondern über das Erzählen von Geschichten: in literarischen Texten, Filmen, Alltagsgesprächen oder auch im therapeutischen Rahmen. Ohne diesen narrativen Umweg kommen wir keinen Schritt voran. Auch wenn wir dabei riskieren, die bisher anerkannten Ordnungen in ein „Zwielicht"[24] zu tauchen, so haben wir doch den Vorteil eines Gewinns an neuen Möglichkeiten, für deren normative Einordnung es allerdings keine Garantie gibt.

Mit diesem Feuer spielen die Autoren von Traumgeschichten, die ihre Figuren dem Risiko einer vollständigen Neuordnung der Lebensverhältnisse aussetzen. Fridolin und Albertine, die Eheleute in Schnitzlers *Traumnovelle*, sowie Alice (Nicole Kidman) und Bill (Tom Cruise), das Ehepaar in Kubricks EYES WIDE SHUT (1999), stehen nach ihren tatsächlichen und geträumten Eskapaden und erotischen Abenteuern vor der Möglichkeit einer Versöhnung und eines Neubeginns in ihrer Ehe. Im Film ist es Alice, die die Initiative ergreift und zu Bill sagt, sie müssten dankbar dafür sein, dass es ihnen gelungen ist, „rauszukommen aus all unseren Abenteuern. Ob sie nun real waren oder nur geträumt."[25] Auf Bills Frage, ob sie sich da völlig sicher sei, antwortet Alice: „die Wirklichkeit einer verwirrenden Nacht, sogar die Wirklichkeit unseres gesamten Lebens, kann niemals die volle Wahrheit sein." Und Bill fügt hinzu: „Und ein Traum ist niemals nur ein Traum."[26] Sie einigen sich darauf, die Hauptsache sei, jetzt wach zu sein und es noch lange zu bleiben – wenn auch nicht für immer. Denn dieses Wort sei unheimlich. So wird das Eheversprechen der Verbundenheit „auf immer und ewig" durch das „ich liebe dich" und die Lust aufs „Ficken", dem unsentimentalen Schlusswort des Films, ersetzt. Der Ehemythos ist einerseits entzaubert, andererseits hat er erhebliche Turbulenzen überlebt. Weder die Wirklichkeit noch der Traum enthalten die volle Wahrheit. Das Abenteuer der Liebe geht im Wachzustand weiter, ohne die Gewissheit der ewigen Treue und des ewigen Wachseins. Die unbekannten Mächte in den Abgründen der Seele lassen sich nicht dauerhaft domestizieren. Mit dieser Quelle einer Transgression von Normen ist ständig zu rechnen – und zwar nicht im Sinne der billigen Entschuldigung, wir würden nun von der Wucht des Unbewussten fremdgesteuert – sondern im Sinne einer Kultivierung der Gefühle, die angesichts der Unwägbarkeiten der Psyche nicht gleich in Panik gerät.[27]

Präsenz des Träumens in der Gegenwartskultur

Wegen der beschriebenen Ambivalenz von Einsicht und Ausgeliefertsein ist die Magie der Träume ungebrochen. Für die filmische Umsetzung stellt das Thema nach wie vor eine Herausforderung dar, die mit der Entwicklung der technischen Möglichkeiten nicht nachgelassen hat und vielleicht gerade wegen des Abschieds

Abb. 2 Nicole Kidman und Tom Cruise in Stanley Kubricks EYES WIDE SHUT (USA 1999)

von einer simplen Traum-Film-Analogie vor neuen Aufgaben steht. Deshalb soll abschließend die Frage erörtert werden, wie es um die Träume im Zeitalter ihrer Produzierbarkeit und Induzierbarkeit steht. Denn die technischen, medizinischen und pharmazeutischen Verfahren, mit denen wir in Traumwelten entführt werden können, haben sich seit der ersten Experimente mit der Traummaschine Kino[28] vervielfacht.

Wenn es eine Abhängigkeit unserer Repräsentationen von Traumbildern von den Mitteln der technischen Reproduktion gibt, dann sollten wir uns davor hüten, in bestimmten kulturellen Kontexten mit zu naiven Vorstellungen von Traumbildern zu operieren. Ich denke etwa im kirchlichen Kontext an die ungebrochene Begeisterung für Chagall-Bilder (dessen Werk, um Missverständnissen vorzubeugen, ich verehre!), als seien die schwebenden Gestalten und Objekte in Traumlandschaften der letzte Schrei zur Veranschaulichung des theologischen Interesses an Träumen.²⁹ Deshalb sei hier nur in aller Bescheidenheit und Vorläufigkeit der Vorschlag notiert, im Interesse einer echten kulturellen Zeitgenossenschaft die Palette der Referenzen zu erweitern. Die bildende Kunst bietet dazu von Hieronymus Bosch bis René Magritte ein breites Spektrum von Werken, die gegen Vereinnahmungen und Verharmlosungen relativ gut geschützt sind. Sobald Philosophie und Theologie sich aufs Träumen einlassen, scheint sie die Angst vor dem bösen Erwachen zu beunruhigen. Die Tagträume menschenfreundlicher Utopien wird man sich noch ganz gerne zugestehen. Doch die dunklen Seiten der Seele lassen uns ängstlich zurückschrecken.

Hinzu kommt die über einen psychoanalytischen Zugang angebahnte Kritik des Wünschens, die zwangsläufig auf religionskritisches Glatteis führt, vor dem sich ein Projekt zu „Film und Theologie" eigentlich nicht fürchten müsste.³⁰ Dabei könnten wir einfach dem „medientheoretischen" Ratschlag des Paulus folgen, uns darauf einzustellen, dass wir jetzt, unter den unvollkommenen Erkenntnisbedingungen dieser Welt, in einen Spiegel schauen und nur rätselhafte Umrisse sehen (1 Kor 13,12). Unsere Arbeit mit Spiegeln und Gleichnissen, Bildern und Texten macht die Ausbildung einer hermeneutischen Kompetenz unumgänglich – gerade weil wir wissen, dass eine vollkommene Transparenz illusorisch wäre. Deshalb könnte es aber auch zur Aufgabe von Theologinnen und Theologen gehören, skeptisch auf jene zu reagieren, die den totalen Durchblick versprechen und beispielsweise eine ultimative Dechiffriertechnik für die Traumwelten anbieten.

Ich habe meine Ausführungen mit einem Hinweis auf Wim Wenders begonnen und möchte mit seinen filmischen Reflexionen zum Traum in BIS ANS ENDE DER WELT schließen. Es handelt sich um ein Gedankenexperiment zum Akt des Sehens, das sowohl die äußeren als auch die inneren Bilder betrifft. Der Forscher Henry Farber hat sich in den Kopf gesetzt, seine blinde Frau Edith sehen zu lassen. Daran arbeitet er in seinem australischen High-tech-Labor unter Nutzung modernster Computer und mit Hilfe seines Sohnes Sam, der den Auftrag hat, durch die halbe Welt zu reisen und mit einer Spezialkamera Bilder aufzuzeichnen, die nach biotechnischer Aufbereitung für seine Mutter bestimmt sind. Auf der abenteuerlichen Reise begegnet Sam Claire, die ihn nach Australien begleiten wird. Der springende Punkt der Science-fiction-Geschichte, die im Jahr 1999 spielt und auf den mythisch aufgeheizten Jahreswechsel 1999/2000 zusteuert, ist die Arbeit mit „sehenden Computern". Mithilfe der digitalen Datenaufbereitung lassen sich Bilder stellvertretend für die blinde Person aufzeichnen und in einen Gehirnstrom umwandeln, der von Blinden als ein Seherlebnis wahrgenommen werden kann. Doch Edith Farber wird am 31. Dezember 1999 sterben. Die technische Utopie scheitert.

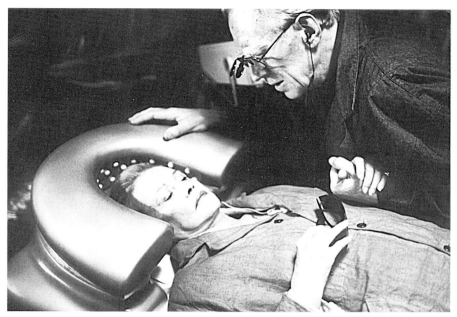

Abb. 3 Jeanne Moreau als Edith Farber und Max von Sydow als Henry Farber in Wim Wenders' BIS ANS ENDE DER WELT (Aus/D/F 1991)

Die Erfindung hätte ein Segen der Menschheit sein können: ein sensationelles Heilverfahren. Wie immer ist auch die Möglichkeit des Missbrauchs denkbar. Jedenfalls sind CIA-Agenten den Farbers ständig auf den Fersen, um die revolutionäre Erfindung nicht nur einer privaten therapeutischen Nutzung zu überlassen. „Wenn ein Computer Bilder in Gehirnströme verwandeln kann, dann kann er doch sicher bald darauf das Gegenteil lernen, nämlich aus Gehirnströmen Bilder zu machen. Und wenn er das kann, was hält ihn dann davon ab, Träume und Erinnerungen sichtbar zu machen? Was wäre also, wenn man seine Träume auf dem Monitor sehen könnte? Daraus ist dann das letzte Kapitel unseres Films geworden. Und unsere Interpretation dieser Zukunftsaussicht des Sehens war: Diese tiefsten Bilder der menschlichen Seele zu schauen kann nur ein verderblicher, zutiefst unmoralischer oder narzisstischer Akt sein. Diejenigen, die sich dagegen auflehnen, sind in unserer Geschichte die Aborigines, deren Religion die heiligen inneren Bil-

der sind, die ‚Traumbilder', denen sie ein größeres Gewicht beimessen als den profanen Bildern der ‚Wirklichkeit'."[31]
Das ist ein gewaltiger Sprung: von den digitalen Machbarkeitsphantasien zu den „Traumpfaden" der australischen Urbevölkerung.[32] Claire, Sam und Henry hätten sich mit dem rauschhaften Konsum ihrer eigenen Träume fast vergiftet. Nur Claire entkommt dem Untergang dank des Schriftstellers Gene Fitzpatrick, der auf einer alten Schreibmaschine den Roman der Filmhandlung zu Papier bringt. Während Fitzpatrick sein Glück in der guten alten Gutenberg-Galaxis findet, allen Verlockungen der neuen Medien zum Trotz, entdeckt Claire im ökologischen Engagement einen neuen Blick auf die Wirklichkeit.

Wenders' fast drei Stunden langer Film mit Starbesetzung fand bei der Filmkritik im Herbst 1991 wenig Anklang.[33] Das ändert aber nichts daran, dass die Erzählung einige wesentliche Aspekte unseres Interesses an Träumen bündelt. Es wäre vermessen, etwas über die Wirklichkeit aussagen zu wollen, ohne über die Wahrnehmungsapparaturen und Übermittlungsverfahren unserer Zivilisation nachzudenken. Für den Filmemacher gehört diese Reflexion zum Berufsalltag. Wenn er aber mehr ist als nur der Bildproduzent zu unserer Dauerunterhaltung im Höhlenkino, dann lohnt sich auch der Blick in seine Werkstatt, in der exemplarisch etwas über die Macht der Bilder zu lernen ist. Wenders hat in BIS ANS ENDE DER WELT zwei Wege erkundet, die philosophisch und theologisch von höchstem Interesse sind. Um eine Formulierung Kracauers zu variieren, könnte man von der Errettung der äußeren *und* der inneren Wirklichkeit sprechen. Der äußeren Wirklichkeit ist der Wunsch gewidmet, dass Blinde sehen mögen. Dieses Anliegen dürfte im christlichen Kontext nicht unbekannt sein. Die innere Wirklichkeit ist bis auf weiteres dem Zugriff der technischen Reproduktion versperrt, obwohl sie vor Eingriffen nicht prinzipiell sicher ist und sie keineswegs unter einem Bilderverbot steht, sondern im Gegenteil die Quelle eines unerschöpflichen Reichtums an Bildern ist. Doch diese Bilder erlauben zum Glück keine definitiven Klassifizierungen. Deshalb kann ich sagen „Ich träume, also bin ich", ohne mit dieser Kurzformel auf irgendeine Struktur reduziert zu sein. Im Traum liegt vielmehr die Kraft zur Grenzüberschreitung, zur Transzendenz, wobei über den theologischen Gehalt dieser Vokabel noch nichts gesagt ist.[34] Doch einige Perspektiven für das Gespräch zwischen Film und Theologie in der Analyse von Traumwelten sind damit skizziert.

Es ist ein Gespräch, aus dem eine komplexe Gestalt von Theologie erwachsen kann: eine Theologie, die dem Licht der Aufklärung und Offenbarung treu bleibt, ohne den romantischen Blick nach innen zu verschmähen, eine Theologie der wachen Augen, die um die hellen und dunklen Seiten des Schlafes und des Wachseins weiß und daher in ihrer ethischen Reflexion realistischer und menschenfreundlicher wird. Sie lässt sich nämlich darauf ein, zwischen dem wirklichkeitsfremden, oft auch narzisstischen Wunschdenken und der unstillbaren Sehnsucht des Wünschens als Antrieb unserer Leidenschaft für das Gute unterscheiden zu lernen. Beiden Formen der Dynamik des Begehrens begegnen wir im Traum und in der Religion. Das Medium Film bietet uns wegen der strukturellen Analogie zwischen Traum, künstlerischer Imagination und religiöser Metaphorik einen privilegierten Anlass, uns darüber zu verständigen.

1   W. Wenders: Der Akt des Sehens. In: „Die Zeit", 6.9.1991, 67. Die Anknüpfung an Wenders ist auch eine Hommage an diesen wohl außergewöhnlichsten Dr. theol. h.c. der Universität Fribourg (1995).
2   Vor etwa zehn Jahren bin ich in Fribourg zum ersten Mal mit dem Projekt „Film und Theologie" in Kontakt gekommen. Ich möchte die Teilnahme an der Jahrestagung 2001 in Fribourg zum Anlass nehmen, den Mitgliedern der internationalen Forschungsgruppe ganz herzlich zu danken für Einladung, Diskussion und Kritik, ganz besonders den Freunden und Kollegen in Fribourg und Zürich, Matthias Loretan und Charles Martig, die es seit mehr als einem Jahrzehnt immer wieder geschafft haben, mich zur Auseinandersetzung mit theologischen und ethischen Aspekten der Medienkultur zu verlocken. Durch ihre Kompetenz und ihre Anregungen fühle ich mich reich beschenkt.
3   J. Cocteau: Kino und Poesie. Notizen (Ausgewählt und übersetzt von K. Eder). Frankfurt a.M./Berlin/Wien 1983, 82.
4   Vgl. zum Surrealismus den Beitrag von M. Geisel in diesem Band.
5   Mir liegt eine französische Übersetzung dieses als klassisch geltenden Textes vor: B. D. Lewin: Le sommeil, la bouche et l'écran du rêve. In: L'espace du rêve. Publié sous la direction de J.-B. Pontalis. Paris 2001, 339-361 (Neuausgabe einer erfolgreichen Nummer der *Nouvelle Revue de Psychanalyse* von 1972).
6   So die Definition in: J. Laplanche / J.-B. Pontalis (Hg.): Das Vokabular der Psychoanalyse (Bd. 2). Frankfurt a.M. 1973, 525.
7   Vgl. hierzu ausführlich den Beitrag von M. Zeul in diesem Band.
8   Vgl. den Überblick von H. Védrine: Les grandes conceptions de l'imaginaire. De Platon à Sartre et Lacan. Paris 1990. Ferner D. Kamper: Zur Geschichte der Einbildungskraft. Reinbek 1990.
9   Vgl. W. Hofmann, Goya. Traum, Wahnsinn, Vernunft. München 1981, 24ff.
10 Ein Beispiel für das mantische Traumverständnis ist das auf umfangreiches antikes Quellenmaterial zurückgehende antike *Traumbuch* (Oneirokritika) des Artemidor von Daldis, auf den auch Freud in seiner *Traumdeutung* verweist. Vgl. dazu J. Heise: Traumdiskurse. Die Träume der Philosophie und die Psychologie des Traums. Frankfurt a.M. 1989, 59ff.
11 Zur Pointierung der theologischen Problematik könnte man mit Blumenberg sagen: „Nicht mehr die Götter machen die Träume, sondern die Träume die Götter." H. Blumenberg: Höhlenausgänge. Frankfurt a.M. 1989, 675.
12 Vgl. N. Bolz: Zehntausend Jahre Kopfkino. In: G.C. Tholen / M.O. Scholl (Hg.): Zeit-Zeichen. Aufschübe und Interferenzen zwischen Endzeit und Echtzeit. Weinheim 1990, 297–303.
13 R. Descartes: Meditationen über die Erste Philosophie. Stuttgart 1980, 42f.
14 Vgl. S. Niessen: Der Traum. Auflösung der Grenze zischen Ich und Nicht-Ich. In: der blaue reiter. Journal für Philosophie, Nr. 4/1996, 47–52.
15 C. Lévi-Strauss: La pensée sauvage. Paris 1962. M. Foucault: Folie et déraison. Histoire de la folie à l'âge classique. Paris 1961. In diesem Zusammenhang sei auch auf die im deutschen Sprachraum noch wenig beachteten Arbeiten von Gaston Bachelard (1884–1962) verwiesen, vor allem die Bücher über die vier Elemente und die Träume: La Psychanalyse du Feu. Paris 1938; L'Eau et les Rêves. Paris 1942; L'Air et les Songes. Paris 1943; La Terre et les Rêveries de la Volonté. Paris 1947; La Terre et les Rêveries du Repos. Paris 1948.

16 S. Freud: Die Traumdeutung (Studienausgabe, Bd. 2). Frankfurt a.M. 1982, 141.
17 Vgl. stellvertretend für viele andere: A. Grünbaum: Freuds Theorie der Wunscherfüllung beim Traum. In: B. Boothe / R. Wepfer / A. von Wyl (Hg.): Über das Wünschen. Ein seelisches und poetisches Phänomen wird erkundet. Göttingen 1998, 148–169. Grünbaum wendet sich vehement gegen „das Zwangsregime des Wunschimperialismus" (151), dem sich alle Argumente beugen müssten. Wenn ein Traum einmal nicht auf einen unbewussten Wunsch zurückzuführen sei, dann ziehe sich Freud auf die minimale These zurück, das Träumen resultiere aus dem Wunsch nach Schlaf (162ff.).
18 Die Erläuterung dieses „wake-dreaming-continuum" ist nachzulesen in E. Hartmann: Dreams and Nightmares. The Origin and Meaning of Dreams. Cambridge (Mass.) 2001, bes. Kap. 5.
19 Vgl. A. Haverkamp (Hg.): Theorie der Metapher. Darmstadt, 2. erw. Aufl., 1996; G. Gamm: Die Macht der Metapher. Im Labyrinth der modernen Welt. Stuttgart 1992.
20 S. Freud: Die Traumdeutung (s. Anm. 16), 88-96 („Die ethischen Gefühle im Traume").
21 E. Hartmann: Dreams and Nightmares (s. Anm. 18), 248f.
22 E. Lenk: Die unbewusste Gesellschaft. Über die mimetische Grundstruktur in der Literatur und im Traum. München 1983.
23 G. Gamm: In der Leere der verschwundenen Metaphysik. Das Ästhetische in der psychoanalytischen Therapeutik. In: ders. / G. Kimmerle (Hg.): Ethik und Ästhetik. Nachmetaphysische Perspektiven. Tübingen 1990, 94–130, hier: 114.
24 B. Waldenfels: Ordnung im Zwielicht. Frankfurt a.M. 1987.
25 Zitiert aus dem Drehbuch nach der Ausgabe in einem Band: A. Schnitzler: Traumnovelle. Die Novelle; S. Kubrick / F. Raphael: Eyes Wide Shut. Das Drehbuch. Frankfurt a.M. 1999, 184.
26 Ebd., 184.
27 Vgl. W. Lesch: Cultivating Emotions. Some Ethical Perspectives. In: Ethical Theory and Moral Practice. An International Forum 4 (2001), Nr. 2, 105–108.
28 Vgl. S. Kracauer: Theorie des Films. Die Errettung der äußeren Wirklichkeit, Frankfurt a.M. 1985, 222ff.
29 Übrigens hat sich Chagall ausdrücklich dagegen gewehrt, immer wieder auf Träume als Inspirationsquellen seiner Malerei festgelegt zu werden. Vgl. D. Marchesseau: Chagall, ivre d'images. Paris 1995, 146f.
30 Vgl. zu den Grundkategorien Freudscher Religionskritik: H. Zirker: Religionskritik. Düsseldorf 1982, 146–176. Vgl. auch J.-F. Lyotard: Rêve. In: Dictionnaire de la psychanalyse (Encyclopædia universalis). Paris 1997, 739–746, bes. 745f.
31 W. Wenders: Der Akt des Sehens (s. Anm. 1), 67.
32 Die „Traumpfade" („songlines") Australiens sind vor allem durch das gleichnamige Kultbuch des Reiseschriftstellers Bruce Chatwin (dt. München 1990 und in zahlreichen Auflagen als Taschenbuch) populär geworden. Die „songlines" sind Schöpfungsmythen, die sich bis heute paradoxerweise in unsichtbaren Wegen manifestieren, die den australischen Kontinent durchziehen und auf den Glauben der Aborigines zurückgehen, ihre Ahnen hätten ihnen mit sorgfältig tradierten Liedern die Landschaft und ihre Geheimnisse erschlossen. Vgl. auch P. Bogner: Traumzeit – Erzählungen der Aborigines. München 1999. Chatwins Bestseller, anlässlich der Olympischen Spiele von Sydney 2001 erneut sensationell vermarktet, ist der faszinierende Versuch, dieser archaischen Welt, für deren Verständnis sich die Kategorien der Freudschen Traumdeutung als untauglich erweisen, auf die Spur zu kommen. Für den Zugang zu dieser Art von mythischer Traumwelt, die sich auch noch einmal von der Mantik der antiken Mittelmeerkulturen unterscheidet, eignen sich C.G. Jungs Theorie der Archetypen und ethnologische Beschreibungen wohl eher als Freuds rationalisierende Entzifferung des Unbewussten.
33 A. Duplan: Le tour du monde en dix-huit villes. In: „L'Hebdo", 7.11.1991, 125–127. Duplan kritisiert das Phantom eines Meisterwerks, das dieser Film hätte werden können, wenn Wenders sich nicht zu viel vorgenommen hätte.
34 Vgl. S. Niessen: Der Traum (s. Anm. 14), 51: „Wie auch immer verstanden – im Traum wurzelt die Kraft des Menschen zur Überschreitung der Grenzen seiner Wirklichkeit, der Transzendenz. Er zeigt uns selbst, die Welt und unsere Beziehung zu ihr in der ständigen Möglichkeit ihres Andersseins."

Traumdeutung in der Tradition von Sigmund Freud

Hartmut Raguse

Im Jahre 1900 erschien ein Buch, von dem sein Verfasser Sigmund Freud immer wieder sagte, dass es sein wichtigstes und zugleich fundiertestes sei, die *Traumdeutung* in einer Auflage von 600 Exemplaren. Es wurde sogar schon im November 1899 ausgeliefert, so dass wir im Jahre 1999 mit Recht ihr hundertjähriges Jubiläum feiern konnten. Das Buch verkaufte sich anfangs nicht gut, erst 1908 erschien eine zweite Auflage, doch schon 1919 gab es die fünfte Auflage. Alle diese Auflagen waren keine Nachdrucke, sondern teilweise wesentlich vermehrte Texte. Ich erwähne das deshalb, weil der populärste Teil der Freudschen Traumdeutung in der ersten Auflage überhaupt nicht vorkommt, nämlich die so genannte Symboldeutung. Heutzutage meinen viele, wenn sie von Freuds Traumdeutung hören, dass für ihn die Deutung aller länglichen Gegenstände auf das männliche Glied ebenso selbstverständlich gewesen sei wie für Jung eine Deutung entsprechender Traumgegenstände als archetypische Bilder. Für Freud stimmte das anfänglich gar nicht, und auch später hat er die Symboldeutung nur zögernd übernommen. Was nun das Eigentliche der Freudschen Traumdeutung sei, das zu erklären ist das Ziel meiner Arbeit. Abschliessen möchte ich mit einigen Bemerkungen zu neueren Entwicklungen in der psychoanalytischen Traumdeutung.

Prinzipien

Ich beginne mit einem Satz, der vielleicht als überraschend erscheinen wird: Träume selber sind undeutbar. Sie sind eine unmittelbar erlebte Bildsprache[1] und müssen erst in eine Wortsprache übersetzt werden, um überhaupt mitteilbar zu werden. Allenfalls könnte man auch versuchen, sie zu malen. Aber in der Regel werden Träume *erzählt*, und deshalb ist der Gegenstand einer so genannten Traumdeutung nicht der Traum selber, sondern die Erzählung eines Traumes. Mit der Traumerzählung hat die Situation bereits gewechselt: vom Schlaf, der selbst zu zweit eine gewisse Einsamkeit an sich hat, zu einer Erzählsituation, die aus mehreren Personen besteht. In einer Analyse erzählt ein Analysand dem Analytiker einen neuen oder alten Traum, und es ist damit zu rechnen, dass auch der Situationswechsel einen Einfluss auf den Sinn hat, dass der Traum vielleicht einen etwas neuen Sinn bekommt. Aber haben Träume überhaupt einen Sinn? Das war die Frage, von der Freud in seiner *Traumdeutung* (1900) ausging, und deren positive Beantwortung ich hier nicht beweisen kann, sondern voraussetze. Das kann ich deshalb tun, weil die Psychoanalyse insgesamt voraussetzt, dass menschliches Handeln einen Sinn hat, selbst dann, wenn dieser Sinn nicht unmittelbar zu erkennen ist. Freud zeigte, dass alle psychischen Symptome wie Zwangsvorstellungen, Wahnsysteme, aber auch andere quälende Erscheinungen wie heftige, scheinbar unberechtigte Selbstvorwürfe oder das Gefühl von Leere und Sinnlosigkeit, zwar von außen her als sinnlos erscheinen mögen, sich aber nach einer genaueren Analyse als durchaus sinnvoll gebildet erweisen. Die Theorie, die auf diese Sinnhaftigkeit reflektiert, ist die Psychoanalyse. Zu diesen scheinbar sinnlosen Gebilden gehören nun auch die Träume, und auch sie erweisen sich in einer Analyse als sinnvolle Gestalten, selbst wenn ihre Inhalte anfangs recht absurd zu sein scheinen.

Die Traumdeutung Freuds überzeugend darzustellen, wäre eine genügende Aufgabe für ein Buch. Ich versuche eine geraffte Systematik, die ich aber mit Beispielen von Freud hoffentlich etwas anschaulicher machen kann. Freuds zentrale Unterscheidung, die er oft wiederholt, ist diejenige zwischen dem „manifesten Traum" und den „latenten Traumgedanken". Der manifeste Traum ist jenes flüchtige Gebilde während des Schlafens, das uns allen vertraut ist, und dann auch dessen Umsetzung in Sprache nach dem Erwachen. Dieser manifeste Traum macht oft den Eindruck, als sei er sinnlos, oder aber, wenn er doch sinnvoll zu sein scheint, so ist er oft trivial. Alle dürften Träume von der Art kennen wie „Ich gehe in Basel durch den Nadelberg und suche ein Haus, endlich finde ich es, aber es ist geschlossen." Ist ein solcher Traum deutungsbedürftig, wenn das Theologische Seminar am Nadelberg tatsächlich gestern abend etwa schon geschlossen war? Freuds Meinung ist nun, dass der manifeste Traum, von ganz seltenen Ausnahmen abgesehen, nie das Eigentliche sei, dass er fast immer auf etwas anderes deutet. Dies lässt sich an einem alltäglichen Beispiel klar machen. Ich bekomme eine Rechnung, die ich leider zahlen muss, obwohl ich dazu gar keine Lust habe. Ich lege sie sorgfältig weg, mit dem Ergebnis, dass sie endgültig verschwunden bleibt. Das wäre das offensichtliche, also das manifeste Geschehen. Der Gedanke, dass das Verschwinden der Rechnung mit Unlust, sie zu zahlen, zusammenhängt, dürfte sich immerhin nahelegen. Weiterhin könnte sich darin auch noch mein Vertrauen auf irgendwelche allmächtigen Gestalten verbergen, die schon dafür sorgen werden, dass alles in Ordnung kommt, etwa die Eltern, die das in unserer Kindheit ja meist getan haben. Man nennt solche scheinbar sinnlosen Versehen „Fehlhandlungen", die in einer Deutung leicht ihren Sinn zeigen. Freud nimmt sich deren Deutung zum Vorbild, um vom manifesten Traum zu den verborgenen, latenten Traumgedanken zu gelangen. Er fordert den Träumer oder die Träumerin auf, sich zu den einzelnen Elementen des Traumes die „nahe liegenden" Gedanken einfallen zu lassen. Ehe ich einige Beispiele von Freud wiedergebe, möchte ich nur betonen, dass damit keineswegs schon Traumdeutungen erreicht sind. Vielmehr handelt es sich nur um einen ersten Schritt zu einer Deutung.

Ich gebe zwei Beispiele aus Freuds „Vorlesungen zur Einführung in die Psychoanalyse" (1916–17): eine Patientin träumt etwas von „‚Kanal' vielleicht ein anderes Buch, in dem Kanal vorkommt, ... es ist ganz unklar".[2] Der Träumerin fällt zuerst gar nichts ein, später hat sie einen Einfall, von dem sie betont, dass er vielleicht dazu gehöre. Sie hatte Freuds Buch über den „Witz" gelesen und es sehr skeptisch aufgenommen. Ihr fiel dann ein Witz ein, den sie hatte erzählen hören. „Auf einem Schiff zwischen Dover und Calais unterhält sich ein bekannter Schriftsteller mit einem Engländer, welcher in einem gewissen Zusammenhange den Satz zitiert: Du sublime au ridicule il n'y a pas qu'un pas.[3] Der Schriftsteller antwortet: Oui, le pas de Calais[4] – womit er sagen will, dass er Frankreich großartig und England lächerlich fände." Dieser „pas de Calais" ist aber der Kanal, der Ärmelkanal. Freud folgert nun, dass das Element „Kanal" im manifesten Traum einen latenten Traumgedanken darstellt, der von offensichtlicher Bewunderung und dahinter liegender Skepsis, ja von Verachtung gegenüber dem Analytiker handelt. Die Unklarheit des Elements „Kanal" drücke ihre Abneigung dagegen aus, sich dieses Gedankens bewusst zu werden.

Das zweite Beispiel ist einfacher, impliziert auch weniger schon eine Deutung: Jemand träumt, sein Bruder stecke in einem Kasten.[5] Der erste Einfall ersetzt Kasten durch Schrank, und der zweite gibt darauf die Deutung: der Bruder schränkt sich ein. Damit ist natürlich noch keine eigentliche Deutung erreicht. Wir wissen nicht, ob er sich *leider* einschränkt oder ob er sich mehr einschränken *sollte*. Das könnte man erst durch weitere Einfälle erfahren. Wie entstehen aus den latenten Traumgedanken die manifesten Traumelemente? Im ersten Falle ist das manifeste Element eine Anspielung, im zweiten eine bildliche Darstellung nach Art eines Bilderrätsels. Aber das ist nur eine Beschreibung, den Grund für eine solche Umsetzung erfahren wir damit noch nicht. Freud stellt dann dar, wie sich aus den Einfällen zu den einzelnen Traumelementen ein neuer Sinn zusammensetzt, der dem Träumer, während sie oder er den Traum erzählte, nicht bewusst war. Aber meist ist der angemessen rekonstruierte Traumsinn zwar befremdlich, aber doch annehmbar. Er ist zwar unbewusst, aber nur „derzeit" unbewusst und damit relativ leicht bewusstseinsfähig. Wir können im ersten Fall den latenten Traumgedanken vielleicht folgendermaßen umschreiben: Meinen Analytiker, den großen Freud, bewundere ich über die Maßen, aber wenn ich sein Witzbuch lese, kommt mir manchmal der Gedanke, ob er nicht vielleicht genau so lächerlich ist wie sein Sujet. Dieser Gedanke ist für die Träumerin befremdend und stellt sich daher im Traum nur in einer andeutenden Form dar. Er wird, so nennt es Freud, zensiert und gelangt deshalb in einer entstellten Fassung in den manifesten Traum.

Sind alle Träume entstellt? Freuds Antwort ist „nein", denn es gibt für ihn eine Kategorie von Träumen, in denen latenter und manifester Traum zusammenfallen. Es sind die Wunscherfüllungsträume von kleinen Kindern. Sie sind alle ähnlich veranlasst und aufgebaut. Ein Kind bekommt am Abend nicht mehr das heiss ersehnte Dessert und träumt darauf, es esse eine riesige Schale voll Pudding. Die Funktion dieses unverstellten Traumes ist es, einen nicht erfüllten Wunsch als erfüllt darzustellen. Solche Träume kommen auch im Erwachsenenalter vor, besonders in Zeiten der Entbehrung. Freuds grundlegende und zunächst vielleicht auch etwas befremdende Hypothese ist es nun, dass alle Träume, also auch die entstellten, in ihrem Kern Wunscherfüllungen seien. Anders gesagt: die Triebkraft der Traumentstehung wäre ein Wunsch.

Diese so genannte „Wunscherfüllungstheorie" ist viel angegriffen worden, sie sei absurd, vor allem die vielen Angst- und Unlustträume widerlegten eine solche Hypothese ganz einfach. Doch diese Kritik geht weit an Freuds Meinung vorbei. Weder der manifeste Traum noch die latenten Traumgedanken sind nach ihm als solche bereits eine Wunscherfüllung, vielmehr ist ein noch tieferliegender Wunsch die Kraft, die aus den latenten Traumgedanken den manifesten Traum herstellt. Und da wir in Kinderträumen die Wunscherfüllung unverstellt beobachten können, liegt die Folgerung nahe, dass der zu Grunde liegende Traumwunsch einer ist, der aus unserer frühen Kindheit stammt, wo wir um so mehr *wünschen* mussten, als unsere Kraft, etwas selber zu beschaffen, noch sehr eingeschränkt war.

Ich möchte versuchen, an dem kurzen Traumstück von dem Bruder, der im Kasten steckt, diesen Gedanken zu entwickeln. Ich betone, dass ich natürlich die tatsächliche Bedeutung nicht weiß, aber was ich tue und was reizvoll sein kann, das ist, mit einem Text etwas zu spielen. Das tue ich im analytischen Prozess eigentlich immer, warte dann aber, bis ich vom Analysanden her Anzeichen bekomme, in welcher Richtung eine Deutung tatsächlich liegt.

Freud hatte als den latenten Traumgedanken genannt: „Der Bruder schränkt sich ein." Wir können uns vorstellen, dass der Träumer kurz vorher erfahren hatte, dass der Bruder sich tatsächlich einschränkt, vielleicht weil er arbeitslos geworden ist oder weil er sich finanziell übernommen hat. Das Gefühl, das diesen Traumgedanken begleitet, können wir durchaus als Bedauern oder als Trauer bezeichnen. Vielleicht gehört auch eine Empfindung von Verantwortung dazu, dem Bruder eigentlich helfen zu sollen, obwohl der Träumer dazu vielleicht wenig Lust hat, denn dann müsste er sich einschränken. Auf diese Art könnten die latenten Traumgedanken auch mit Ärger verbunden sein. Aber es stellt sich die Frage, warum ein solcher verhältnismässig schlichter Traumgedanke erstens überhaupt geträumt werden muss und wenn schon, warum dann zweitens in verhüllter Form. An dieser Stelle genau setzt die Wunscherfüllungshypothese ein. Aber welcher Wunsch könnte dem Traum zu Grunde liegen? Ich betone nochmals, dass ich es nicht weiß, aber Phantasien habe ich doch. Ich kann mir gut vorstellen, dass der Träumer den Wunsch hat und vor allem in seiner frühen Kindheit hatte, dass dieser Bruder sich durchaus einschränken solle, weil er dem Träumer die Einzigkeit der Liebe der Eltern raubte. Ich denke, dass dieser Wunsch mit elementarem Hass und Neid verbunden wäre, und dass hinter dem Bedauern mit dem Schicksal des Bruders auch der Triumph stehen könnte, dass der Bruder endlich dasjenige erlebt, was er dem Träumer, nach dessen Einschätzung, immer schon zugefügt hatte, nämlich Einschränkung. Wir können uns jetzt den Prozess der Traumentstehung folgendermaßen vorstellen: Aktuell ist vielleicht der mit Bedauern und Ärger verbundene Gedanke, dass der Bruder sich einschränkt und dass der Träumer vielleicht helfen soll. Dieser latente Gedanke verbindet sich mit dem infantilen Wunsch, den Bruder einzuschränken, ja vielleicht ihn zu beseitigen. Der infantile Wunsch benutzt also den ihm gleichsam als geeignet erscheinenden Traumgedanken, um sich selber als erfüllt darzustellen. Er tut das aber mit Traummitteln, er tötet den Bruder nicht real, das kann er auch gar nicht, weil ja der Träumer schläft. Aber er hat eine andere Möglichkeit, sein Ziel zu erfüllen; er erschafft einen Traum oder, so könnte man sagen, er verfasst etwas wie ein literarisches Werk in einer eigentümlichen Bilderschrift, mehr Comic als Novelle. Am besten ist es übrigens zu umschreiben mit der etwas altertümlichen Gattung der Bilderrätsel, die man „Rebus" nennt. Warum aber benutzt der infantile Wunsch diese Mittel der Verhüllung? Er erfüllt damit die Aufgabe der Zensur, denn eine unverhüllte Darstellung dieser zutiefst „asozialen" Wünsche kann der Mensch offensichtlich nicht einmal im Schlafe zulassen. Der latente Trauminhalt muss deshalb, ehe der Wunsch ihn und damit auch sich selber zur Darstellung bringt, eine Bearbeitung durchlaufen. Freud benutzt dafür den Ausdruck „Traumarbeit", und das ist vielleicht seine grösste Entdeckung, denn seine vier Kategorien der Traumarbeit haben einen ungeheuren Einfluss auf die moderne bildende Kunst und Literatur ausgeübt.

Die Traumarbeit

Freud geht von der konkreten Erfahrung mit der Zensur in der Presse Österreichs aus. Entweder fehlen in manchen Artikeln Sätze, weil sie geschwärzt wurden, oder der Schreiber passt sich in seiner Darstellungsweise der Zensur in einer Weise an, dass er hoffen kann, dass sie nichts zu beanstanden hat. Beide Methoden sind auch in der Traumarbeit zu beobachten. Es werden Teile ausgelassen, so dass der Träumer sagt: „Hier ist eine Lücke, und dann kommt etwas wie eine Fortsetzung", oder er sagt nur: „Das nächste ist ganz undeutlich." Oder aber der Gedanke wird so umgearbeitet, dass er unverfänglich ist. Dazu benutzt die Traumarbeit vier verschiedene Leistungen:

Die Verdichtung
Diese Leistung besteht darin, dass mit *einem* Element des manifesten Traumes *viele* Elemente der latenten Traumgedanken ausgedrückt werden. Es kommt vielleicht eine Person darin vor, die wie der Vater aussieht, aber den Anzug eines Onkels trägt, und seine Stimme ist wie die eines Kollegen. In einer Gestalt sind viele Elemente verdichtet. Wir alle kennen solche Verdichtungen vor allem aus der Poesie, aber auch zum Beispiel aus dem Neuen Testament. Im Evangelium nach Johannes sind mit dem Wort „Erhöhung" sowohl Kreuzigung als auch Auferstehung und Himmelfahrt in *verdichteter* Weise dargestellt. „Erhöhung" könnte im Text ersetzt werden durch Kreuzigung oder durch Auferstehung oder durch Himmelfahrt. Man könnte deshalb sagen, dass die Verdichtung auf der *metaphorischen Funktion* der Sprache beruht.

Die Verschiebung
Wir haben die Verschiebung bereits kennen gelernt in dem Element „Kanal", das über einige Zwischenglieder auf den latenten Gedanken „Skepsis gegenüber dem lächerlichen Analytiker" hinwies. „Kanal" steht aber nicht metaphorisch für „Skepsis", sondern ist verbunden durch Zwischenglieder. Die Verschiebung beruht auf der *metonymischen Funktion* der Sprache, auf Grund deren man von ei-

nem Glas sprechen kann, wenn man den darin befindlichen Wein meint. Ähnlich dürfte auch mit dem Blute Christi sein ganzes Erlösungswerk gemeint sein.

Die Verwendung von Symbolen
Mit Symbolisierung meint Freud die Benutzung von festen Symbolen, die dem einzelnen vorgegeben sind. Sie beziehen sich in der Regel auf die Familie, auf das Bild vom Körper und auf die Funktionen der Sexualität. Freud nahm dabei an, dass die Symbole vererbt würden. Diese Theorie ist auch bei den Freudianern umstritten. Mir scheint die Annahme zu genügen, dass die Symbole kulturell dem einzelnen vorgegeben sind und im Laufe der Sozialisation mit der Sprache erlernt werden. Ihre Universalität rührt daher, dass mit ihnen vorwiegend universelle Sachverhalte bezeichnet werden.

Die Umsetzung von Gedanken in visuelle Bilder
Die Umsetzung in Bilder ist im Grunde eine Übersetzung in eine andere Sprache. Während konkrete Gegenstände sich mit ihr gut darstellen lassen, sind die Schwierigkeiten mit Abstrakta grösser, und grammatische Relationen wie „weil" oder „obwohl" lassen sich mit ihr nicht eindeutig darstellen.

Alle vier Leistungen verwendet die Traumarbeit. Es ist nun der erwähnte infantile Wunsch, der eben diese Traumarbeit benutzt, um aus den latenten Traumgedanken einen manifesten Traum herzustellen, der in einer verborgenen Weise diesen Wunsch als erfüllt darstellt. Wenn der Bruder im manifesten Traum in einem Kasten hockt, so ist das harmlos genug. Aber vielleicht ist die verhüllte Darstellung die Verwirklichung des Wunsches, eben diesen Bruder beseitigt zu haben und ihn in einen „Kasten" zur ewigen Ruhe zu legen. Dann ist es verständlich, dass dieser Wunsch zensiert wird, um so mehr, als man vielleicht diesen Bruder auch noch sehr gern hat.

Vor allem die Verschiebung eignet sich gut zur Verhüllung, weil durch die vielen Zwischenglieder der ursprüngliche Zusammenhang fast unkenntlich wird. Deshalb haben psychoanalytische Deutungen manchmal etwas „Gesuchtes", aber es ist wichtig zu sehen, ob die gefundenen Zwischenglieder vom Träumer und seinen Einfällen stammen oder ob es Phantasien des Analytikers sind. Diese letzteren allein beweisen gar nichts. Aus diesem Grunde sind auch meine Deutungen, die ich vorher gegeben habe, ganz hypothetisch.

Offene Fragen

Die Traumtheorie von Freud und auch die Lehre, wie Träume zu deuten seien, werden innerhalb der Freudschen Schule nach wie vor hoch geschätzt. Der Vorteil dieser Theorie ist ihre Geschlossenheit. Sie erklärt, wie Träume individuell gebildet werden. Traumdeutung ist dann die Umkehrung dieses Bildungsprozesses. Entstehung und Interpretation sind gleichsam spiegelverkehrt. Der Unterschied zur Jungschen Theorie, die ich hier nicht näher erläutert habe, ist dabei sehr deutlich. Freud geht es ums Individuelle; er will zeigen, wie das einzelne Ich im Traum sich aus dem Material, das ihm zur Verfügung steht, gleichsam sein eigenes Kunstwerk erbaut. Jung leugnet nicht, dass das so sei, aber es ist für ihn nicht wichtig. Er interessiert sich weniger dafür, was der einzelne tut, sondern wie sich in diesem Tun das kollektive Unbewusste äußert, also Vorstellungen, die allen Menschen gemeinsam sind. Dieses Interesse von Jung hängt damit zusammen, dass das Unbewusste für ihn wie eine Person handelt, die dem einzelnen Menschen Botschaften schickt. Genauer gesagt ist Jung der Meinung, dass das Unbewusste dem Ich immer gerade dasjenige mitteilt, was es am meisten braucht. Deshalb haben für ihn Träume etwas vom Charakter von Offenbarungen. Das ist sicherlich ein schöner Gedanke, der sich natürlich gut mit religiösen Ideen verbindet. Mir geht es hier aber nicht darum, die Wahrheit solcher Systeme aufzuzeigen, sondern ihre Unterschiedlichkeit.

Ich habe dargelegt, dass die Interpretation eines Traumes die Umkehrung seiner Bildung sei. Dieser Gedanke wurde in der Hermeneutik vor allem von Schleiermacher vertreten, der damit der Textinterpretation ein sicheres psychologisches Fundament geben wollte. Die zweite Interpretationsweise Schleiermachers, die grammatische Interpretation war hingegen vieldeutiger, weil der Bezug eines Textes zur Sprache letzten Endes unendlich blieb. Ein ähnliches Problem bestand auch für Freud. Wenn in der Interpretationsarbeit die Traumbildung nur einfach rückgängig gemacht wurde, dann mussten ja im Grund eindeutige Traumdeutungen möglich sein. Die tatsächliche Erfahrung innerhalb der Therapien war aber eine andere. Nicht nur, dass es schwierig war, überhaupt eine kohärente Deutung zu erreichen. Selbst wenn sie gelegentlich einmal gefunden war, so schien sie nicht endgültig zu sein. Derselbe Traum konnte, bei einer späteren Gelegenheit nochmals erzählt, in einem ganz neuen Licht erscheinen. Freud hat das Problem dieser Mehrdeutigkeit zwar nicht eigentlich gelöst, aber metaphorisch treffend umschrieben: „In den bestgedeuteten Träumen muss man oft eine Stelle im Dunkel lassen, weil man bei der Deutung merkt, dass dort ein Knäuel von Traumgedanken anhebt, der sich nicht entwirren will, aber auch zum Trauminhalt keine weiteren Beiträge geliefert hat. Das ist der Nabel des Traums, die Stelle, an der er dem Unbekannten aufsitzt. Die Traumgedanken, auf die man bei der Deutung gerät, müssen ja ganz allgemein ohne Abschluss bleiben und nach allen Seiten hin in eine netzartige Verstrickung unserer Gedankenwelt auslaufen. Aus einer dichteren Stelle dieses Geflechts erhebt sich dann der Traumwunsch wie der Pilz aus dem Mycelium."[6]

Alle wichtigen Begriffe tauchen hier wieder auf. Die Traumgedanken sind natürlich die unbewussten, aber im Prinzip bewusstseinsfähigen Traumgedanken. Ihre Zahl ist nicht bestimmbar und sie setzen sich in unsere allgemeine Gedankenwelt fort. Wo ist die Grenze zwischen dem Innen des Traumes und dem Außen? Das ist nicht deutlich, vielmehr geht es um ein Netz, das kontinuierlich verläuft. Der Trauminhalt ist natürlich der latente Gehalt, in den anscheinend nicht alle Traumgedanken eingehen. Aber ist es nicht denkbar, dass auch andere Traumgedanken einmal in den Vordergrund treten und in den Inhalt eingehen, der dann aber ein anderer würde? Am merkwürdigsten aber ist der Nabel des Traumes. Dieser ist inhaltlich gar nicht weiter bestimmt, außer dass er der Sitz des Traumes auf dem Unerkannten ist. Dieses Unerkannte und der Nabel sind nun keineswegs der unbewusste Traumwunsch, jene Triebkraft, die den Traum erzeugt. Er erhebt sich erst aus dem netzartigen Gewebe und nicht etwa eindeutig an der dichtesten Stelle, sondern an *einer* dichteren Stelle, von denen es also mehrere geben könnte, mithin also auch mehrere treibende Traumwünsche. Die Eindeutigkeit ist also verloren, es wachsen verschiedene Gebilde aus dem Unerkannten, mit dem sie durch einen Nabel verbunden sind. Aber hinter den Nabel führt offensichtlich nichts. Was wir haben, ist lediglich der Traumtext und der vieldeutige Versuch, hinter ihn zu gehen.

Sind wir hier plötzlich in postmoderne Vieldeutigkeit gelangt? Wenn man diese als ein Positivum zu würdigen weiß, dann kann ich diese Frage bejahen. Aber eine andere Spur führt noch etwas weiter. Freud schreibt ebenfalls in der Traumdeutung, der Traum sei etwas wie ein „heiliger Text"[7], in dem nichts zufällig ist. Genau in gleicher Weise sehen die Rabbinern die Thora, sie ist heilig, weil von Gott genau in dieser Form geschrieben. Aber im Judentum ist Gott im Text nie präsent, er ist der total Unerkannte, auf den es vom Text her keinen Übergang gibt. Gott ist weder Fleisch noch Text geworden, sondern er bleibt jenseitig. Unsere Aufgabe ist es, den heiligen, aber in gewissem Sinne gott-losen Text zu lesen. Jede Vermutung, *eine* bestimmte Deutung sei die gottgemäße, macht den Text zu einem Idol und verstößt gegen das Bilderverbot. Deshalb bleibt der Deutungsprozess uneindeutig und unabschließbar, wie die Traumdeutung, in die das Unerkannte nie eingehen kann. Die Traumdeutung führt also auch auf Freuds Herkunft aus der jüdischen Tradition.

Weiterentwicklung der Freudschen Traumdeutungstheorie

Die Weiterentwicklung hängt mit einer grundsätzlichen Veränderung der Freudschen Technik der Psychoanalyse zusammen. Ich kann das hier nur andeuten. Die wichtigste Entdeckung, die schon bei Freud ganz früh einsetzt, ist die Beziehung, die der Analysand zum Analytiker entwickelt und in der sich seine problematischen Beziehungen wiederholen. Tolerante Analytiker werden zu herrischen Tyrannen oder zu allgütigen Müttern, zu strengen Gesetzgebern, zu gefährlichen Rivalen. Sie werden das allerdings vorwiegend in der Phantasie der Patienten, und als Analytiker muss man sich hüten, sich dem Bild, das der Patient von einem entwirft, anzupassen oder sich zu sehr dagegen zu wehren. Was mir hier wichtig scheint, ist Folgendes: Alle Erzählungen der Patienten werden in der analytischen Arbeit im Zusammenhang mit der gegenwärtigen Beziehung verstanden. Wenn jemand etwa eine unangenehme Szene aus seiner Schulzeit berichtet, etwa von einem Lehrer, der ihn ungerecht bestraft hat, dann kann diese Geschichte ganz verschiedene Bedeutungen haben, je nach dem, wen der Psychoanalytiker oder die Analytikerin für den Patienten gerade vorstellt. Wenn er vor allem als streng und beherrschend angesehen wird, dann ist die Bedeutung der erzählten Szene vielleicht: „Du Analytiker bist genau so schlimm und noch schlimmer!" Sie ist dann vor allem ein Vorwurf und ein Ausdruck von Aggressivität, die nur noch nicht direkt geäußert werden kann, weil die Angst vor Strafe zu groß ist. Aber ist der Analytiker eher eine sorgende Mutter, dann ist die unbewusste Aussage, die mit der Geschichte vom bösen Lehrer getan wird, eine ganz andere: „Tröste mich, sei mir nahe und stimme mit mir überein, dass solche autoritären Männer böse sind und dass Du diese Meinung mit mir teilst und mit mir solidarisch bist." Daran wird ersichtlich, wie dieselbe Geschichte, je nach der Situation, eine ganz verschiedene Bedeutung annehmen kann. Erst von der Situation her bekommt der Inhalt seine richtige Würdigung. Deshalb kann kein Analytiker Freudscher Richtung irgend etwas verlässlich deuten, ohne dass er die Situation kennt, in die das Gesprochene gehört. Man kann zwar Phantasien äußern, was eine Geschichte bedeuten *könnte*, aber zu einer gewissen Sicherheit kommt man erst, wenn der Zusammenhang und zwar vor allem die Beziehung zwischen Analysand und Analytiker, die gerade vorherrschend ist, bekannt wird.

Alles das gilt nun auch für Träume.[8] Ich habe bereits festgestellt, dass es nicht möglich sei, Träume an sich zu interpretieren. Sie werden erzählt, also in Sprache umgesetzt. Aber erzählen kann man nur jemandem. Auch Selbstgespräche sind an jemand gerichtet. Das kann man leicht an sich selbst beobachten. Entweder rede ich als jemand anderer zu mir selbst oder ich rede zu jemand. Das ist am deutlichsten bei Verteidigungsreden. Wenn ich etwa am Morgen einen Gegenstand in Eile suche, den ich am Abend sorgfältig bereitgelegt zu haben glaube, dann sagen wir alle etwa: „Aber ich habe ihn genau dorthin gelegt, wo ich ihn sofort sehen muss." Und damit wehren wir uns gegen jemand, der sagt: „Natürlich du mit deinem Chaos, du verlierst noch deinen eigenen Kopf!" Aber dieser, zu dem wir reden, sitzt nicht mehr außen, sondern in uns. In der psychoanalytischen Beziehung geht man nun davon aus, dass solche inneren Beziehungen äußerlich werden. Der *Analytiker* wird als jemand erlebt, um den man wirbt, oder gegen dessen Vorwürfe man sich wehren muss oder dem man einen Traum erzählt. Warum wird ein Traum erzählt? Äußerlich gesehen, weil das zur Analyse hinzugehört. Aber es gibt dann noch innere Gründe, und genau die sind wichtig. Der Traum wird zur verhüllten Mitteilung an einen anderen, und zwar nicht, weil der Analysand bewusst etwas verhüllen will, sondern weil er dasjenige, um was es im Traum geht, noch gar nicht anders mitteilen kann. Was kann das sein? Sicherlich geht es zunächst einmal um zärtliche oder auch erotische Wünsche auf der einen und um aggressive Phantasien auf der anderen Seite. Aber das ist noch zu wenig. Denn beides macht ja oft vor allem Angst. Was kann mit dieser Angst geschehen? Ist sie auszuhalten? Gerade hier wird dem Psychoanalytiker oft insgeheim seine Rolle zugewiesen. Es ist, als sagte der Patient: „Ich ahne, wie zerstörerisch ich sein kann. Niemand kann mich aushalten. Deshalb muss ich alle meine Aggressionen in mich schlucken. Ich möchte Dir mitteilen, dass ich Dich als jemand brauchte, der mir hilft, meine Angst vor meiner Destruktivität zu bewältigen." Das *sagt* der Patient natürlich gar nicht. Aber eine Traumdeutung kann das Ergebnis haben, dass diese Funktion, diese heimliche Mitteilung des Traumes in der analytischen Beziehung deutlich wird. Und das ist sicherlich ein großer Fortschritt, weil der Patent damit zeigt, wofür er seinen Therapeuten brauchen kann. Es ist genau diese indirekte Mitteilung, die auf der semantischen Ebene des Traumes zwar kaum nachzuweisen ist, die uns aber in die größte Nähe zum „Nabel" des Traumes bringt. Das Nichtgesagte geschieht als ein Handeln mit dem Traum in der Übertragungsbeziehung. Die Uneindeutigkeit der semantischen Ebene des erzählten Traumes erhält eine *relative* Eindeutigkeit durch die Pragmatik des Traumes, durch das *Handeln* mit dem Traum. Aber diese Pragmatik ist situationsbezogen. Aus dem Unerkannten des Traumes erhebt sich gleichsam der unbewusste Traumwunsch. Als ein aktives unbewusstes Wünschen ist er dem Nabel am nächsten, ist sogar in einem geheimen Kontakt mit dem Unerkannten. Er erschafft sich dann das semantische Geflecht der Traumgedanken, in dem er sich semantisch manifestiert. Aber der Traum ist inhaltlich so reich, dass viele solcher elementaren Traumwünsche durch ihn dargestellt werden können. Und ich denke, dass auch nachträglich sich neue Wünsche der Traumerzählung bemächtigen können, um sich in ihr gleichzeitig zu verhüllen und darzustellen.

Was bedeutet das für den konkreten Umgang mit Träumen? Alle Inhalte können nicht isoliert gedeutet werden. Es ist sinnlos zu fragen, was in einem Traum eine Wüste, ein Haus oder ein See bedeuten. Man kann es nicht wissen. Man kann aber im Laufe der Zeit verstehen, was ein Patient seinem Analytiker in einer konkreten Situation mitteilen will. Und erst dann bekommt die Wüste eine konkrete Bedeutung. Sie kann die innere Leere bezeichnen, aber auch die gesuchte Einsamkeit, sie kann den Wunsch nach Unendlichkeit anzeigen oder eine gute, bergende, aber auch eine alles zerstörende Mutter bedeuten. Wenn Gott oder Engel in einem Traum vorkommen, bedeutet das nur, dass diese Elemente benutzt werden, um etwas auszudrücken. Was damit gemeint ist, weiß man nicht im voraus. Wenn der Analytiker ein Theologe ist, dann können solche Vorstellungen auch nur bedeuten, dass man mit dem Analytiker auf gleicher Ebene reden, mit ihm rivalisieren möchte, weil man sich bisher so unterlegen fühlte. Der Traum bleibt selbst dann geheimnisvoll, wenn man glaubt, eine Ebene der Deutung klar erraten zu haben.

Freuds Kritik an den Surrealisten

Genau hier setzte auch Freuds freundliche Kritik an den Surrealisten ein. Salvador Dalí besuchte ihn wenige Monate vor seinem Tod in London. Insgesamt reagierte Freud recht positiv. Er schreibt in einem Brief: „Bisher neigte ich dazu, die Surrealisten, die mich offenbar als Schutzheiligen erwählt haben, für Narren zu halten. Dieser junge Spanier mit seinen ehrlichen, fanatischen Augen und seiner unbestreitbaren technischen Meisterschaft hat mich eines anderen belehrt. Es wäre tatsächlich sehr interessant, psychoanalytisch zu erforschen, wie es dazu kam, dieses Bild zu schaffen."[9]

Dalís Kunst möchte, in enger Anlehnung an Freuds Theorie, den Traum wiederum bildlich darstellen, allerdings in einer Gleichzeitigkeit, weil ja ein zeitliches Nacheinander auf einem Bild kaum möglich ist. Er versucht dabei, die Traummechanismen Freuds bildlich umzusetzen. Aber genau diese Umsetzung, diese bildliche Vereindeutigung der Traumtheorie machte Freud skeptisch. Er erklärte diesem: „In Ihren Bildern suche ich nicht das Unbewusste, sondern das Bewusste. In den Bildern der Meister – Leonardo oder Ingres – ist das, was mich interessiert, was mir mysteriös und beunruhigend vorkommt, gerade die Suche nach den unbewussten rätselhaften Ideen, die in dem Bild verborgen sind. Bei Ihnen liegt das Mysteriöse auf der Hand. Das Bild ist nur der Mechanismus, der das Geheimnis aufdeckt."[10]

Diese Aussage bedarf kaum der Kommentierung. Wie der Analysand spontan reden und nicht Theorien über seine Verdrängung vortragen soll, so soll der Maler malen und nicht versuchen, das Geheimnis künstlerischer Vieldeutigkeit offenzulegen und zum Gegenstand der Darstellung zu machen. Das manifeste Geheimnis ist keines mehr. Das ist sicherlich zutreffend, abgesehen von der einfachen Tatsache, dass man natürlich den Deutungsprozess wiederum auf die surrealistische Darstellungsweise anwenden kann, um zu verstehen, welches weitere Geheimnis hinter dem Manifestierten liegt. Auch hier ist der Prozess potenziell unendlich.

1   Die einzige Ausnahme dabei ist, dass zu einem Traum auch akustische Phänomene gehören können, die, sofern es sich um Reden handelt, im Bericht über den Traum unmittelbar zitiert werden können.
2   S. Freud, 1916–1917, 133. In: S. Freud: Studienausgabe Bd. 1., Frankfurt a.M. 1989.
3   „Zwischen dem Erhabenen und dem Lächerlichen ist nur ein Schritt."
4   „Ja, der Schritt von Calais."
5   S. Freud, 1916–17, 135.
6   S. Freud, 1900, 503. In: S. Freud: Studienausgabe Bd. 2 (s. Anm. 2).
7   Ebd., 493.
8   Grundlegend ist dafür: F. Morgenthaler: Der Traum. Frankfurt a.M. 1986.
9   S. Freud: Briefe 1873–1939. Frankfurt a.M. 1960, 465.
10 Vgl. H.-P. Stahl: Von der Kunst zu träumen. Die Träume in der Kunst. In: J. Körner / S. Krutzenbichler (Hg.): Der Traum in der Psychoanalyse. Göttingen 2000, 174.

Bausteine einer psychoanalytischen Filmtheorie
Zur Verhältnisbestimmung von Psychoanalyse und Film am Beispiel des Traums

Mechthild Zeul

Das Verhältnis zwischen Traum und Film ist sowohl von psychoanalytischer Seite[1] als auch vom psychoanalytisch orientierten filmtheoretischen Standort[2] behandelt worden. Während Psychoanalytiker überwiegend in der inhaltlichen bildlichen Gestaltung eines Films und seiner Techniken (wie beispielsweise in der Überblendung) Konstruktionsmechanismen des Traumes wie Verleugnung, Verdichtung und Rücksicht auf Darstellbarkeit glauben ausfindig machen zu können und auf diese Weise eine Parallelisierung zwischen Traum und Film vornehmen, beziehen die erwähnten Filmtheoretiker eine weniger eindeutige Position, indem sie auf Ähnlichkeiten zwischen Traum und Film, aber auch auf Unterschiede hinweisen. Anstatt den Inhalt des Films zum Ausgangspunkt ihrer Analyse zu nehmen, machen die Autoren vielmehr die „Subjekt-Wirkung"[4] zum Gegenstand ihrer Untersuchung, stellen „die Position des Subjekts gegenüber dem Bild in Frage"[4], vergleichen „ähnliche Bewusstseinszustände, wie halluzinatorische Projektionen"[5], die Traum und Film gleichermaßen auszulösen in der Lage sind. Es werde häufig vergessen, betonen Gertrud Koch und Jean-Luc Baudry, dass „die kinemathographische Apparatur zunächst auf das Subjekt gerichtet sei".[6] Sowohl Koch als auch Baudry haben das von Bertram Lewin[7] in die psychoanalytische Literatur eingeführte originelle Konzept der Traumleinwand (dream screen) im Kontext mit der vom Film im Zuschauer ausgelösten Bewusstseinszustände untersucht. Aus meiner Sicht stellt die Einführung der Traumleinwand in die Theorie der Träume einen objektbeziehungstheoretischen Aspekt dar, der nahelegt, auf den Film bezogen von einer primitiven Objektbeziehung zwischen dem Medium und dem Zuschauer zu sprechen. Eine detaillierte Untersuchung der diese Beziehung konstellierenden „Trias oraler Wünsche"[8] zu schlafen, zu essen und gegessen zu werden, die Lewin in der Stillsituation ansiedelt, kann – wie später auszuführen sein wird – Anhaltspunkte geben für die Erstellung einer psychoanalytischen Filmtheorie, in deren Zentrum die Wiederbelebung der oralen Wünsche Schlafen, Essen und Gegessenwerden und nicht Sehen und Gesehen-werden steht.

Christian Metz kommt zu einer eindeutigeren Differenzierung von Traum und Film als die beiden anderen filmtheoretischen Autoren. Ihm zufolge ist der Traum ein Produkt des Primärprozesses, der Film sei jedoch im Sekundärprozess anzusiedeln. In sein theoretisches Selbstverständnis vom Traum geht jedoch nicht die insbesondere von der Ich-Psychologie beeinflusste Auffassung ein, die dem Ich im Traum einen strukturierenden, organisierenden Charakter zuweist.[9] Auch bereits Freuds Auffassung „der Weiterbearbeitung der nächtlichen Traumarbeit im Wachleben"[10] spricht gegen eine eindeutige Ansiedlung des Traumes im Primärprozess. So bedarf es zwar des Schlafes, um zu träumen, aber erst über das Erzählen, das Aufschreiben, kurz seine Veröffentlichung wird aus der „nächtlichen Psychose" ein Traum. Mit der Weiterentwicklung der Psychoanalyse hat sich das Selbstverständnis vom Traum verändert, so dass heute nicht mehr von einer einheitlichen Traumauffassung gesprochen werden kann.[11] Verallgemeinernd lässt sich sagen, dass anders als in Freuds Traumverständnis in der neueren psychoanalytischen Literatur den synthetischen Ich-Funktionen eine bedeutende Rolle zugeschrieben, dass auf den Beziehungsaspekt verwiesen[12] und ein objekbeziehungstheoretischer Ansatz stark gemacht wird.[13] Erst die Revision des Symbolbegriffs durch Alfred Lorenzer, der die Symbolbildung als einheitlichche Ich-Leistung auf verschiedenen Bewusstseinsniveaus situiert, erlaubt es, auch von der Kreativität eines Traumes zu sprechen.[14] „Symbolbildung ist immer Produkt einer einheitlichen Ich-Leistung, die sich auf unterschiedlichen Ebenen abspielt und die ihre Resultate auf unterschiedlichem Niveau organisieren kann. Die Traumsymbole sind auf der niederen Stufe angesiedelt."[15] Mit der Bezeichnung „nieder" bezieht sich Lorenzer auf die präsentative Symbolik nach Langer, die psychoanalytisch formuliert der vorbewussten Funktionsweise des Ich zuzurechnen ist, die aber auch für die Entfaltung von Kreativität von Bedeutung ist.

Die eingangs angestellten Überlegungen legen nahe, die Verhältnisbestimmung von Psychoanalyse und Film im Hinblick auf die Formulierung theoretischer Überlegungen von zwei Bickwinkeln her vorzunehmen. Ausgehend von der primitiven Beziehung, den damit verbundenen regressiven Befriedigungsmodi, die sich zwischen Film und Zuschauern konstellieren sowie von der strukturellen Ähnlichkeit zwischen der Ästhetik des Films und der eines Traumes, woran sich unmittelbar die umstrittene Frage nach der Kreativität von Träumen anschließt. Freud hat zeitlebens die Auffassung vertreten, dass die Traumarbeit Verschiebung, Verdichtung, Rücksicht auf Darstellbarkeit und keine schöpferische Tätigkeit sei, dass das Ziel des Traumes vielmehr in der entstellten Erfüllung eines infantilen Triebwunsches bestehe und dass die halluzinatorische Suche, diesen zu befriedigen, das Traumgeschehen überhaupt erst in Gang setze. Die mehr oder weniger kohärente Geschichte, die jeder Traum erzähle, verdanke sich der sekundären Überarbeitung, einem weiteren Element der Traumarbeit. Selbst nach Einführung der Strukturhypothese modifizierte Freud seine Auffassung von der Traumarbeit nicht, indem er dem Ich bei der Traumbildung eine besondere Funktion zugebilligt hätte. In der Unterscheidung, es gäbe Träume „von oben" und Träume „von unten" verweist er zwar auf die Bedeutung von „Tagesgedanken" und „Tagesabsichten", die bei der Gestaltung der Träume „von oben" verantwortlich mitwirkten und denen es gelungen sei, „sich nächtlicherweise eine Verstärkung aus dem vom Ich abgesprengten Verdrängten zu holen".[16] Aber dies rechtfertige eine Revision der Traumdeutung nicht, meint er abschließend. Auch die repetitiven Träume, die massive Traumatisierungen und Schockerfahrungen insbesondere infolge von Kriegserlebnissen zum Inhalt hatten, veranlassten ihn nicht zu einer prinzipiellen Modifikation seiner Auffassung von der Wunscherfüllung im Traum. Er war lediglich zu der Konzession bereit, von nun an von einem „Versuch einer Wunscherfüllung" zu sprechen. Es sollte den Vertretern der Ich-Psychologie vorbehalten bleiben, auf die synthetischen, integrativen und organisierenden Funktionen des Ichs im Traum aufmerksam zu machen. Für Freud stellte die Traumdeutung den Beginn der Psychoanalyse als Allgemeine Psychologie dar, die Aussagen über neurotische aber auch über „Alltagsphänome" wie Träume und Fehlleistungen machte. 1932 äußerte er sich so: „Diese [die Traumlehre, M. Z.] nimmt in der Geschichte der Psychoanalyse eine besondere Stelle ein, bezeichnet einen Wendepunkt; mit ihr hat die Analyse den Schritt von einem psychotherapeutischen Verfahren zu einer Tiefenpsychologie vollzogen."[17] Auf dieser sehr allgemeinen Ebene ließe sich in einem ersten Zugang eine Parallele von Traum und Film postulieren, insofern als beide nicht pathologische Produkte, sondern solche darstellen, die der menschliche Alltag hervorbringt.

Morgenthaler nennt Freuds Traumdeutung ein genetisches Verfahren, da ihm daran lag zu rekonstruieren, „welche Triebregungen und damit verknüpfte Vorstellungen der Verdrängung verfallen sind und deshalb unbewusst gemacht werden mussten".[18] Zwei wesentliche Neuerungen in der heutigen Auffassung vom

Traum gehen unter anderem auf Morgenthaler zurück. Der Akzent seines Traum-Selbstverständnisses beruht auf der Annahme der Bedeutsamkeit der strukturierenden, organisierenden Arbeit des Ichs im Traum, mit der er einen formalen Zugang zur Trauminterpretation verbindet. Unter dieser Vorgabe schlägt er vor, die Träume vor der Inhaltsdeutung ihrer manifesten Gehalte von ihrer formalen Gestaltung her zu untersuchen. Eine zweite Neuerung besteht in Morgenthalers These, dass der Traum immer einen Adressaten außerhalb der Person des Träumers habe und dass deshalb ein besonderes Augenmerk auf den Umgang des Träumers mit dem Traum zu richten sei. Das zentralste Konzept seiner Traumtheorie stellt die Annahme von der Existenz einer unbewussten Tendenz im Traum dar, in der er das Resultat der gestaltenden, organisierenden Ich-Funktionen sieht. Um diesen Gedankengang zu veranschaulichen, benutzt er das Bild des beladenen Möbelwagens, der vor einer zu beziehenden Wohnung steht. „Wenn wir an einen Traum herangehen, so ist es fast so, als hätten wir einen beladenen Möbelwagen auf der Strasse stehen und suchten eine Wohnung, in die wir diese Möbel hineinstellen können. Ich sage, es ist gut, wenn man die Wohnung hat, wo man die Möbel auslädt. Die Möbel im Möbelwagen sind die Inhalte des Traumes. Die Wohnung, das ist die Tendenz, die in der Dynamik dieses Traumes zunächst aufgefunden werden muss."[19] Ob ein Traum behalten oder vergessen, wie, wem und wann er erzählt wird, ob er schriftlich niedergelegt wird, kurz, wie ein Träumer oder eine Träumerin mit ihrem Traum umgeht, darüber entscheiden Ich-Funktionen, die überwiegend vorbewusster und unbewusster Natur sind. „Bei der Traumbildung gehören nur die dem Es zugehörigen ungerichteten Triebregungen zum Primärprozess. Sie erfüllen den latenten Trauminhalt mit emotionaler Bewegung und stellen die Erlebnisqualität des Traumes dar. In dem Maß, in dem sie diese Funktion erfüllen, folgen die Triebregungen dem Einfluss der Ich (...) Funktionen, die im Augenblick der Traumbildung Priorität erlangen. Sie nehmen die Richtung an, die diese Ich-Aktivitäten wählen und verleihen ihnen den spezifischen Erlebnischarakter. Diese Richtung, der die Triebregungen jetzt folgen, entspricht der unbewussten Tendenz des Traumes".[20] An anderer Stelle spezifiziert Morgenthaler den handelnden Umgang des Träumers mit seinem Traum, der von der Erlebnisqualität nicht zu trennen ist. „Der Umgang mit dem Traum ist hochspezifisch für diesen Träumer. Er ist hochspezifisch für die Situation, in welcher der Traum geträumt wurde und für das, was gerade jetzt, und weder früher noch später, in der Beziehung zum Ausdruck kommt, die der Träumer zu dem und keinem anderen hat, dem er den Traum erzählt."[21] Morgenthaler spricht nicht länger von Traum-, sondern von Erlebnisanalyse. Er führt dazu aus: „Die Erweiterung meiner Auffassung vom Traum und von der Traumdeutung betrifft also das Erleben des Träumers und aller, die mit diesem Traum konfrontiert werden. Es handelt sich um eine Psychologie des Erlebens, mit der ich die Traumlehre, die sich bisher als eine Psychologie des Erinnerns, Assoziierens und Verstehens ausgab, erweiterte."[22] Mit der Einbindung des Traumes in Erlebnisqualität, die sich zwischen zwei oder mehreren Personen ereignen kann – in Morgenthalers Traumseminaren war es eine Gruppe – weist er dem Traum einen öffentlichen, interaktionellen, kommunikativen Charakter zu, in dem dem Umgang mit ihm ein besonderer Stellenwert zugeschrieben wird. Öffentlichkeit, Kommunikation und Interaktion machen den Traum zu einem Partner des Filmgeschehens, das ebenfalls auf Kommunikation und Interaktion mit dem Publikum angelegt ist. Damit wäre eine zweite Übereinstimmung zwischen Traum und Film festzuhalten.

Die von Lorenzer[23] vorgenommene Revision des Symbolbegriffs, in dem die psychoanalytische Gemeinschaft über viele Jahre Freud und Jones folgend ausschließlich den bewussten Teil von unbewusstem, verdrängtem Material gesehen hatte – Jones vertrat die Auffassung, dass nur das Verdrängte der symbolischen Darstellung bedürfe –, rückte die kreativen Ich-Leistungen nachhaltig in das Zentrum der Traumbildung.[24] Sich auf Kubie beziehend, verweist Lorenzer einerseits auf die Bedeutsamkeit der Symbolqualität und zum anderen auf die Wurzeln, die für die Symbolbildung anzunehmen sind. Kubie hatte auf „‚Reifungsstufen' in der Symbolbildung – einer Stufenfolge, die von den rigiden Stereotypien, wie sie unter dem Einfluss der unbewussten Prozesse gebildet werden, über die flexiblen vorbewussten Vorgänge zu den wiederum rigiden Bewusstseinssymbolen führen",[25] aufmerksam gemacht. Andererseits hatte er die Symbolbildung in „den inneren Wahrnehmungserfahrungen des Körpers und in den äusseren Wahnehmungserfahrungen der Aussenwelt"[26] angesiedelt. Die Annahme der Symbolbildung als einer einheitlichen Ich-Leistung auf unterschiedlichen Bewusstseinsniveaus nötigt Lorenzer sich der Auffassung Gills[27] anzuschließen, der nicht länger zwischen Primär- und Sekundärprozess unterscheidet, sondern vielmehr von einem Kontinuum zwischen beiden ausgeht. Lorenzer spricht von einer „folgenschwere[n] Flüchtigkeit im Gebrauch des Begriffs Primärprozess".[28] Sich auf Arlows Kritik beziehend, dass der Begriff Primärprozess unhinterfragt mentale Denkvorgänge und energetische Prozesse gleichermaßen einschließe, schlägt Lorenzer vor – und dies erscheint mir erhellend im Hinblick auf einen Vergleich zwischen Traum und Film – „den Begriff Primärprozess durch ‚Primärorganisation' zu ersetzen und für Primärorganisation die Zuordnung zu den Systemen zu lösen. Primärorganisation gehört weder zum Ich noch zum Es (oder zum Überich) ausschließlich, sondern man meint damit – je nachdem, ob man sein Augenmerk auf Erkenntnisbildung oder dynamisch-energetische Prozesse richtet – entweder eine niedere Stufe [der präsentativen Symbole, M.Z.] von Ich-Funktionen oder eine Dynamik unter dem besonderen ‚Einfluss des Es'".[29] Für die Symbolbildung sind zwei Zentren anzunehmen. Es tritt uns „eine einzige Bildungsinstanz, das Ich [entgegen, M.Z.] dem durchgehend von der Traumproduktion bis zu den hochentwickelten abstrakten Operationen mit Symbolen – die Funktion der Symbolbildung zukommt. Das Ubw bzw. Es ist als Reizquelle besonderer Art und Intensität im Zusammenspiel mit dem Ich zu verstehen",[30] wobei diese Reizquelle aus einem „Reservoir an reizaktivem, noch nicht oder nicht mehr bewusstseinsfähigem Material"[31] besteht. Will man die so verstandene Traumproduktion auf die eines Filmes übertragen, dann muss auch die Bedeutsamkeit der subliminalen Eindrücke[32] mit in Anschlag gebracht werden, die in der Lage sind, unbewusste Gehalte anzustoßen, und von der unbewussten Dynamik ihrerseits Verstärkung erhalten. Das einheitliche Bildungszentrum, das Ich, hat nun die verschiedenen Reize zu bewältigen, die von innen und von außen zur Wahrnehmung gelangen, die nach symbolischer Verarbeitung und nach der Verarbeitung von Denkprozessen verlangen. Lorenzer hatte diesen Zusammenhang im Kontext mit der Entstehung der Träume ähnlich ausgeführt. Er postuliert vier verschiedene Reizquellen: die „Reize aus der Außenwelt und aus den Körpervorgängen (...), rezente Eindrücke: die Tagesreste, einschließlich der subliminalen Einflüsse, (...) die im Gedächtnis aufgespeicherten Gestalten, die bei der sekundären Traumarbeit in besonderer Weise wirksam und sichtbar werden. (...) Und als vierte besonders wichtige Quelle muss das Reservoir des ‚Unbewussten' angesehen werden. Der Erfahrung der Psychoanalyse zufolge kommt dieser Quelle eine besondere, hervorzuhebende Bedeutung zu".[33] Bei der Konzipierung eines Films sind diese vier Quellen anzunehmen, die ihre kreative Verarbeitung durch vorbewusste synthetische Ich-Leistungen erfahren. Sicherlich ist die Beteiligung des Unbewussten beim Traum größer und die Symbolqualität rigider als beim Film, der sich durch hohe Flexibiltät auszeichnet. So ist eine dritte Übereinstimmung zwischen Traum und Film festzuhalten – sowohl der Traum als auch der Film bedienen sich vorbewusster Ich-Aktivitäten, verdanken sich kreativer Produktionsweisen. Sie unterscheiden sich jedoch im Hinblick auf ihre Symbolqualität und den damit verbundenen Anteilen an unbewussten Gehalten.

Mit dem Konzept der Traumleinwand differenziert Lewin das Freudsche Verständnis vom Traum, indem er eine objektbeziehungstheoretische Komponente einführt. Genetisch verankert er den Ursprung des Träumens im frühen Einschlafen des Säuglings an der Mutterbrust und den damit verbundenen oralen Wünschen zu verschlingen und verschlungen werden zu wollen. Auch Beland[34] sieht in Lewins Erweiterung der Oralität eine Verbindung zwischen Träumen und primärer Objektbeziehung. Lewins Theorie der Traumleinwand beruht auf Schlussfolgerungen, die er aus der analytischen Arbeit mit seinen Patienten, nicht etwa aus der Säuglingsbeobachtung gezogen hat. So meint dann Stillsituation, Säuglingsschlaf und die Brust nicht die reale materielle Anwesenheit der Brust oder des realen Schlafes, sondern halluzinatorische Wiederbesetzung des Schlafwunsches im Traum, der nicht zu trennen ist von den beiden anderen bereits erwähnten oralen Wünschen, nämlich insbesondere dem Wunsch von der Brust verschlungen zu werden, sie aber auch zu verschlingen.

In der Traumleinwand manifestiert sich der latente Gedanke „Brust". So handelt es sich bei ihr nicht um eine weiße, leere Leinwand, auf die ein Traum projiziert wird, sondern um eine frühe Repräsentanz, eine visuelle Erinnerungsspur, die von taktilen, thermischen Qualitäten nicht zu trennen ist. Deserno führte zum Konzept der *dream screen* aus, dass Lewin "in ihr eine Erscheinungsform des Schlafwunsches [sah], den Schlaf selbst und zugleich eine Erinnerungsspur der mütterlichen Brust. In ihrer Bildlosigkeit (blankness) sah Lewin eine Kopie des Säuglingsschlafes. Er hob jedoch hervor, dass die Traumleinwand selbst ein integrales, wunscherfüllendes Element im Traum sei und nicht nur Projektionsfläche für die bildhaften Elemente, die Gegenspieler des Schlafwunsches".[35] Ganz in Freudscher Tradition hält Lewin an dessen These der Suche nach Wunscherfüllung fest, die für Neurose und Träume gelte, und am schon von Freud behaupteten ich-gerechten Aspekt des Traumes als dem „Hüters des Schlafes". Lewin hat sich in mehreren anregenden Arbeiten mit der Psychologie des Schlafes und seiner Bedeutung für das Träumen beschäftigt.[36] Freud habe zwar davon gesprochen, dass der Schlaf die Voraussetzung dafür sei, dass geträumt werden könne, habe aber diesen Gedanken nicht weiter ausgeführt. Lewin nun macht es sich zur Aufgabe, dies zu tun und zentriert seine Thesen zum Traum um Schlafen versus Aufwachen, womit er zugleich die Frage nach dem Vergessen der Träume und den Gegensatz zwischen Bildertraum und bildlosem (blank) Traum verbindet. Das Vergessen hinge damit zusammen, dass der Träumer oder die Träumerin sich wünschten weiter zu schlafen, das heißt an der wunscherfüllenden Halluzination des Einschlafens an der mütterlichen Brust festzuhalten als eines ersten Wünschens, das – so Freud – „ein halluzinatorisches Besetzen der Befriedigungserinnerung" darstellt.[37] In der Existenz der Traumleinwand materialisiert sich diese halluzinatorische Befriedigung. Bereits Freud hatte von den Eindringlingen in den Schlaf gesprochen, die Abkömmlinge aus dem Vor- und Unbewussten darstellen, die sich in Bildern manifestieren und die drohen, das Subjekt aufzuwecken, während die zwar unsichtbare, aber trotzdem anwesende, den Schlaf behütende, halluzinatorisch wunscherfüllende, totale Befriedigung garantierende Traumleinwand das Subjekt vor dem Aufwachen bewahrt. Auf die Kinosituation bezogen, bedeutet dies, nicht real zu schlafen – das kann natürlich auch vorkommen –, sondern einzutauchen in die Welt der halluzinatorischen Wunscherfüllung, der Traumleinwand ohne von den Filmbildern aufgeweckt zu werden. Filme, bei denen die Traumleinwand wegrollt, wie bei der von Lewin beschriebenen Patientin,[38] transportieren die Zuschauer in einen Wachzustand, der häufig begleitet ist von Desinteresse am Filmgeschehen bis hin zur Langeweile. Das vorzeitige Verlassen des Kinosaales geschieht sicherlich auch aus einem solchen Wachzustand heraus.

Die bereits erwähnte Unterscheidung, die Lewin zwischen dem Bildertraum und der Traumleinwand vornimmt, verweist einmal mehr auf sein objektbeziehungstheoretisches Verständnis. Anders als für Freud, für den die Manifestation der Traumgedanken in Bildern eine Übersetzung darstellt, die sich der topischen Regression verdankt, wiederholt der Bildertraum aus der Sicht Lewins den frühen Eindruck des Kindes, wach zu sein, die Augen geöffnet zu halten und zu sehen. In seiner *Reconsideration of the Dream Screen* (1953) betont er, dass die Berücksichtigung der Traumleinwand und der bildlosen (blank) Träume es ermögliche, die frühesten Entwicklungsstadien des Bewusstseins des Babys an der Brust zu verfolgen und ihre Reproduktion im späteren Leben aufzuspüren.[39] Hier bieten sich Ansatzpunkte für die Konzipierung einer psychoanalytschen Filmtheorie. Lewins zusammenfassenden und zugleich differenzierenden Thesen zur Traumleinwand und zu den bildlosen (blank) Träumen können wertvolle Hinweise dazu liefern. Er gibt in dieser Arbeit ein plastisches Bild von der Genese des Isakower Phänomens, der Traumleinwand und der bildlosen Träume, die in der Situation des gestillten befriedigten Säulings, der an der Mutterbrust eingeschlafen ist, zu suchen ist, von dessen diffusen Wahrnehmungen, schwer lokalisierbaren Körpersensationen und der Wiederbelebung dieser frühen Erfahrungen in Bildertäumen und in bildlosen Träumen im Erwachsenenalter; in letzteren kommen insbesondere schwer fassbare, vage Emotionen zum Ausdruck. „Das Isakower Phänomen besteht aus einem Konglomerat von relativ formlosen, visuellen und nicht-visuellen Halluzinationen, die am besten beobachtbar sind in hypnagogen Zuständen, die aber auch in Träumen und in neurotischen Erkrankungen vorkommen. Die Traumleinwand im engeren Sinn ist ein visuelles Element des oben genannten Konglomerats; sie hat die metapsychologische Struktur eines Traums; sie bildet den Hintergrund oder die Projektionsfläche für das Traumbild. Sie ist flach so, wie die Oberfläche der Erde, denn sie ist genetisch ein Segment vom riesigen Bild des Babys von der Brustwarzen-Hemisphäre. Die Klasse der bildlosen (blank) Träume besteht aus mehreren Untergruppen, ihnen ist Abwesenheit oder beinahe Abwesenheit von geformten, manifesten, visuellen Details und eines Plots gemeinsam. Es können einfache, visuell leere Träume sein, sie können auch zusammengesetzt aus verschiedenen Zügen des Isakower Phänomens vorkommen, sie können aber auch mit späteren Eindrücken vermischt auftreten. Sie sind oft nicht in konkreten Worten beschreibbar, sondern nur mit Hilfe von Metaphern, sie haben mehr Ähnlichkeit mit Gefühlen und Affekten als mit Bildern. (…) Vom genetischen Standpunkt aus gesehen, sind die drei Typen, das Isakower Phänomen, die Traumleinwand und die bildlosen (blank) Träume ein und dasselbe; sie reproduzieren die Eindrücke, die das Baby an der Brust hat. "[40] Vom metapsychologischen Standpunkt aus gesehen sind Traumleinwand, die bildlosen Träume und das Isakower Phänomen dem Vorbewussten zuzuordnen.

Lewin hatte ursprünglich (1946) den bildlosen (blank) Traum als den Protoypen des Traumes bezeichnet und war davon ausgegangen, dass dieser lediglich aus der Traumleinwand bestehe, eine Annahme, die er später (1953) modifizieren sollte, als er wie weiter oben ausgeführt eine Differenzierung zwischen bildlosem Traum und Traumleinwand vornahm, eine Abgrenzung, die sowohl psychoanalyseintern nahelag, die aber auch Versatzstücke für eine Filmtheorie anbieten kann. In der psychoanalytischen Praxis sind verschiedene Formen bildloser Träume zu beobachten. So kommt es immer wieder vor, dass Patienten davon sprechen, sie hätten geträumt, erinnerten aber keinerlei bildlichen Inhalt, sondern nur Körpersensationen wie völlige Entspannung und Gefühle von Wohlbefinden und Zufriedenheit mit sich selbst. Eine Patientin formulierte dies so, sie habe einen Traum gehabt, es sei wie ein „flash" gewesen, der sich ihr näherte. Mit dem „flash" verbindet sie dann in ihrer Erzählung in der psychoanalytischen Stunde das Gefühl mit sich eins, bei sich angekommen zu sein. Es gibt aber auch Ezählungen von nächtlichen Angst- und Panikanfällen, die mit Aufstehen und Schreien einhergehen, ohne dass dazu Bilder erinnert werden.

In dem weiter vorne wiedergegebenen Zitat, in dem Lewin die Traumleinwand von den bildlosen Träumen abgrenzt, hatte er bereits davon gesprochen, dass sich leztere eher durch Körpersensationen als durch Bilder auszeichneten. „Der Traum erscheint als auf die geglättete (flache) Brust projiziert – auf die Traumleinwand – vorausgesetzt, dass es sich um einen bildlichen Traum handelt; denn wenn es keinen bildlichen Inhalt gibt, bleibt die Traumleinwand leer (blank), so dass der manifeste Inhalt einzig und alleine aus Eindrücken aus anderen Wahrnehmungsfeldern besteht."⁴¹ Ich gehe davon aus, dass das Vorhandensein von bildlosen Träumen im Filmgeschehen für Körperreaktionen in den Zuschauern verantwortlich zu machen ist. Hatte doch Lewin davon gesprochen, dass eher nicht visuelle oder zumindest bildlich schwer fassbare Qualitäten die bildlosen Träume ausmachen, dass sie teilweise dem Isakower Phänomen nachgebildet seien. Aus diesen bildlosen Träumen erwache der Schläfer häufig, weil er etwas Lastendes, eine Wand oder einen anderen nicht näher beschreibbaren Gegenstand auf sich zukommen sähe. Auch die Sensation von Eingeschlossensein, aus dem kein Entkommen möglich scheint, gehört sicher zu dieser Kategorie der bildlosen Träume. Aus dieser als lebensbedrohlich erlebten Situation kann sich der Schläfer nur befreien durch Auffahren, Schreien, häufig auch durch Aufstehen, die Ruhigstellung der Motilität durchbrechend. Das bereits erwähnte vorzeitige Verlassen des Kinosaales lässt sich auch mit der vom Medium simulierten Wirkung⁴² beschreiben, die Lewin den bildlosen Träumen zuschreibt, die mehr aus Körpersensationen, denn aus Bildern bestehen und die von der Struktur her dem nächtlichen Angst- und Panikanfall vielleicht am nächsten kommen, der gerade nicht das Erwachen aus einem Traum, sondern das Aufschrecken aus einem traumlosen Zustand darstellt. Filme lösen im Zuschauer aber auch schmerzliche und befriedigende körperliche Reaktionen aus, beispielsweise sexuelle Erregung – Lewin spricht von Orgasmen im Schlaf –, Sensationen von körperlichem Wohlbefinden, aber auch multiple körperliche Verstimmungen wie Magen- oder Kopfschmerzen, diffuses körperliches Unwohlsein, Lachen und Weinen. Forcierte Evozierung bilderloser Träume und ihre halluzinatorische Wiederbesetzung, die das kinematographische Dispositiv simuliert, könnten diese Reaktionen erklären.

Auch das von Lewin zitierte Beispiel aus der Gedichtproduktion des spanischen Schriftstellers Bequer lässt sich als Beleg für die Existenz bildloser Träume verstehen, denen von Lewin in diesem Beispiel kreative Qualitäten zugeschrieben werden.⁴³ Er konstatiert Bequers Kampf um die Klarheit der Bilder und des Wortes. Lewin hatte das spanische Original ins Englische übersetzt. „I did not sleep but wandered in that limbo where objects change shape, the mysterious tracts that separate waking from sleep. (...) At this point there echoed in my ears a sound like that which wavers confusedly in a church when the faithful are concluding their prayers with an amen. And I seemed to hear a delicate and sad voice calling me from afar by name, and I smelled the odor of snuffed candles, of dampness and incense. Night came on, and in the arms of oblivion I fell into her deep breast like a stone; I slept and when I awoke I cried out: ‚Someone whom I loved has died'."⁴⁴ Vor dem Auge des Lesers erscheinen keine Bilder, bestenfalls schattenhafte Umrisse, er ist vielmehr mit Gerüchen, Sensationen von befriedigend Erlebtem sich fallen lassen, mit multiplen Körpersensationen, aber auch mit Schrecken, Angst und Panik konfrontiert.

Eine Vertiefung der Auffassung Lewins von der oralen Beziehung zwischen Mutter und Säugling kann die primitive Beziehung zwischen Film und Zuschauer erhellen und ein Licht auf die Faszination des Mediums werfen. Zugleich wird aber auch eine Grenze dieses Ansatzes deutlich, der eine geschlechtsspezifische Aneignung von Film nicht mit reflektieren kann. Hier gilt es, weiterführende Überlegungen anzustellen, wobei der Ansatz Stollers, der von frühen Geschlechtszuschreibungen ausgeht, nützlich sein kann. Der Säugling ist in der Stillsituation nicht in der Lage auf Grund mangelnder Differenzierung zwischen Ich und Nicht-Ich, Innen und Außen verschlingen und verschlungen werden zu unterscheiden. Er verschlingt die Brust oder die Flasche, wird aber auch zugleich von ihnen verschlungen und erlebt sie als Teil seiner selbst. „So wird, wenn wir dieses Geschehen theoretisch formulieren, jedes Objekt, das gegessen wird, wie das Subjekt behandelt. Das Subjekt identifiziert sich selbst mit dem Objekt und übernimmt damit die Phantasiemöglichkeit des Gegessenwerdens."[45] Von der Identität zwischen Schlafen und Essen ausgehend und beides auf den Traum übertragend, führt Lewin aus: „Der Schläfer hat sich selbst völlig oder teilweise aufgegessen. (...) Er hat seinen Körper verloren – der nun verloren und vermischt ist in seiner Identifizierung mit der ausgedehnten, flachen Brust, der Traumleinwand",[46] so unterscheidet der Säugling auch nicht zwischen seinem Mund und seiner Haut und der Brust der Mutter. Baudry hat die Bedeutung des Mundes des Säuglings in der Füttersituation, wie dies Lewin entworfen hatte, auf das Filmsehen übertragen. „In der kinematographischen Situation hat (...) die visuelle Öffnung die Mundöffnung ersetzt; die Absorption von Bildern ist zugleich Absorption des Subjekts im Bild."[47] Das Subjekt vermischt sich mit den Filmbildern und seinen Akteuren, so wie der Säugling sich nicht von der Brust unterscheidet. Vielen von uns ist es doch sicher so ergangen, dass wir nach dem Verlassen des Kinosaals die Gangart des Helden oder der Heldin imitieren, so sprechen wie diese, und um es mit Lewin zu formulieren, diese aufgespeist haben oder von ihnen gegessen worden sind. Der Verweis auf die frühe Identität von Essen und Schlafen an der Mutterbrust mit der Betonung der Bedeutung des Mundes und seine Übertragung auf die Kinosituation lässt nicht das primitive Sehen, sondern das Essen in das Zentrum der Objektbeziehung zwischen Film und Zuschauer rücken. Das hat für die Aussagen einer so konzipierten psychoanalytischen Filmtheorie weitreichende Konsequenzen. Beispielsweise hebelt sie – zumindest ansatzweise – die Bedeutung aus, die die feministische

Filmtheorie der Schaulust, dem Exhibitionismus und dem Voyeurismus zuschreibt. Die Betonung des Mundes, der eine Einheit mit der Mutterbrust bildet, kann Aufschluss darüber geben, ob und warum es eine Sucht nach Film gibt, wozu die Lust gehört, wie mit einem inneren Band verbunden Filme wieder und wieder ansehen zu müssen, immer wieder einzutauchen in die Welt der halluzinatorischen Wunscherfüllung, die mit der Traumleinwand verbunden ist. Ein Film kann ein Tröster sein, aber vor allem ein Ort des entspannten Abstandnehmens von den als unerträglich erlebten Forderungen des Alltags. Er hat auch entlastende Funktionen, indem eine Identifizierung mit eigenen nicht tolerierten Wünschen und Phantasien gesucht wird, die dann auf den Film projiziert, projektiv identifikatorisch wieder übernommen werden. Die Film-Situation hat häufig die Funktion eines Refugiums, eines Ortes des völligen Rückzugs, metaphorisch gesprochen, dem bedürfnislosen frühen Säuglingsschlaf nachgebildet, in dem der Säugling nicht alleine, sondern schon immer eins ist mit der Brust. Er kann aber auch zum Ort der nächtlichen bildlosen Angstanfälle werden. Insofern liefert die Übertragung der Lewinschen Annahme der leeren (blank) Träume, die häufig eben nicht aus Bildern, sondern aus multiplen Körpersensationen bestehen, einen wesentlichen Beitrag zum Verständnis des nicht bedingungslos befriedigenden Aspekts in der Filmrezeption, den die Filmtheorie Baudrys nicht mit reflektieren kann. Er hatte betont, dass der Wunsch nach Kino in der Sehnsucht des Menschen bestünde, in den frühen wunscherfüllenden Zustand, den er an der Mutterbrust erfahren habe, zurückzukehren. Dies habe dazu geführt, dass er eine Maschine erschaffen habe, „das kinematographische Dispositiv",[48] das dem Subjekt wenigstens vorübergehend diese Befriedigung verschaffe.

Mit der Betonung des organisierenden, strukturierenden Charakters der Träume, ihrer auf Handlung, auf psychischen Austausch mit dem Andern angelegten Eigenschaft, ihrer Verortung in der Primärorganisation, mit der Annahme von der Kreativität der Träume, die ihre Entstehung auf der Ebene der präsentativen Symbole ansiedelt, ihrem teils öffentlichen, teils privaten Status, ihrer eigentümlichen Qualität zwischen Wach- und Schlafbewusstsein, hat sich das Verständnis vom Traum in der Psychoanalyse verändert. Es hat sich – insbesondere in der Betonung der Mitwirkung des vorbewussten Ich an der Traumgestaltung – weitgehend von der Auffassung Freuds entfernt. In diesen neuen Auffassungen ist eine Annäherung zwischen Traum und Film zu konstatieren.

Insbesondere aber die These von der primitiven Objektbeziehung zwischen dem Medium und dem Zuschauer, die ihre Befriedigungsmodi um Schlafen, Essen und Aufgegessen-werden zentriert, kann kreative Impulse für die Erstellung einer psychoanalytischen Filmtheorie liefern. Der je konkrete, materialisierte Film lässt sich jedoch nicht auflösen in psychologische und psychoanalytische Konzeptualisierungen und Annahmen. Hier stimme ich voll mit Koch und Baudry überein, die allerdings theoretisch von anderer Seite herkommend betonen, dass zwischen dem mentalen Bild des Traumes und dem materiell konstruierten des Filmes zu unterscheiden sei (Koch) und dass das Kino die regressiven Zustände, die den Traum ermöglichten, simuliere (Baudry), also nicht mit ihm identisch sei.[49] In einer neueren Arbeit hatte Koch ihre Thesen auf die Säuglingsbeobachtungen von R. Spitz[50] gegründet, während Baudry sich der Freudschen Triebtheorie verpflichtet fühlt. Im Rahmen der Annahme von der symbolisch sich konstituierenden primitiven Objektbeziehung zwischen dem Film und dem Zuschauer messe ich den von Lewin von der Traumleinwand unterschiedenen bildlosen Träumen einen besonderen Stellenwert zu. Sie ermöglichen es, die körperlichen Reaktionen in den Zuschauern zu beschreiben, deren Erfassung sich einem Ansatz, der sich um Sehen und Gesehen-werden zentriert ist, sperrt. Die Unterscheidung zwischen Traumleinwand und bildlosem Träumen ermöglicht es, Unlustmomente, Schrecken und Entsetzen, die Filme auszulösen in der Lage sind, zu benennen, die einer Theorie von der Simulation der totalen, frühen Befriedigung durch das „filmische Dispositiv"[51] notwendigerweise entgehen müssen.

---

1 Vgl. J. Chasseguet-Smirgel: Unterhaltung über das Kino. In: Kunst und schöpferische Persönlichkeit. München/Wien 1988, 82–87; sowie: Projections. The Forum of the Psychoanalytic Study of the Film, 1/1996.
2 Vgl. Ch. Metz: Der fiktionale Film und seine Zuschauer. Eine metapsychologische Untersuchung, 1975. In: Psyche Nr. 48/1994, 1004–1046. J.-L. Baudry: Das Dispositiv. Metapsychologische Betrachtungen des Realitätseindrucks, 1975, Psyche Nr. 48/1994, 1047–1074. G. Koch: Traumleinwand – filmtheoretische Ausdeutungen eines psychoanalytischen Konzepts. In: S. Hau / W. Leuschner / H. Deserno (Hg.): Traum-Expeditionen (Psychoanalytische Beiträge aus dem Sigmund-Freud-Institut 8), Tübingen 2002.
3 J.-L. Baudry: Das Dispositiv (s. Anm. 2), 1067.
4 Ebd., 1067.
5 G. Koch: Traumleinwand (s. Anm. 2).
6 J.-L. Baudry, (s. Anm. 3).
7 B. Lewin: Sleep, the Mouth and the Dream Screen. In: Psychoanalytic Quarterly Nr. 15/1946, 419–434. Auch erschienen in: J. Arlow (Hg.): Selected Writings by B. Lewin, New York 1973, 87–100. B. Lewin: Reconsideration of the Dream Screen. In: Psychoanalytic Quarterly Nr. 22/1953, 174-199.
8 B. Lewin: Das Hochgefühl. Zur Psychoanalyse der gehobenen, hypomanischen und manischen Stimmung. (Übersetzt mit einem Nachwort von H. Deserno), Frankfurt a.M. 1982, 99.
9 Vgl. dazu insbes. F. Morgenthaler: Der Traum. Fragmente zur Theorie und Technik der Traumdeutung. Frankfurt a.M. 1990.
10 Vgl. H. Deserno (Hg.): Das Jahrhundert der Traumdeutung. Perspektiven psychoanalytischer Traumforschung. Stuttgart 1999, 61.
11 Vgl. S. Flanders (Hg.): The Dream Discourse Today. London/New York 1993.
12 Vgl. F. Morgenthaler (s. Anm. 9).

13 Vgl. B. Lewin (s. Anm. 7).
14 Vgl. A. Lorenzer: Kritik des psychoanalytischen Symbolbegriffs. Frankfurt a.M. 1970.
15 Ebd., 69.
16 S. Freud: Bemerkungen zur Theorie und Praxis der Traumdeutung, 1925. (Gesammelte Werke Bd. 13), Frankfurt a.M. 1960ff., 299–314, insbes. 303.
17 S. Freud: Neue Folge der Vorlesungen zur Einführung der Psychoanalyse. XXIX. Vorlesung. Revision der Traumlehre (1932). (Gesammelte Werke Bd. 15, s. Anm. 16), 6–31, 6.
18 F. Morgenthaler: Der Traum (s. Anm. 9), 41.
19 Ebd., 155.
20 Ebd., 66.
21 Ebd., 68 f.
22 Ebd., 44.
23 Vgl. insbes. A. Lorenzer: Kritik des psychoanalytischen Symbolbegriffs (s. Anm. 14).
24 L. S. Kubie: Psychoanalyse und Genie. Reinbek b. Hamburg 1966.
25 Kubie zitiert nach A. Lorenzer (s. Anm. 14), 60.
26 Ebd., 61.
27 M. M. Gill, in: R. R. Holt (Hg.): Motives and Thought. New York 1967.
28 A. Lorenzer (s. Anm. 14), 69.
29 Ebd. 70.
30 Ebd., 71.
31 Ebd., 72.
32 Vgl. W. Leuschner: Tagesgedanken als Traumerreger. In: S. Hau / W. Leuschner / H. Deserno (Hg.): Traum-Expeditionen (Psychoanalytische Beiträge aus dem Sigmund-Freud-Institut 8), Tübingen 2002. A. Lorenzer (s. Anm. 14). O. Pötzel: Experimentell erregte Traumbilder in ihren Beziehungen zum indirekten Sehen. In: Z. Neurol, Nr. 37/1917, 278–349.
33 A. Lorenzer (s. Anm. 14), 71.
34 Vgl. H. Deserno: Das Jahrhundert der Traumdeutung (s. Anm. 10), 65.
35 H. Deserno (s. Anm. 8), 215.
36 Vgl. Texte von B. Lewin aus den Jahren 1946, 1950, 1953 (s. Anm. 7, 8) sowie ders.: Interferences from the Dream Screen. In: International Journal of Psycho-Analysis Nr. 29/1948, 224–231. Auch erschienen in: J. Arlow (Hg.): Selected Writings by B. Lewin. New York 1973, 104-114.
37 S. Freud: Die Traumdeutung (1900). (Gesammelte Werke Bd. 2/3, s. Anm. 16), 420.
38 Die Annahme der bildlosen Traumleinwand wurde Lewin zuerst nahegelegt durch die Bemerkung einer Patientin zu einem Traum, den sie nicht erinnern konnte. „Der Traum, den ich Ihnen erzählen wollte, war eben noch greifbar für mich, aber dann hat er sich, während ich hier lag und ihn betrachteete, von mir weggedreht – es war, als würde er sich aufwickeln und wie zwei sich überschlagende Akrobaten von mir wegrollen". B. Lewin, 1946, zitiert nach H. Deserno (s. Anm. 8), 215.
39 Vgl. Anm. 7.
40 B. Lewin: Reconsideration of the Dream Screen (s. Anm. 7), 198.
41 B. Lewin: Sleep, the Mouth and the Dream Screen (s. Anm. 7), 89.
42 Vgl. J.-L. Baudry: Das Dispositiv (s. Anm. 2).
43 B. Lewin: Remarks on Creativity, Imaginary and the Dream. In: J. Arlow (Hg.): Selected Writings of B. Lewin, New York 1973, 173–183.
44 Bequer in B. Lewin (s. Anm. 43), 176.
45 B. Lewin: Das Hochgefühl (s. Anm. 8), 104.
46 Ebd. 94.
47 J.-L. Baudry: Das Dispositiv (s. Anm. 2), Fußnote S. 1070 f.
48 Ebd., 1073.
49 Vgl. Anm. 2.
50 Vgl. G. Koch: Traumleinwand (s. Anm. 2), R. Spitz: Die Urhöhle. In: Psyche Nr. 9 / 1956, 641–667.
51 Vgl. Anm. 2.

Kunstmittel oder Verleugnung?
Die klassische Filmtheorie zu Subjektivierung und Traumdarstellung

Matthias Brütsch

Das Bestreben, inneres Erleben und subjektive Befindlichkeit fiktionaler Figuren erfahrbar zu machen, scheint eine der Grundmotivationen filmischen Erzählens zu sein. In allen Epochen und den meisten Genres wurde immer wieder und mit den unterschiedlichsten Mitteln versucht, das Innere der Figuren zu erschließen. Die Bandbreite der Subjektivierungsformen, die sich im Verlauf der Filmgeschichte herausbildete, ist groß: Sie schließt die Gestaltung von Dekor und Hintergrund ("Seelenlandschaften"), den mimischen und gestischen Körperausdruck oder die empathische Begleitmusik genauso mit ein wie die simulierte Wiedergabe subjektiver Wahrnehmung ("subjektive Kamera") oder die Darstellung von Träumen, Halluzinationen und Visionen. Die Filmtheorie, welche von Anbeginn das Potenzial und die Spezifität des neuen Mediums zu ergründen suchte, hat sich des Themas immer wieder angenommen. Sind Subjektivierungen "feinstes Kunstmittel" oder die "Verleugnung der filmischen Grundeigenschaften"? Im ersten Teil dieses Aufsatzes möchte ich der Frage nachgehen, wie einige der wichtigsten Theoretiker der "klassischen" Epoche die Möglichkeiten der Subjektivierung und insbesondere der Traumdarstellung beurteilen und auf welchen theoretischen Prämissen ihr Urteil beruht.

Folgende Texte, die allesamt den Anspruch erheben, das Wesen des Mediums Film möglichst umfassend zu erforschen, liegen der Untersuchung zu Grunde:
- Hugo Münsterberg: *The Photoplay. A Psychological Study*, 1916 (deutsche Ausgabe: *Das Lichtspiel. Eine psychologische Studie*, 1996).
- Béla Balázs: *Der sichtbare Mensch*, 1924; *Der Geist des Films*, 1930; *Iskusstvo Kino*, 1945 (deutsche Ausgabe: *Der Film. Werden und Wesen einer neuen Kunst*, 1946).

- Rudolf Arnheim: *Film als Kunst*, 1932.
- Siegfried Kracauer: *Theory of Film. The Redemption of Physical Reality*, 1960 (deutsche Ausgabe: *Theorie des Films. Die Errettung der äußeren Wirklichkeit*, 1964).
- Jean Mitry: *Esthétique et psychologie du cinéma*, 1963/1965.

Narrative Techniken als Analoga zu psychisch-mentalen Prozessen: Hugo Münsterbergs *The Photoplay*

1916, als *The Photoplay* erschien, war die Ansicht weit verbreitet, der Film sei eine schlechte Nachahmung des Theaters und biete lediglich grobschlächtige Unterhaltung für die Massen. Münsterbergs Argumentation ist darauf angelegt, diese Auffassung Schritt für Schritt zu widerlegen, um für den Film den Status einer eigenständigen, vom Theater unabhängigen Kunstform zu beanspruchen. Der Autor teilt seine Analyse in zwei Bereiche ein: den psychologischen und den ästhetischen. Im ersten beschäftigt er sich mit der Realitätswahrnehmung und der Rezeption von Kunstwerken. Nach Münsterberg ist der Mensch ständig einem Chaos von Umwelteindrücken ausgesetzt, dem er erst durch innere Strukturierungsprozesse einen Sinn zu geben vermag. Bedeutung ist für Münsterberg etwas, das nicht von außen kommt und mit der Wahrnehmung selbst schon gegeben ist, sondern im Innern erst konstruiert wird. Die wichtigsten psychischen und mentalen Prozesse, die bei dieser aktiven Realitätskonstruktion eine Rolle spielen, sind für ihn auch bei der Wahrnehmung und Verarbeitung von Theaterstücken und Filmen am Werk: Aufmerksamkeit, Gedächtnis, Fantasie und Emotion. Münsterberg möchte aber nicht nur aufzeigen, welche Bedeutung diesen psychischen Fakultäten bei der Rezeption von Kunstwerken generell zukommt; ihm geht es insbesondere darum zu untersuchen, inwieweit diese Verarbeitungsprozesse bereits in die formale Gestaltung und narrative Struktur der Werke eingeschrieben sind. Er kommt dabei zu folgender Erkenntnis: Im Gegensatz zur Bühne verfügt der Film über verschiedene Mittel, um die dargestellten Ereignisse analog der Art und Weise zu gestalten, wie der Mensch äußere Sinneseindrücke – durch Verlagerung der Aufmerksamkeit, Aktivieren von Gedächtnisinhalten, Bildung von Hypothesen und unter Einbezug von Gefühlsempfindungen – innerlich verarbeitet und strukturiert. Die Großaufnahme entspricht demnach der Aufmerksamkeitsfokussierung, die Rückblende dem Aktivieren der Erinnerung, die Vorausblende dem Aufsteigen von Vorahnungen, der rasche Szenenwechsel in der Parallelmontage der Aufmerksamkeitsteilung oder -verlagerung, und in der Gestaltung von Hintergrund und Dekor finden Gefühlsempfindungen der Zuschauer ihre Entsprechung. Münsterberg stellt somit eine direkte Analogie her zwischen narrativen Techniken und Prozessen, die im psychisch-mentalen Apparat des Menschen vor sich gehen.

In der ästhetischen Untersuchung, welche sich an die psychologische anschließt, beschäftigt sich Münsterberg mit Fragen nach dem Wesen der Kunst, dem Verhältnis von Kunstwerken zur Realität und dem Kunstcharakter des Films. Gleich zu Beginn lässt er eine dezidiert antimimetische Position erkennen: Wenn es um die „Nachbildung der Menschenwelt" geht, so offenbare der Film im Gegensatz zum Theater „ein nahezu katastrophales Versagen".[1] Während die Bühnenaufführung wesentliche Merkmale der Wirklichkeit – wie Farbe, Geräusche, plastische Körperlichkeit, Bewegung – konserviere, gehen diese in der stummen Darbietung von farblosen Einzelbildern auf einer flachen Leinwand größtenteils verloren. Münsterberg geht indes nicht nur der Frage nach, ob das Spektrum und die Qualität der von Kino- respektive Theatervorführungen vermittelten Sinnesinformationen wesentliche Erscheinungsattribute der Realität zu erhalten vermögen. Seine in der Philosophie Kants wurzelnde Realitätsauffassung postuliert, dass Dinge und Ereignisse in der objektiven Wirklichkeit durch eine feste Zeit-, Raum- und Kausalitätsordnung verbunden sind. Nun sei der Film dank seiner Gestaltungsmöglichkeiten und narrativen Techniken wie kein anderes Medium dazu veranlagt, gerade diese die Realität konstituierende Ordnung der Dinge durcheinander zu werfen.

Der Film als ein der Innenwelt des Menschen angepasstes Konstrukt
In synthetischer Verbindung der psychologischen und ästhetischen Untersuchung formuliert Münsterberg schließlich die Hauptthese von *The Photoplay*: Gerade die Tatsache, dass filmische Werke die Welt nicht einfach nachbilden, sondern zu etwas Neuem, von der Wirklichkeit Abweichendem umformen, verleiht ihnen Kunstcharakter. Die Umformung der Realität geschieht jedoch nicht in beliebiger Weise. Die Ereignisse werden von der äußeren Realitätsordnung befreit und nach inneren Gesetzen der Psyche und des Geistes modelliert: „*Es ist, als hätte die Realität* [in der filmischen Darstellung, M.B.] *ihre eigene kontinuierliche Bindung verloren und wäre entsprechend den Ansprüchen unserer Seele geformt worden.* (...) Es [das Lichtspiel, M.B.] *hat die Beweglichkeit unserer Vorstellungen, die nicht von der physischen Notwendigkeit der äußeren Ereignisse beherrscht werden, sondern von den psychologischen Gesetzen der Assoziation.* (...) *Das Lichtspiel folgt den Gesetzen des Bewusstseins mehr als denen der Außenwelt.*"[2] Und genau in diesem Punkt liegt für Münsterberg die medienspezifische Eigenart der filmischen Er-

zähl- und Darstellungsweise, welche das „Lichtspiel" zu einer neuartigen und eigenständigen Kunstform erhebt.

Als einer der führenden Psychologen seiner Zeit war Münsterberg – wie kein anderer vor und lange nach ihm – bei seiner wissenschaftlichen Hinwendung zum Film an Wahrnehmungsprozessen, subjektiven Bewusstseinsinhalten und psychisch-mentalen Vorgängen interessiert. Die kurze Zusammenfassung seiner filmtheoretischen Position hat allerdings klargemacht, dass er sein Hauptaugenmerk auf psychische Prozesse richtet, welche die Realitätswahrnehmung generell und, damit verbunden, die Zuschauerrezeption betreffen. In den Kapiteln, in denen er filmische Erzähltechniken auf Analogien zur Fantasietätigkeit und zum Erinnerungsvermögen untersucht, gerät jedoch unvermittelt die Tatsache ins Blickfeld, dass im Film auch die Möglichkeit besteht, subjektive Wahrnehmung und innere Vorstellungen *der fiktionalen Figuren* darzustellen. Für Münsterberg drängt sich an dieser Stelle der Vergleich mit dem Theater auf. Er weist darauf hin, dass auf der Bühne Träume und Erinnerungen lediglich im Dialog oder Monolog angedeutet werden können, während der Film sie direkt zeigt. Er geht dabei implizit von der Auffassung aus, dass Erinnerungen, Träume oder Vorahnungen ausschließlich bildhaften Charakter haben. Der Stummfilm als rein visuelles Medium könne – im Gegensatz zum Theater, das hauptsächlich mit Sprache operiert – innere Vorstellungen „dem Auge anbieten" und somit „wirklich lebendig" zeigen.[3] Dies führe zu einer stärkeren Form der Anteilnahme am Schicksal der Protagonisten. Münsterberg geht auch bereits darauf ein, wie eine Sequenz, die subjektive Erinnerung darstellt, mittels Überblendungen eingeführt und dadurch markiert werden kann. Interessant ist, dass er in der Technik „solch langsamer Übergänge von einem Bild in ein anderes und wieder zurück" mehr als ein lediglich auf Konvention beruhendes, syntaktisches Zeichen sieht: „[D]er Effekt symbolisiert in der Tat etwas vom Erscheinen und Verschwinden einer Erinnerung."[4] Wiederum wird also ein erzähltechnisches Verfahren direkt mit einem psychisch-mentalen Prozess in Verbindung gebracht.

Schließlich betrachtet Münsterberg die Traumdarstellung mittels spezifisch filmischer Techniken. Während im Theater die Schönheit der Verse über die mangelnde visuelle Wirkung hinweghelfen müsse, könne der Lichtspielkünstler hier Triumphe feiern, da er mit der Kamera über ein Instrument verfüge, Träume bildlich wiederzugeben. Münsterberg ist zudem der Auffassung, dass die Darstellung fantastischer Ereignisse durch filmische Technik, selbst wenn sie auf „vulgären" Effekten basiert, ein „erträgliches Spektakel" bietet, „weil alles in unwirklichen Bildern aufgehoben ist".[5] Der irreale Status des Gezeigten bringt demnach für den

Filmkünstler eine gewisse Narrenfreiheit mit sich und erlaubt visuelle Exzesse, welche in Szenen, die fiktionale Realität darstellen, zu verurteilen wären. Auch thematisch scheint die Gegenüberstellung einer realen und einer subjektiv-irrealen Ebene für Münsterberg die Extreme zu begünstigen, etwa das Motiv der Umkehrung, welches in der traumhaften Darstellung einer „verkehrte[n] Welt" zum Tragen kommt.[6]

Wo sich Münsterberg mit Gefühlsempfindungen auseinander setzt, unterscheidet er ebenfalls explizit zwischen den „Emotionen des Zuschauers" und den „Emotionen der Figuren des Spiels".[7] Der Film verfüge, obwohl die verbale Ebene fehle, über diverse Möglichkeiten, letztere auszudrücken. Jahre bevor Balázs seine auf der Wirkung des Mienenspiels und der Großaufnahme basierende Filmtheorie formuliert, hebt Münsterberg bereits hervor, dass „Gesten, Handlungen und Mienenspiel (...) so eng mit dem psychischen Vorgang einer intensiven Emotion verwoben [sind], dass dennoch jede Nuance [des Gefühls, M.B.] treffenden Ausdruck finde" und dass „die Großaufnahme den Eindruck bedeutend steigern" könne.[8] Die Möglichkeiten seien zudem nicht auf den körperlichen Ausdruck durch Mimik und Gestik beschränkt; stärker noch als im Leben oder auf der Bühne ströme im Film „die emotionale Gestimmtheit über den Körper" und das „Fühlen der Seele (...) in die Umgebung hinaus".[9] Und er geht noch einen Schritt weiter: Nicht nur die Gestaltung von Dekor und Hintergrund könne bei der Visualisierung von Gefühlen eine Rolle spielen, auch in der „Kameraarbeit" und in „formalen Aspekten der Darstellung" liege ein – noch weitgehend ungenutztes – Potenzial.

Kein Vorrang für Subjektivierungen
Münsterberg betrachtet verschiedene Möglichkeiten der Figurensubjektivierung. Die Bedeutung, welche er ihnen beimisst, muss allerdings relativiert werden: Sein Hauptinteresse gilt filmischen Erzähltechniken ganz allgemein – unabhängig davon, ob sie subjektive oder objektive Inhalte vermitteln – und ihrer Beziehung zu menschlichen Kognitionsprozessen.[11] Wo die Sprache auf Erinnerung, Fantasie und Emotionen kommt, geht er zwar auf verschiedene Formen der Subjektivierung ein, seine Ausführungen haben aber eher punktuellen Charakter und erscheinen lediglich als Nebenprodukt seiner Überlegungen. In den ausführlichen Textpassagen, in denen die wichtigsten Erkenntnisse seiner Untersuchung zusammengefasst sind, sucht man denn auch vergebens nach einem Hinweis darauf. Obwohl Münsterberg in seiner Hauptthese von starken Analogien zwischen psychisch-mentalen Prozessen und filmischen Erzähltechniken ausgeht, leitet er da-

raus nicht explizit ab, dass es eine besondere Aufgabe des Lichtspiels sei, die Innenwelt fiktionaler Figuren darzustellen. Zwar spricht er dem Film durchaus die Eignung für solche Inhalte zu, verwahrt sich jedoch dagegen, bestimmte Sujets als besonders filmtauglich zu bezeichnen.

Die seelische Tiefendimension des Films: Béla Balázs' Theorie

Visuelle versus begriffliche Kultur
Balázs geht – insbesondere in seinen Überlegungen zum Stummfilm – von der Auffassung aus, dass die Erfindung des Kinos dem Visuellen, welches in einer Kultur der Worte lange Zeit dem Gedanklich-Begrifflichen untergeordnet war, endlich wieder zu Bedeutung verhilft. Da im Stummfilm Erzählinhalte rein visuell vermittelt werden, komme der äußeren Erscheinung der Dinge und insbesondere der Physiognomie und Gebärdensprache der Schauspieler entscheidende Bedeutung zu. Diese Auffassung liegt der Hauptthese von Balázs' erster filmtheoretischer Schrift zu Grunde, welche in der hohen Kunst des Schauspiels – in ausdrucksstarkem Mienenspiel und subtiler Gestik – die Kraft sieht, die den Menschen endlich wieder zu einem sichtbaren Menschen macht.

Auch nach Einführung des Tons bleibt der Film für Balázs in erster Linie eine visuelle Kunst. Die Darstellung muss deshalb, wenn es darum geht, Gefühle, Charakterzüge oder die psychische Verfassung einer Figur zu vermitteln, ganz auf den Sinngehalt äußerer Erscheinungen bauen. Sie hat „das Innere zu bedeutsam-sichtbaren Formen" zu gestalten.[12] Und dies ist genau der Bereich, in dem die große Wirkung von Gebärdensprache und Mienenspiel sich entfalten kann. Balázs fasst Physiognomie, Mimik und Gestik primär als Instrumente zur Offenbarung von „Seelenzuständen" auf. Mit dem „sichtbaren Menschen", den Balázs immer wieder beschwört, ist also nicht eigentlich seine äußere Gestalt gemeint, sondern das, was diese von seinem Inneren offenbart. Balázs wendet den Physiognomie-Begriff allerdings nicht nur auf die menschliche Figur, sondern auch auf ihr Umfeld an. Da wir zur Vermenschlichung des Betrachteten neigten, also in hohem Maße anthropomorph vorgingen, hafte jeder Erscheinung – als notwendiger Kategorie unserer Wahrnehmung – etwas Physiognomisches an.[13] Die besondere Aufgabe insbesondere künstlerisch anspruchsvoller Filme bestehe indes darin, die Atmosphäre des szenischen Umfeldes genau auf die Gefühle der Figuren abzustimmen. Im Idealfall soll die Gestaltung der gesamten Szenerie Ausdruck subjektiver Befindlichkeit sein.

Die „Formsprache der Bilder"

Neben der Ausdruckskraft des Schauspiels rücken Balázs' spätere Schriften vermehrt auch formale und filmsprachliche Aspekte ins Zentrum. Als wichtigste formale Neuerung der Filmkunst erachtet er die Aufteilung der Gesamtszene in Detailbilder und die Montage einzelner Einstellungen aus unterschiedlicher Distanz und Perspektive. Dieses neue Formprinzip ermögliche – erstmals in der Geschichte der visuellen Künste – die Aufhebung der bis anhin fixen Distanz zum Kunstwerk und die Verlagerung der Zuschauerperspektive in den dargestellten Raum hinein. Als wichtigste Konsequenz dieser neuartigen Darstellungsform eröffne sich dem Film die einzigartige Möglichkeit, Zuschauer- und Figurenperspektive gleichzusetzen. Solche „‚subjektiven' Einstellungen"[14] vermitteln nach Balázs' Auffassung weit mehr als nur einen optischen Standpunkt. Denn: „Jeder visuelle Standpunkt bedeutet einen seelischen Standpunkt."[15] Das Teilen der Perspektive führe deshalb zwangsläufig zum Teilhaben an den Gefühlen und der psychischen Verfassung des Betrachters: „Die Kamera identifiziert uns nicht nur räumlich, sondern auch gefühlsmäßig mit den Personen des Films. (...) Sie müssen uns nicht mitteilen, was sie empfinden, wir sehen ja, wie sie es sehen."[16] Balázs geht also davon aus, dass allein schon das Gleichsetzen von Figuren- und Zuschauerperspektive zu starkem Mitfühlen, ja zu einer eigentlichen Identifikation führt. Gleichzeitig weist er darauf hin, dass die subjektive Einstellung durch Einsatz zusätzlicher Techniken zu einem Instrument werden kann, um außergewöhnliche Zustände einer Figur ganz gezielt zu vermitteln: Taumelnde Häuser können Betrunkenheit andeuten, Gegenstände in verzerrter Einstellung das Entsetzen des Betrachters spiegeln und ein verschwommenes Bild auf Kurzsichtigkeit oder Fieberschübe hinweisen. Für Balázs ist diese neuartige „Subjektivierung durch das Objektiv" und die starke seelische Identifizierung, die sie auslöst, „ureigenste Wirkung der Filmkunst".

Wie beurteilt Balázs die Möglichkeit, im Film Träume darzustellen? Die Distanz zur äußeren Realität wirft natürlich die Frage auf, ob die filmische Darstellung, die mit Aufnahmen äußerer Erscheinungen arbeitet, überhaupt in der Lage ist, innere Vorstellungsbilder zu vermitteln. Balázs, der die filmtechnische Apparatur nicht als Reproduktionsmaschinerie, sondern als Instrument produktiver Gestaltung auffasst, zweifelt keineswegs daran: „[D]ie Bildgestaltung des Films ist heute soweit, dass sie an die psychischen und geistigen Tatsachen direkt herankann, genauso wie die Wirklichkeitsfilme an die gegenständliche Welt." Und zur Frage, ob der Traum überhaupt ein filmwürdiges Motiv darstellt, hält er unmissverständlich fest: „[D]er Traum (...) zählt zu den ureigensten Baustoffen des Films."

Traumcharakter durch expressive Bildgestaltung

Wie hat eine Traumsequenz gemäß Balázs auszusehen? Auf jeden Fall anders als eine Szene, die äußere Wirklichkeit darstellt. Denn ihr irrealer Status soll – ohne erklärende Worte – sofort erkannt werden. Balázs hat genaue Vorstellungen davon, wie man von der naturalistischen Darstellungsweise abweichen sollte, um einer Szene Traumcharakter zu verleihen: Es gehe nicht darum, das Dekor zu stilisieren oder die Form der Gestalten zu verändern. Es genüge auch nicht, unwahrscheinliche, märchenhafte Ereignisse geschehen zu lassen. Wie im Film überhaupt komme es nicht so sehr auf den Fabelinhalt oder auf die Gestaltung der Elemente vor der Kamera an, sondern auf die mit spezifisch filmischen Mitteln hervorgebrachte Erscheinung im Bild.[19] Verschiedene filmtechnische Verfahren wie Zerrlinsen, Schleier, Zeitlupe oder Zeitraffer, die starke Verzerrungen der visuellen Erscheinung oder Veränderungen der Bewegungsabläufe bewirken, stellen für Balázs probate Mittel dar, um psychische Prozesse nachzuzeichnen. Überblendungen erachtet er als besonders geeignet, die unnatürlichen Raumwechsel und Zeitsprünge innerer Vorstellungen darzustellen – ohne die Kontinuität ihres Bilderflusses zu unterbrechen. Ein weiteres filmspezifisches Mittel, welches für Balázs bei der Darstellung der subjektiven Vorstellungswelt eine wichtige Rolle spielt, ist die Montage. Besonders fasziniert ist er von der Möglichkeit, zusammenhanglose Detailbilder in freier Abfolge aneinander zu schneiden, um den irrationalen und assoziativen Charakter der menschlichen Fantasietätigkeit hervorzuheben. Diese Technik der „psychischen Assoziations-Montage" ermögliche Bildfolgen, die nicht der Logik äußerer Ereignisse, sondern der irrationalen Gesetzmäßigkeit innerer Vorgänge gehorchen.[20]

Balázs fasst den Film zwar primär als Erzählmedium auf, und dem nonnarrativen Experimentalfilm steht er eher skeptisch gegenüber. Bei der Darstellung des Unterbewussten, wo der narrative Film versagt, könne es jedoch durchaus Sinn machen, auf die Formexperimente des „absoluten Films" zurückzugreifen. Gerade die Abkehr der Avantgardisten von Erzählfunktion und gegenständlicher Darstellung, die Balázs ansonsten beanstandet, ermögliche es ihnen, das impressionistische Gepräge, die chaotische Eigenart und den fluiden Charakter innerer Seelenzustände zu evozieren. Indem Balázs die formal-ästhetische Andersartigkeit als Mittel zur Irrealisierung und Subjektivierung propagiert, gibt er zu erkennen, dass Traumdarstellungen für ihn als klar unterscheidbare Sequenzen mit Einschub- oder Enklavencharakter zu gestalten sind. Wie schon Münsterberg weist er darauf hin, dass diese Strukturierung normalerweise durch Überblendungen markiert wird. Balázs erwähnt allerdings auch Filme, welche die Grenzen zwischen innerer

Vorstellung und äußerer Wirklichkeit bewusst verwischen. PHANTOM von Friedrich Wilhelm Murnau (Deutschland, 1922), der den Versuch unternommen habe, „eine vom Traum überschwemmte Wirklichkeit zu photographieren", dient ihm wiederholt als Beispiel.[21]

„Realistische" Darstellung psychischer Prozesse
Balázs behauptet, der Film sei zumindest teilweise in der Lage, die subjektive Vorstellungstätigkeit auf realistische Weise zu gestalten. Insbesondere der Assoziationsprozess und die innere Bilderflut können durch einen entsprechenden Montagerhythmus im „Originaltempo" wiedergegeben werden.[22] Mitunter stellt er auch – ähnlich Münsterberg, wenn auch weniger explizit – direkte Analogien zwischen psychischen Prozessen und filmischen Techniken her: „Solche Trickbilder zeigen nicht nur den Gegenstand, sondern auch die Verwandlung seiner Gestalt in unserem Geiste. Nicht nur das, was mit dem Ding geschieht, sondern auch das, was gleichzeitig in uns geschieht. In diesen Verwandlungen offenbart sich unsere psychische Apparatur. Wenn man etwa überblenden, verzerren, ineinanderkopieren könnte, ohne dieses mit einem bestimmten Bilde zu tun, wenn man also die Technik gleichsam leerlaufen lassen könnte, dann würde diese ‚Technik an sich' den Geist an sich darstellen."[23]

An anderer Stelle spricht er gar davon, dass die Darstellung subjektiver Assoziationen und Gedanken lediglich „einen im Bewusstsein abrollenden ‚inneren' Film" auf die Leinwand projiziere.[24] Hinzu kommt, dass Balázs bezüglich der Darstellung subjektiver Inhalte immer wieder die Überlegenheit des Films im Vergleich zu Literatur und Bühne betont. Einerseits argumentiert er dabei mit den technischen Möglichkeiten und der Wirklichkeitsnähe der filmischen Darstellung; andererseits seien die vorwiegend mit Worten operierenden Künste durch ihre rationale Begrifflichkeit in der Erschließung der irrationalen, assoziativen und vorwiegend bildhaften inneren Vorstellungswelt behindert. Träume, Visionen und andere innere Vorstellungen sind nach Balázs' Dafürhalten im Film besonders wirkungsvoll auszudrücken. Sie stellen deshalb sein „feinste[s] Kunstmittel" dar und erschließen ihm eine seelische „Tiefendimension".[25]

Offenbarung des Figureninnern durch die dramatische Situation: Rudolf Arnheims *Film als Kunst*

Die künstlerischen Ausdrucksmittel des Films
In den ersten Jahrzehnten nach dem Aufkommen des neuen Mediums herrschte bei vielen Intellektuellen die Auffassung vor, Film könne keine Kunst sein, da er lediglich die Wirklichkeit exakt abbilde, sich also in mechanischer Reproduktion erschöpfe – dem puren Gegenteil eines künstlerischen Schaffensprozesses. Arnheims *Film als Kunst* stellt sich, wie schon der programmatisch gewählte Titel deutlich macht, dieser Auffassung mit Vehemenz entgegen. Detailliert werden im ersten Teil der Abhandlung Abweichungen des „Filmbildes" vom „Weltbild" aufgelistet, die durch die Projektion dreidimensionaler Körper in eine zweidimensionale Fläche, das Fehlen der Farben, die künstliche Beleuchtung, die Bildbegrenzung durch den Rahmen, das Variieren der Einstellungsgröße sowie den Wegfall der raum-zeitlichen Kontinuität und der nichtoptischen Sinneswelt entstehen.[26] Dabei geht es Arnheim nicht nur darum, die Behauptung zu widerlegen, der Film sei lediglich mechanisches Abbild der Wirklichkeit; vielmehr leitet er damit direkt seine Hauptthese ein, nach der es genau diese in den Materialeigenschaften des Filmbildes begründeten Unzulänglichkeiten des Reproduktionsprozesses seien, die dem Filmemacher wertvolle künstlerische Ausdrucksmittel in die Hand geben.

Im zweiten Teil macht sich der Autor daran, die Wirkungsweise dieser Gestaltungsmittel im Detail zu erörtern. Arnheims materialästhetischer Ansatz – er spricht sich in der Einführung explizit dafür aus, „die Gesetze einer Kunst aus den Charaktereigenschaften ihres Materials abzuleiten", – erklärt, weshalb in *Film als Kunst* Subjektivierungsformen vor allem im Zusammenhang mit der Wirkungsweise einzelner filmischer Mittel erörtert werden.[27] So kommt er beim Ausdruckspotenzial der bewegten Kamera, des Auf- und Abblendens oder Scharf- und Unscharfstellens auf die Möglichkeit zu sprechen, subjektive Eindrücke wie Stürzen, Taumeln, Schwindel, Trunkenheit, Erwachen oder Einschlafen wiederzugeben. Und die Fähigkeit, Halluzinationen, Visionen oder Erinnerungsbilder zu evozieren, schneidet er bei der Auflistung von Effekten filmischer Tricktechniken wie Zeitlupe, Doppelbelichtung, Maskentrick,[28] Rückwärtslaufenlassen des Bildes oder Spiegeleffekte vereinzelt an. Viel mehr, als allgemein auf Darstellungspotenziale hinzuweisen, leistet er an dieser Stelle allerdings nicht. Und auch die Bemerkung, die medienbedingten Abweichungen von der Realitätswahrnehmung versähen das Filmbild generell mit einem „willkommenen Schuss Unwirklichkeit", führt er nicht weiter aus.[29]

Inneres am äußerlich Sichtbaren festgemacht

Nach der Untersuchung der visuellen Gestaltungsmittel („Wie gefilmt wird"), wendet sich Arnheim der Frage zu, was von der Kamera überhaupt erfasst werden kann („Was gefilmt wird"). Und hier zeigt sich, dass seine Argumentation in einigen Punkten gar nicht weit entfernt ist von Positionen späterer Realismustheorien. Als Ausgangspunkt dient ihm nämlich die Überlegung, der „photographierbare Stoff der Kamera" beschränke sich auf „alles Sichtbare", auf „die Oberhaut der Dinge dieser Welt".[30] Das Kapitel „Seelische Vorgänge" wird denn auch mit dem Satz eingeleitet: „Dem Film stehen als Darstellungsmaterial nur Körper und körperliche Vorgänge zur Verfügung."[31] Zudem warnt er in verschiedenen Zusammenhängen davor, mit unlauteren Kunstgriffen in die Wirklichkeit einzugreifen, sie zu zerstören oder gar zu vergewaltigen.[32] Mit der Betonung der Differenz zwischen Filmbild und Realitätswahrnehmung geht es Arnheim also nicht darum, abstrakten Formenspielereien oder antinaturalistischen Darstellungen Vorschub zu leisten. Zwar sollen die filmischen Gestaltungsmittel durchaus sichtbar werden, jedoch nicht um ihrer selbst willen, sondern immer so, dass „der Charakter des dargestellten Objekts nicht zerstört, sondern im Gegenteil verstärkt, konzentriert, gedeutet wird."[33] Obwohl er die Möglichkeit anspricht, durch spezielle Techniken auch ganz „neue Wirklichkeiten" und „phantastische irreale Gebilde entstehen" zu lassen,[34] fasst Arnheim den Film in erster Linie als Medium auf, mit dem sich die bereits bestehende Wirklichkeit formen und gestalten lässt, so dass das Wesentliche und Charakteristische einer Situation oder eines Gegenstandes prägnant zum Ausdruck kommt.

Dies erklärt, weshalb sich der Filmkünstler für Arnheim bei der Darstellung „seelischer Vorgänge" am äußerlich Sichtbaren und Gegenständlichen zu orientieren hat. Innerhalb dieser Vorgabe sieht er allerdings verschiedene Möglichkeiten, „menschliches Denken und Fühlen" auszudrücken. Ähnlich wie Balázs verweist er zunächst auf das – insbesondere im Stummfilm wirkmächtige – Mittel der schauspielerischen Mimik und Gestik. Arnheim betont auch hier den Unterschied zur Alltagsrealität: Im Gegensatz zur verkümmerten Ausdrucksfähigkeit des zivilisierten Menschen müsse das Mienenspiel der Schauspieler klar, prägnant und eindeutig sein. Bei allzu starker Stilisierung und insbesondere, wenn das Mittel als billiger Kunstgriff missbraucht werde, „um jeden beliebigen seelischen Vorgang zu äußerem Ausdruck zu bringen", ortet er hingegen einen „Verstoß gegen die Wirklichkeit" und das Gebot einer natürlichen Darstellungsweise.[35] Arnheim schätzt das Potenzial des mimischen und gestischen Ausdrucks deutlich geringer ein als Balázs und bemängelt seine oft allzu direkte und zugleich stark konventionalisierte Verwendung.

Besser und wirkungsvoller erscheint ihm, innere Befindlichkeiten durch die *dramatische Situation* ersichtlich zu machen. Als Beispiel erwähnt er eine Szene aus DER MANN, DER DIE OHRFEIGEN BEKAM von Victor Sjöström (HE WHO GETS SLAPPED, USA, 1924), in der ein gescheiterter Wissenschaftler als Clown auftritt: „[S]ein Gesicht ist zu einer dicken, kalkigen Fratze verschminkt, vom mimischen Ausdruck des Schauspielers ist in dieser Puppe nicht das mindeste zu erkennen, und doch fühlt der Zuschauer auf das lebhafteste den entsetzlichen Schmerz dieses erniedrigten Menschenwesens, und zwar einfach weil er weiss, wie sein Geschick war und wie ihm jetzt zumute sein muss. Ohne dass also der Schauspieler das mindeste dazu tut, wird der Seelenzustand der Figur, die er verkörpert, von jedermann deutlich erfasst, denn das Manuskript des ganzen Films ist so angelegt, dass die innere Situation dieser Szene ganz eindeutig erscheint."[36]

Weiter können „seelische Vorgänge" durch geschickt gewählte Handlungsmotive zum Ausdruck gebracht werden. Aufkommende innere Spannung und Aufmerksamkeitssteigerung lasse sich am besten darstellen, indem in Großaufnahme gezeigt wird, wie eine Figur schlagartig in ihrer gewohnheitsmäßigen Beschäftigung innehält; und ein plötzliches Ungeschick zeige besser als das ausgeprägteste Mienenspiel den inneren Aufruhr beim Eintreffen einer schlechten Nachricht.[37] Als künstlerisch besonders überzeugend erachtet er diese Ausdrucksform, wenn die äußere Handlung so gewählt und inszeniert ist, dass sie im dramatischen Kontext natürlich erscheint, gleichzeitig jedoch charakteristische Eigenschaften des inneren Vorgangs widerspiegelt (zum Beispiel die Plötzlichkeit, mit der eine Emotion auftritt).

Arnheim spricht sich also für eine indirekte Form der Subjektivierung durch die dramatische Situation oder ein konkretes Handlungselement aus. In diese Richtung zielt auch seine Kritik an dem – zu Stummfilmzeiten beliebten – Verfahren, durch Maskentrick oder Doppelbelichtung eine Figur und ihren Traum, ihre Erinnerung oder Vision im selben Bild darzustellen: „[K]ünstlerisch recht anfechtbar", ja „dürftig" und „primitiv" sei diese Methode, „da der Weg vom Begrifflichen ins Optische allzu direkt und ohne alle Einkleidung in Wirkliches vonstatten geht" und „der Künstler es nicht verstanden hat, zwei in verschiedenen Erlebnisebenen liegende Dinge (das Innerpsychische des Traums und den äußeren Vorgang) durch einen guten Einfall in die eine Bildhandlung zu projizieren."[38] Eine Figur, die träumt, sich erinnert oder an jemanden denkt, erachtet er als ein „abstraktes Thema", das sich sehr wohl mittels Sprache („Ein Mensch denkt an seine Frau."), nicht aber visuell direkt fassen lasse.[39] Das Darstellungsproblem könne gelöst werden, indem die Figur bei einer Beschäftigung gezeigt wird (etwa dem Betrachten einer Fotografie) die ihre Gedanken durch äußeres Handeln veranschaulicht.

Asynchronismus von Bild und Ton

Film als Kunst erschien 1932, als sich der Tonfilm längst durchgesetzt hatte. Trotzdem sind es in erster Linie die Ausdrucksmöglichkeiten des Stummfilms, die Arnheim als Grundlage für seine Theorie dienen. Der Einführung des Tonfilms steht er skeptisch gegenüber, denn das künstlerische Potenzial liege ja gerade in der Abweichung und Unvollständigkeit der Sinneseindrücke, die der Film vermittle.[40] Gleichwohl widmet Arnheim nicht weniger als einen Viertel von *Film als Kunst* den ästhetischen Konsequenzen, die die Einführung des Tons mit sich brachte. Angst vor der Beeinträchtigung der visuellen Gestaltungsmittel dominieren seine Ausführungen, er erkennt aber durchaus ein gewisses künstlerisches Potenzial in der Gestaltung der Tonspur. Analog zur Kamera sieht er zum Beispiel in der Wahl des Mikrophonstandpunktes ein wichtiges Formungsmittel, das sich unter anderem für die Wiedergabe subjektiver Eindrücke verwenden lasse: „Und indem das Mikrophon panoramierend verschiedene Hörräume durchwandert, können die subjektiven Hörerlebnisse eines Menschen gezeigt werden, der durch die Welt geht. Stürzen, Steigen, Schwanken und Taumel können durch Mikrophonbewegung ebenso dargestellt werden wie durch Bewegung der Bildkamera."[41]

Wie für frühe theoretische Auseinandersetzungen mit dem Tonfilm üblich kreisen Arnheims Überlegungen um die Kategorien Parallelismus versus Kontrapunktik und Synchronismus versus Asynchronismus. Kontrapunktik ist für ihn das anspruchsvollere und zugleich höher einzuschätzende Gestaltungsmittel. Töne seien so auszuwählen, dass sie im Verhältnis zum Bild eigene Funktionen übernehmen. Da jedoch visuelle und auditive Eindrücke – dank ihrer sinnespsychologischen Wirkung – automatisch derselben Wirklichkeitssphäre zugeordnet werden, sind möglichen Kontrastwirkungen enge Grenzen gesetzt: „Das Wort gibt dem Dichter die Möglichkeit an die Hand, zugleich Tatsachen zu beschreiben und gedanklich-abstrakte Verbindungen zu knüpfen. Bild und Ton aber ist ein Gestaltungsmaterial von so viel stärkerem sinnlichen Gehalt, dass man Dinge, die nur begrifflich, nicht einer realen Situation nach zusammengehören, nicht zusammen zeigen kann. Ähnlich wie ein grinsender Totenschädel im Film nicht als ein Symbol sondern als ein reales Stück menschlicher Schädelknochen wirkt, so wirkt die Beziehung zwischen zwei filmisch simultan dargebotenen Gegenständen nie nur metaphorisch sondern immer zugleich real, ontologisch."[42]

Im Kapitel „Asynchronismus" nimmt Arnheim Bezug auf eine Tonfilmszene, die Pudowkin als ein mögliches und besonders gelungenes Beispiel hinstellt: „Eine Frau bringt ihren Mann zum Bahnhof, der Zug ist kurz vor der Abfahrt, plötzlich fällt der Frau ein, dass sie ihrem Mann noch etwas Wichtiges zu sagen hat. Aber sie kann sich daran im Augenblick nicht erinnern. Und während sie verzweifelt sinnt, hört sie – eine Halluzination! – das Zischen des Lokomotivdampfes, das Kreischen der Räder."[43] Durch Wiedergabe der Zugsgeräusche, die der subjektiven Wahrnehmung der Frau entspringen und somit in Kontrast zum Bild des ruhenden Zuges stehen, wird der Ton für Pudowkin zu einem wirkungsvollen dramatischen Ausdrucksmittel. Arnheim bestreitet jedoch, dass die Zuordnung von Bild und Ton zu unterschiedlichen Wirklichkeitsebenen von den Zuschauern überhaupt geleistet werden kann: „Denn niemand wird das Zischen der Maschine als eine überwirkliche Halluzination deuten. Man wird es als ein wirkliches, in die Bildsituation gehöriges Geräusch auffassen, und da das dem Bilde des stillstehenden Zuges offensichtlich widerspricht, wird man glauben, dass zugleich ein zweiter, unsichtbarer Zug vorüberfahre, oder Bild und Ton werden einfach auseinanderfallen, unverständlich bleiben."[44]

Wirkungsvolle Kontrasteffekte lassen sich laut Arnheim nur dann erzielen, wenn Bild und Ton „aus derselben natürlichen Situation stammen" und eine „sinnlich-realistische Einheit" bilden. Ist die Diskrepanz hingegen durch die Abweichung einer subjektiven Wahrnehmung von der objektiven Situation motiviert, so bedeute dies, dass man „disparate Ton- und Bildmotive zu einer chaotischen Pseudo-Einheit verkoppelt", was nicht nur psychologisch nicht funktioniere, sondern auch ästhetisch fragwürdig sei.[45] Auch hier behandelt Arnheim den innerpsychischen Vorgang, da er sich mit Worten leicht beschreiben lässt (Die Frau denkt: „Der Zug wird gleich abfahren!"), als sei er rein begrifflich-abstrakter Natur. Genau wie bei der Kritik am Maskenverfahren, das in der Stummfilmzeit dazu verwendet wurde, Traum und Träumer oder Halluzination und halluzinierende Figur in derselben Einstellung zu zeigen, bezeichnet er auch die zeitgleiche Wiedergabe von Tönen und Bildern aus unterschiedlichen Wirklichkeitsebenen als „loses Aufeinanderlegen von nur gedanklich Zusammengehörigem, das keinerlei sinnliche Verbindung eingeht".[46] Der Eindruck disparater Sinneswahrnehmungen kann gemäß Arnheim nur vermieden werden, wenn innere Ereignisse in die Sphäre der äußeren Wirklichkeit transponiert werden, wo sie mit den übrigen Aktionen der Filmhandlung zu einer homogenen Einheit verschmelzen.

„Filmfantasie" versus „Kamerarealität": Siegfried Kracauers *Theory of Film*

Affinität zur äußeren Realität
Kracauer betrachtet den Film als eine Erweiterung der Fotografie. Seine wichtigste Grundeigenschaft bestehe darin, dass er „in einzigartiger Weise dazu geeignet [ist], physische Realität wiederzugeben und zu enthüllen".[47] Als unfilmisch erachtet Kracauer hingegen alles „theaterhaft Gestellte" oder „Kulissenhafte" und insbesondere die „theatralische Story".[48] Gegenüber abstrakten Mustern und ungegenständlichen Formen ist Kracauer ebenfalls skeptisch eingestellt. Einem kurzzeitigen Ausscheren ins Theaterhafte, Abstrakte, Gestellte oder Stilisierte schreibt er jedoch eine dem Realismus dienliche Funktion zu, wenn eine solche Einlage die unrealistischen Elemente bewusst hervorstreicht und somit eine Kontrastwirkung erreicht, welche die Zuschauer um so empfänglicher macht für den Realismus der sie umschließenden Sequenzen.

Wie geht Kracauers Filmtheorie mit Subjektivierungen und Traumdarstellungen um? Für Kracauer kann die Kamera entweder den Bereich der sichtbaren Realität durchmessen oder aber sich ins „Reich der Fantasie" vorwagen.[49] „Vom filmischen Gesichtspunkt aus wäre es vielleicht am besten, unter dem Begriff „Fantasie" alle diejenigen vorwiegend visuellen Erlebnisse zusammenzufassen, die, ob sie nun bewusst imaginiert sind oder für real gehalten werden, Welten jenseits der eigentlichen Kamera-Realität angehören – das Übernatürliche, Visionen aller Art, poetische Bilder, Halluzinationen, Träume, usw."[50]

Diese und andere Aussagen, wie auch zahlreiche angeführte Beispiele, machen deutlich, dass Kracauer die Darstellung der subjektiven Wahrnehmung und inneren Vorstellung („Visionen", „Halluzinationen" und „Träume") derselben Kategorie zurechnet wie übernatürliche Vorgänge, Wesen und Erscheinungen in einem fantastischen Film („das Übernatürliche"). Zudem scheint auch eine gewisse Art der Inszenierung und bildlichen Darstellung, die sich von einem prosaisch-realistischen Stil stark abhebt, impliziert zu sein („poetische Bilder"). In Anbetracht seiner Hauptthese, wonach die Wiedergabe materieller Realität die einzig wirklich mediengerechte Verwendung des Films darstellt, erstaunt es nicht weiter, dass für ihn ein Vordringen in den Bereich des Unwirklichen und Subjektiven dem filmischen Wesen tendenziell zuwiderläuft: „[D]er subjektive Einsatz innerhalb dieses Mediums ist unabtrennbar von Prozessen der Entfremdung."[51] Und weiter: „Eins ist gewiss: wenn ein Filmproduzent (...) sich ins Reich der Fantasie vorwagt, läuft er Gefahr, die Grundeigenschaften seines Mediums zu verleugnen."[52] Vernachlässigung der Außenwelt und

Abb. 4   Werner Krauss in Robert Wienes DAS CABINETT DES DR. CALIGARI (D 1920)

Gleichgültigkeit gegenüber der äußeren Wirklichkeit sind die wichtigsten Anklagepunkte. In einem ersten Schritt hält Kracauer also unmissverständlich fest, dass Filme, die das Erkunden der materiellen Realität zugunsten der freien Schöpfung künstlicher Traumbilder, fantomhafter Gestalten oder fantastischer Wesen vernachlässigen, Gefahr laufen, das Medium für Zwecke zu missbrauchen, die der ästhetischen Legitimität entbehren. Er versteht sein grundsätzlich negatives Urteil unter anderem als Antithese zu einem Standpunkt, der in Filmtheorie und -kritik vorherrsche: „Die meisten Filmschriftsteller sehen keine Veranlassung zwischen Realem und Irrealem zu unterscheiden, und lehnen es deshalb ab, der Kamera-Realität besondere Vorrechte zuzugestehen. (...) Eine Anzahl von Kritikern [er nennt sie in der Folge ‚Extremisten', M.B.] versteigt sich sogar zu der Behauptung, dass ‚die wahre Bedeutung des Kinos im Reich der Träume liegt'."[53]

„Filmische" versus „unfilmische" Formen der Traumdarstellungen
In der Folge ist Kracauer allerdings bestrebt, sein prinzipiell negatives Verdikt zu differenzieren und Kriterien festzulegen, auf Grund derer der filmische oder unfil-

Abb. 5 Moira Shearer als Victoria Page und Robert Helpmann als Ivan Boleslavsky in DIE ROTEN SCHUHE (THE RED SHOES, GB 1948)

mische Charakter von „Traumszenen" und „Filmfantasien" beurteilt werden kann. Für völlig unfilmisch hält er „Filmfantasien", wenn sie vorwiegend durch Kostümierung, künstliche Kulissen, abstrakte Formen und theaterhafte Inszenierung erzeugt werden. Als Paradebeispiele dienen ihm DAS CABINETT DES DR. CALIGARI (Regie: Robert Wiene, Deutschland, 1920) und DIE ROTEN SCHUHE (THE RED SHOES, Regie: Michael Powell und Emeric Pressburger, Großbritannien, 1948). Einerseits kommt in diesem Urteil Kracauers profunde Ablehnung gegenüber allem Künstlichen und theaterhaft Gestellten im Film zum Ausdruck; auch seine Vorbehalte gegen die Verwendung abstrakter Muster und ungegenständlicher Formen manifestieren sich. Andererseits leitet sich sein hartes Verdikt aus der Forderung ab, jedes Werk habe sich auf die spezifischen Gestaltungsmöglichkeiten seines Mediums zu beschränken und dürfe nicht auf Effekte abzielen, die der Natur eines anderen besser entsprächen.

Genau wie das Theaterhafte im Allgemeinen werde das theaterhaft Fantastische allerdings filmisch legitim, wenn es als Einschub inmitten realistischer Sequenzen konzipiert ist und somit durch Kontrastwirkung die Natürlichkeit der benachbarten Sequenzen um so deutlicher zu Tage treten lässt. Dem Fantastischen in solchen „Zwischenspielen" hält er zugute, dass es gar nicht beabsichtigt, mit dem Realismus der umschließenden Sequenzen um ästhetische Gültigkeit zu wetteifern. Insbesondere wenn es sich beim Einschub um „Fantasien (...) in der Form von Träumen" handelt, sei die Gefahr weniger akut, dass das Irreale dem Realen den Vorrang streitig macht.[54] Wird das theaterhaft Fantastische zudem in parodistisch-übertriebener oder ironisch-verspielter Form, „gleichsam mit einem Augenzwinkern" dargeboten, so entspreche es in jedem Fall dem Geist des Mediums.[55] Die Traumsequenzen aus SUNNYSIDE und THE KID (Regie: Charles Chaplin, USA, 1919/1921) dienen hier als Beispiele. Die Darbietung in spielerisch-ironischer Übertreibung, vor allem aber in *Traumform*, bewirkt also, dass das Irreale und Unwirkliche den ästhetischen Ansprüchen Kracauers gerecht wird. Diese Auffassung scheint auf folgender Überlegung zu gründen: Träume im Film erheben gar keinen Anspruch auf Realitätscharakter, sondern werden in der fiktionalen Welt als irreal postuliert. Somit anerkennen sie „in ihrer Eigenschaft als Träume (...) das Primat der realen Welt" und treten deshalb sozusagen außer Konkurrenz gegen realistische Darstellungen an.

Als ausgesprochen filmisch betrachtet Kracauer Sequenzen, welche realistischen Aufnahmen fantastischen und irrealen Charakter verleihen, ohne dabei auf spezielle Techniken und Trickverfahren zurückzugreifen. Und zwar vor allem dann, wenn sie sich von Aufnahmen des gewöhnlichen Alltagslebens nicht unterscheiden oder die Wirklichkeit zeigen, wie sie einer der Figuren subjektiv erscheint. Als Beispiel dient eine Episode aus TRAUM OHNE ENDE (DEAD OF NIGHT, Regie: Alberto Cavalcanti u.a., Großbritannien, 1945), in der ein Patient mitten in der Nacht zum Fenster seiner Anstalt hinausschaut und zu seinem Schrecken eine sonnenüberflutete Straße erblickt, auf der ein Leichenwagen steht: „[E]rschiene die sonnige Strasse nicht mitten in der Nacht im Film, könnte sie genausogut eine normale sonnige Strasse sein. Zweitens sind beide Fantasien als Halluzinationen kenntlich gemacht, die ihren Ursprung in seltsamen oder krankhaften seelischen Zuständen haben."[57]

Für Kracauer entspricht das Irreale also dem Geist des Mediums am stärksten, wenn sich seine filmische Darstellung gar nicht von der realer Ereignisse unterscheidet, wenn es also lediglich durch den handlungslogischen Kontext überhaupt als irreal ausgewiesen wird. Und er spricht gar von „extreme[m] Realismus im Fantastischen", wenn Ereignisse in dieser Darstellungsform der subjektiven, inneren Realität einer Figur zugeordnet sind.[58]

Flexible Realismustheorie
Wie wir gesehen haben, beschäftigt sich Kracauer, obwohl er das Medium primär als Instrument zur Erforschung und Wiedergabe der äußeren Wirklichkeit begreift, relativ ausführlich mit dem Unwirklichen und Subjektiven. Er anerkennt, dass der Film über verschiedene Möglichkeiten verfügt, die innere Welt einer Figur nachzuzeichnen. Einige dieser Versuche, vor allem diejenigen, welche auf „unfilmische" Elemente Rückgriff nehmen (theaterhafte Inszenierungsformen, sprachlich-diskursive Wiedergabe von Inhalten u.a.) hält er für medienfremd, andere vermögen eher dem Geist des Films zu entsprechen. Kracauers Realismustheorie ist also flexibel genug, auch der Darstellung des Subjektiven und Irrealen unter bestimmten Bedingungen und in bestimmten Formen filmische Qualitäten zuzugestehen. Dies ändert jedoch nichts an seiner Grundhaltung: Das Medium Film ist primär am Materiellen, Dinglichen, äußerlich Sichtbaren interessiert. Deshalb entspricht es auch eher seinen Grundeigenschaften, das Augenmerk nicht direkt ins Innere einer Figur zu richten, sondern sichtbare Phänomene aufzudecken und zu registrieren, welche, zuerst einmal um ihrer selbst willen dargestellt, unter Umständen und in zweiter Linie auch Rückschlüsse auf Gemütszustände zulassen. Inneres, Subjektives und Geistiges kann gemäß Kracauer dann vom Film am besten wiedergegeben werden, wenn es sich am Äußeren, Objektiven und Materiellen festmachen lässt.

Die Konventionalität mentaler Bilder: Jean Mitrys *Esthétique et psychologie du cinéma*

Mitrys *Esthétique et psychologie du cinéma*, in zwei Bänden 1963 und 1965 erschienen, steht am Übergang von der klassischen zur modernen Filmtheorie. Eine Frage, die sich wie ein roter Faden durch die beiden knapp 900 Seiten umfassenden Bände zieht (und die in der Folge von Christian Metz wieder aufgenommen wird), ist die, in welchem Maß der Film als Sprache aufgefasst werden kann. Im Gegensatz zur gesprochenen oder geschriebenen Sprache, die sich abstrakter Zeichen bediene, operiere der Film mit bewegten Bildern, die der Realität zumindest ähnlich seien. Mitry betont in einem ersten Schritt den Abbildcharakter des Mediums und die Nähe des filmischen Bildes zur visuellen Erscheinung der äußeren Realität. Erst durch die diskursive Anordnung, das Zueinander-in-Beziehung-Setzen der Realitätsabbildungen werde der Film zur Sprache, etabliere er eine Bedeu-

tungsebene, auf der es möglich werde, Gedanken und Ideen durch Zeichen oder Symbole auszudrücken.[59]
Da Mitry Abbildungen der „konkreten Realität" als Grundmaterial der Filmsprache betrachtet, pocht er darauf, dass die Sinnvermittlung auf der sprachlich-diskursiven respektive symbolischen Ebene nicht durch Darstellungen bewerkstelligt wird, die den Regeln der Plausibilität und Realitätslogik widersprechen. So erachtet er die Art, wie der Sturz des Zarenregimes in PANZERKREUZER POTEMKIN (BRONENOSEZ POTJOMKIN, Regie: Sergej M. Eisenstein, Sowjetunion, 1925) durch das Überbordwerfen des Mannschaftsarztes und die Zertrümmerung seines Zwickers symbolisiert wird, als gelungenes Beispiel, da Arzt, Zwicker und was mit ihnen geschieht, sich aus der konkreten Handlungssituation ergeben, also als plausible Ereignisse erscheinen. Die Einstellung eines geschlachteten Stiers mitten in einer Szene, in der Soldaten streikende Arbeiter verfolgen (STREIK / STACHKA, Regie: Sergej M. Eisenstein, Sowjetunion, 1924), verurteilt er hingegen als willkürlichen Einschub, der „die dramatische Wahrheit verfälscht".[60]

Parallelen der Filmwahrnehmung zur Traumerfahrung
Mitry, der die Untersuchungen der Filmologen zum Realitätseindruck und zur psychologischen Wirkung filmischer Bilder genau studiert hatte und als Universitätsprofessor seinen Studierenden immer wieder Filme zu experimentellen Zwecken vorführte, war stark an der Rezeptionssituation im Kino interessiert. Als wichtigste Merkmale derselben betrachtet er die Tatsache, dass durch die Verdunklung des Raums die Realitätswahrnehmung unterbunden und gleichzeitig die Aufmerksamkeit gesteigert wird, wodurch die lichtstark projizierten Bilder, die eine fast totale Wahrnehmungsillusion auslösen, an ihre Stelle treten können. Im Absorbieren der Aufmerksamkeit sowie in der Substitution der Realwahrnehmung durch eine imaginäre Welt liegen für ihn starke Parallelen zum Traum oder Tagtraum: „Il s'agit donc d'un fait semblable à l'hypnose par la captation de notre conscience attentive, mais aussi et surtout d'un état analogue à celui du rêve (intermédiaire entre le rêve proprement dit et le rêve éveillé) par le fait de ce ‚transfert perceptif' ou l'imaginaire se substitue au réel."[61]
Die Nähe zum Tagtraum erachtet er als besonders groß, da dieser – ähnlich wie der Film mit seinen positiven Helden und aufregenden Abenteuern – es ermöglicht, Situationen imaginär durchzuspielen, die unerfüllten Wünschen entspringen. Insbesondere auf der Ebene der „participation psychique" besteht für ihn eine enge Wesensverwandtschaft, die sich höchstens durch die Intensität der Erfahrung unterscheide. Weiter sieht er in der filmischen Vorführtechnik Analogien zu psychisch-

mentalen Aktivitäten. Das filmische Bild sei, genau wie das mentale, das einer abwesenden Realität. Der Vorgang, mit dem die Bilder vom Filmstreifen auf die Leinwand projiziert und somit aktualisiert werden, könne mit dem Aufrufen mentaler Bilder aus der Erinnerung verglichen werden. Neben den Gemeinsamkeiten spricht Mitry jedoch auch Unterschiede zwischen Filmrezeption und innerer Vorstellung an. Als wichtigste Differenz erachtet er die Tatsache, dass die Bilder im Kino fremder Herkunft sind und sich von außen dem Bewusstsein aufdrängen.[62]

Die Undurchdringbarkeit filmischer Figuren
Trotz der erwähnten Berührungspunkte von filmischem und mentalem Bild zieht Mitry enge Grenzen, wenn er die Möglichkeiten filmischer Erzählungen diskutiert, ins Innere der Figuren vorzudringen. CITIZEN KANE von Orson Welles (USA, 1941), ein Film, der genau diese Schwierigkeit zum Thema macht, erscheint ihm diesbezüglich als intelligenter Kommentar. Das „No Tresspassing", das am hohen Zaun von Kanes Wohnsitz auf einem Schild prangt, stehe im übertragenen Sinn für die generelle Undurchdringbarkeit filmischer Figuren. Mitrys Vorbehalte gegenüber der Wiedergabe subjektiver Vorstellungswelten werden verständlich, wenn man sich seine theoretischen Grundannahmen vor Augen hält, nach denen filmische Erzählungen mit Wirklichkeitsabbildungen operieren, die für sich genommen schon eine erste Bedeutungsebene etablieren und erst in einem zweiten Schritt, durch diskursive Anordnung, das narrative Sinngefüge konstituieren: „Toute chose, tout événement, tout individu, ont de par eux-mêmes, de par leur simple présence ,dans-le-monde', une certaine signification. L'image qui les donne au regard étant constituée par tout ce dont elle est image, il est normale que sa signification première soit celle des choses représentées."[63] Die Analogie der visuellen Erscheinung und die tatsächliche Wiedergabe der Bewegung erzeuge zudem einen starken Realitätseindruck, der dazu führe, dass die Zuschauer den Abbildcharakter vergessen und statt dessen direkt die abgebildeten Objekte anvisieren.[64]

Werden in der filmischen Fiktion nun aber nicht reale, sondern irreale, nur subjektiv wahrgenommene Ereignisse wiedergegeben, so bekundet Mitry Mühe, dies in sein Modell des filmischen Darstellungs- und Erzählprozesses zu integrieren. Denn in einer Traumsequenz steht in der Regel die Tatsache im Vordergrund, dass die Bilder und Töne subjektiver Bewusstseinsinhalt einer Figur, also von ihrem Status her bereits mit komplexer narrativer Bedeutung aufgeladen sind. Hier scheint für ihn ein Widerspruch zu bestehen zum Prinzip, dass narrativer Sinngehalt, durch den filmischen Diskurs generiert, erst in einem zweiten Schritt zum Tragen kommen soll, aufbauend auf der Bedeutung, die den abgebildeten Objekten und

Ereignissen an sich schon zugeschrieben wird. Im Gegensatz zu konkreten Objekten und Ereignissen können mentale Bilder zudem von der Kamera nicht direkt eingefangen werden. Mitry folgert daraus, es sei prinzipiell unmöglich, subjektive oder mentale Bilder darzustellen: „D'autre part, l'image subjective n'est pas nécessairement, n'est même pas du tout la représentation d'une quelconque ‚vision subjective' qu'il est impossible d'extérioriser. En aucun cas, on ne saurait représenter une image mentale, puisque, dès l'instant qu'elle le serait, ce ne serait plus une image mentale."[65] Zwar könne man den Zuschauern subjektive Eindrücke oder Gefühle der Figuren vermitteln, es müssten jedoch zwangsläufig „ästhetische Entsprechungen" für die inneren Bilder gesucht werden, und dies führe auf jeden Fall zu stark konventionalisierten, künstlich wirkenden Darstellungsformen, die Mitry für unfilmisch hält.[66]

Eine weiteres Problem, insbesondere der „subjektiven Kamera", ortet Mitry im Bereich der Zuschaueranteilnahme. Um mit einer Figur mitfühlen, sich in ihre Situation versetzen, vor allem jedoch, ihr die subjektiven Bilder überhaupt zuschreiben zu können, müsse sie zuerst und immer wieder objektiv dargestellt werden. Subjektive Bilder könnten deshalb lediglich in Ergänzung zu objektiven funktionieren und auch dies nur in geringer Dosierung.[67]

Ähnlich wie vor ihm bereits Balázs, Arnheim und Kracauer, weist Mitry darauf hin, dass in filmischen Erzählungen das Figureninnere vor allem durch äußere Handlung zum Ausdruck komme: „On saisit l'intérieur d'une conscience par le dehors et l'analyse, toujours descriptive, est conséquente d'une série d'implications déterminées par des ‚*observables*'. Elle est, en fait, synthétique, puisque les personnages se révèlent, se ‚construisent' psychologiquement à la faveur de leurs actes."[68] Die Art der Inszenierung und formalen Gestaltung könne zudem in starkem Maße dazu beitragen, die innere Befindlichkeit der Figuren nachvollziehbar zu machen. Überhaupt genüge es, nahe bei der Figur zu sein und ihren Handlungen zu folgen, um sich in ihre Situation einfühlen zu können. „Halbsubjektive" oder „assoziierte" Einstellungen wie der „over-the-shoulder-shot", der annäherungsweise die Perspektive der Figur einnimmt, sie jedoch im Vordergrund noch zeigt, eignen sich gemäß Mitry besser für die Darstellung der Figurensubjektivität als subjektive Einstellungen, in denen die Figur selber nicht zu sehen ist und sich deshalb auch nicht als Projektionsfläche anbietet.

Die filmischen Qualitäten der subjektiven Erinnerung
Die Möglichkeiten, im Film subjektive Inhalte direkt wiederzugeben, beurteilt Mitry also sehr skeptisch – mit einer Ausnahme: Die Erinnerung hält er für die einzige

Imaginationsform, der das Medium gerecht zu werden vermag: „L'image subjective ne peut-être réellement subjective que dans le cas du souvenir." Und weiter: „Les seules images mentales acceptables au cinéma et susceptibles d'une traduction filmique sont celles du souvenir."[69] Es gibt verschiedene Gründe für diese Bevorzugung gegenüber dem Traum oder der freien Fantasie. Als erstes macht Mitry geltend, dass sich Erinnerungsbilder immer direkt auf eine „erlebte Realität" („réel vécu") beziehen; und zwar sowohl in Rückblenden, die vergangene Ereignisse aus einer Perspektive des „unsichtbaren Beobachters" so wiedergeben, wie sie sich tatsächlich abgespielt haben, als auch in Sequenzen, die den psychischen Prozess des Erinnerns in den Vordergrund stellen, die Ereignisse also subjektiv gefärbt – achronologisch, bruchstückhaft oder verzerrt – evozieren.[70] Durch direkten Bezug zur diegetischen Realitätsebene scheint für Mitry die – beim Traum akute – Gefahr gebannt, von abstrakten, begrifflichen Konzepten auszugehen und auf konventionelle Darstellungsformen zurückzugreifen.

Aber nicht nur die Verbindung zur realen Lebenswelt, auch der Gegenwartscharakter bleibe gewahrt. Da die filmische Erzählform nur ein Tempus, das Präsens, kenne, erschienen die in einer „objektiven" Rückblende dargestellten Ereignisse als gegenwärtig, auch wenn die zeitliche Distanz – etwa durch eine Erzählstimme – gekennzeichnet sei. Und in den stärker subjektiv gefärbten Darstellungen gehe es ohnehin in erster Linie um den Prozess des Erinnerns, der sich in der Gegenwart abspiele.[71] Erinnerungen sind für Mitry gerade dadurch eminent filmisch, dass sie das Aktualisierungspotenzial des Mediums aufzeigen, das auch Vergangenes im Hier und Jetzt präsentiert.

Plausibilität und Realitätslogik der dramatischen Situation

Als erfundenes und frei gestaltetes Artefakt ist eine filmische Erzählung für Mitry immer Ausdruck der subjektiven Vision ihres Autors.[72] Da dieser jedoch mit Wirklichkeitsabbildern arbeitet, erhält seine Sicht der Dinge den Charakter einer objektiven Realitätsdarstellung, auch wenn diese Realität fiktional ist. Diesem Sachverhalt, der zwangsläufig Faktoren wie Plausibilität und Realitätslogik ins Spiel bringt, müsse auch bei Subjektivierungen Rechnung getragen werden: „Lorsqu'Antonioni, pour traduire l'état euphorique de Monica Vitti, nous la montre dans une chambre soudain *colorée en rose*, alors que nous l'avons vue, cette chambre, sous ses couleurs réelles quelques images auparavant, il y a un hiatus insoutenable doublé d'une naïveté psychologique singulièrement primaire. Non seulement on ne peut pas faire entrer subitement le spectateur dans la subjectivité d'un personnage, jusque-là considéré objectivement, par l'intermédiaire d'un décor qui, tout d'un coup, prendrait une couleur ‚intérieure', mais cette couleur, nous venons de le voir, n'existe pas comme telle. L'irréalisme subjectif devient alors conventionnalité pure."[73]

Bilder oder Töne, die der Vorstellungswelt einer Figur entspringen oder ihren psychischen Zustand versinnbildlichen sollen, dürfen gemäß Mitry auf keinen Fall im Widerspruch zur Realitätslogik der Handlungssituation stehen. Er empfindet es als künstliches „Aufpfropfen", wenn die als objektive Realität etablierte äußere Erscheinung der Dinge willkürlich verändert wird, nur um einen subjektiven Zustand wiederzugeben. Wie Arnheim erwähnt auch Mitry die Abschiedsszene am Bahnhof aus Wsewolod Pudowkins DAS LEBEN IST SCHÖN (dt. Alternativtitel: EIN EINFACHER FALL / PROSTOJ SLUCHAJ, Sowjetunion, 1932). Und genau wie dieser vertritt er die Meinung, die Geräusche des abfahrenden Zuges würden nicht der subjektiven Vorstellung der Protagonistin, sondern, dem Schauplatz eines großen Bahnhofs entsprechen, einem Zug auf einem nicht sichtbaren Nebengleis zugeschrieben.[74] Sogar an einem Film wie Ingmar Bergmans DAS SCHWEIGEN (TYSTNADEN, Schweden, 1963), der durch seine Inszenierung und Bildsprache von der ersten Einstellung an als der Traumlogik nahestehendes, parabelhaftes Psychodrama erscheint, setzt er aus, die Handlung widerspreche der Realitätslogik, wenn im Hotel außer den Liliputanern keine Gäste zu sehen seien und mitten in der Ortschaft, obwohl offensichtlich kein Krieg herrsche, Panzer aufrollten.[75] Einzig, wenn dem subjektiven Element klare Grenzen gesetzt sind, innerhalb derer es nicht in Widerstreit mit der Erscheinung der realen Dinge gerät, wird es von Mitry akzeptiert.

Als wirklich problemlos erachtet Mitry eine Abweichung von der etablierten Erscheinungsweise der Dinge nur dann, wenn eine Episode – zum Beispiel die Fabel vom kleinen Mädchen in DIE ROTE WÜSTE (IL DESERTO ROSSO, Regie: Michelangelo Antonioni, Italien, 1964) – als rein imaginär gekennzeichnet, von der Realitätsebene also völlig losgelöst ist.[76] Die meisten anderen Subjektivierungsformen – mit Ausnahme der Rückblende – widersprechen Mitrys Auffassung vom Film als einem Medium, dem kraft seiner Reproduktionstechnik die konkrete Erscheinung der äußeren Welt zur Verfügung steht und deshalb abstrakte Bedeutung und konventionelle Darstellungsformen weitgehend fremd sind.

Konstanten und Kontraste in der Beurteilung

Nachdem die Positionen von Münsterberg, Balázs, Arnheim, Kracauer und Mitry einzeln dargestellt wurden, soll nun noch vergleichend analysiert werden, wie ausführlich und explizit das Thema in den verschiedenen Theorien behandelt wird,

Kunstmittel oder Verleugnung? 83

Abb. 6 Monica Vitti (Mitte) in Michelangelo Antonionis DIE ROTE WÜSTE (IL DE-
SERTO ROSSO; I 1964)

wie groß die Bandbreite der Ansichten ist und ob sich bestimmte Konstanten in der Thematisierung und Beurteilung erkennen lassen.

Viel Platz nimmt die Beschäftigung mit Subjektivierungen und Traumdarstellungen vor allem in den Ausführungen von Balázs und Kracauer ein. Sie haben spezielle Kapitel für diverse Aspekte des Themas reserviert, stellen eigene Beurteilungsschemata auf und teilen das Phänomen in verschiedene Kategorien ein. Mitry äußert sich zur subjektiven Kamera und zu gewissen indirekten Subjektivierungsformen in separaten Kapiteln relativ ausführlich. Auf die Darstellung innerer Vorstellungen – insbesondere der subjektiven Erinnerung – geht er in verschiedenen Zusammenhängen ein. Allerdings sind seine Darlegungen über das fast neunhundertseitige Werk verstreut und haben deshalb eher punktuellen Charakter. Münsterberg befasst sich sehr ausführlich mit Analogien zwischen narrativen

Techniken und psychischen Prozessen; die Darstellung der Figurensubjektivität behandelt er dennoch nur nebenbei. Arnheim widmet zwar ein ganzes Kapitel dem Thema „seelische Vorgänge",[77] geht darin aber nur auf indirekte Subjektivierung durch Mimik und Gestik sowie durch die dramatische Situation oder den Kontext der Handlung ein; zu direkteren Darstellungen subjektiver Eindrücke und Vorstellungen äußert er sich nur vereinzelt.

Das Spektrum der Subjektivierungsformen, die in den untersuchten Schriften behandelt werden, ist recht groß; und auch die Vielfalt der Betrachtungsweisen ist bemerkenswert. Trotzdem kristallisieren sich bei genauem Hinsehen in der Fülle der Ansichten gewisse Konstanten heraus: Fast alle Theoretiker sprechen sich dafür aus, Inneres und Subjektives durch Materielles, Körperliches und äußerlich Sichtbares zu suggerieren, etwa durch Gestik und Mimik oder die Gestaltung des Dekors. Ganz ausgeprägt ist diese Ansicht bei Balázs und Kracauer, stark auch bei Mitry und Arnheim. Die meisten erwähnen nebenbei auch die Möglichkeit, durch formale Mittel – etwa den Schnittrhythmus, Kamerabewegungen oder die Bildkomposition – Stimmung und Gefühle der Figuren zu evozieren. Im Bezug auf die subjektive Kamera kann man zwei Betrachtungsweisen ausmachen: Balázs und Kracauer sehen darin ein wirkungsvolles Mittel, um nicht nur den optischen, sondern auch gleich den psychischen Standpunkt einer Figur zu vermitteln. Vorbehalte oder gar Ablehnung finden sich hingegen in den Schriften Mitrys.

Auch betreffend der Darstellung von Träumen, Visionen oder Halluzinationen ist in einigen Punkten Übereinstimmung zu erkennen: Für die meisten sind innere Vorstellungen charakteristischerweise befreit von chronologischen Abläufen, räumlicher Konstanz und rationaler Kausalität. Es gelten deshalb auch nicht dieselben Gesetze wie bei der Darstellung fiktionaler Realität. Als allgemeingültig behauptete ästhetische Prinzipien werden für den Spezialfall der Darstellung des Figureninneren wieder außer Kraft gesetzt (zum Beispiel werden die ansonsten missbilligten formalen Experimente des „absoluten Films" hier toleriert). Insbesondere für Balázs, aber auch für Kracauer und Arnheim lassen sich Träume und andere innere Vorstellungen durch spezifisch filmische Techniken und Tricks (Mehrfachbelichtungen, spezielle Montageformen, Zeitlupe und Zeitraffer, Zerrlinsen usw.) besonders überzeugend darstellen. In fast allen Schriften finden sich Formulierungen, die darauf hinweisen, dass Traumsequenzen, zumal durch ihre formal-ästhetische Andersartigkeit ein Kontrast zu den übrigen Sequenzen entsteht, als Einschub oder Enklave aufzufassen sind. Münsterberg, Balázs und Arnheim verweisen zudem explizit darauf, dass eine Abgrenzung durch Überblendungen üblich ist. Balázs und Kracauer sind allerdings auch von der Möglichkeit begeistert, die Grenze zwischen objektiver und subjektiver Wirklichkeit bewusst verschwimmen zu lassen. Die Nähe des Traumhaften zur Darstellung des Fantastischen wird vor allem von Kracauer, aber auch von Balázs und Mitry hervorgehoben.

Von einigen Autoren, allen voran Arnheim und Mitry, wird immer wieder die Sorge geäußert, subjektiv-irreale Bilder und Töne könnten in Widerspruch zur objektiven Erscheinungsweise der äußeren Wirklichkeit geraten. Somit würden Plausibilität und Realitätslogik der Handlung untergraben, die es unbedingt zu wahren gelte. Den inneren Monolog als Mittel, um Denken und Fühlen der Figuren zu vermitteln, erwähnen die meisten. Insbesondere für Balázs und Mitry stellt er ein ästhetisch überzeugendes Subjektivierungsmittel dar. Für Kracauer rückt hingegen das sprachliche Element im Vergleich zum visuellen zu sehr in den Vordergrund. Den Vergleich mit den Möglichkeiten der Literatur und des Theaters ziehen alle Autoren. Meist wird dabei die Überlegenheit (oder zumindest Ebenbürtigkeit) des filmischen Darstellungspotenzials zur Vermittlung des Subjektiven betont. Immer wieder wird in diesem Zusammenhang gegenüber den im abstrakt-begrifflichen verhafteten Bühnenstücken und literarischen Erzählungen die visuelle Ebene des Films als unschlagbarer Trumpf ausgespielt.

Hohe Filmkunst oder Verleugnung des Mediums?

Die untersuchten Schriften stammen aus einer Epoche, in der normative Ansätze in der Filmtheorie dominierten. Zum Schluss möchte ich deshalb zusammenfassend darlegen, wie Subjektivierungen und Traumdarstellungen von den Autoren generell beurteilt werden. Gelten sie als dem Medium entsprechend und ästhetisch legitim oder werden sie im Gegenteil als unfilmisch verurteilt? Für Münsterberg, dessen frühe Filmtheorie erstaunlicherweise nur vereinzelt normative Züge aufweist, ist die Möglichkeit, Erinnerungen, Träume und Fantasien der Figuren darzustellen, eine wertvolle Bereicherung, insbesondere weil dabei spezifisch filmische Techniken und narrative Verfahren zum Einsatz kommen. Auch Balázs' Urteil ist positiv, um nicht zu sagen euphorisch. Die Darstellung von Traum und Vision ist für ihn das Gebiet, wo sich dem Regisseur „unermessliche poetische und psychologische Möglichkeiten" bieten, und kreative Lösungen in der Erkundung des Figureninnern kommen den „schönsten Wundern der Filmkunst" gleich.[78] Arnheim, der den kreativen Umgang mit den aufnahmetechnisch bedingten Unterschieden zwischen Filmbild und Wirklichkeit propagiert, erwähnt zwar diverse Möglichkeiten, wie durch spezifisch filmische Gestaltungsmittel subjektive Eindrücke und Vorstellungen vermittelt werden können; trotzdem bleibt er vorsichtig in seinem Urteil, denn er sieht die Gefahr des unlauteren Eingriffs in die Wirklichkeit.

Vorbehaltlos fasziniert ist er hingegen von der Möglichkeit, den psychischen Zustand der Figuren aus einem geschickt gewählten Handlungsmotiv oder der generellen dramatischen Situation heraus ersichtlich zu machen. Für Kracauer, der von einer realistischen Berufung des Films ausgeht, birgt ein Vordringen in den Bereich des Subjektiven und Unwirklichen zwar grundsätzlich die Gefahr, dem Wesen des Mediums zuwiderzuhandeln. Trotzdem kann er je nach Gestaltung, inhaltlicher Motivation und kontextuellem Bezug gewissen „Filmfantasien" durchaus filmische Qualitäten abgewinnen. Mitry schließlich, der den konventionellen Charakter von Darstellungen mentaler Bilder hervorhebt, ist der Auffassung, dass nur für die subjektive Erinnerung filmisch überzeugende Lösungen gefunden werden können, nicht aber für Träume oder Visionen.

Neuere Ansätze
Absicht meiner Ausführungen war, wichtige Repräsentanten der klassischen Filmtheorie nach ihrer Haltung zu Subjektivierungen und Traumdarstellungen zu befragen. Eine weitergehende Untersuchung müsste neuere Ansätze mit einbeziehen, die je nach Ausrichtung das Thema sehr unterschiedlich angehen. Eine wichtige Rolle spielen Subjektivierungsformen zum Beispiel in narrationstheoretischen Untersuchungen, wo sie vor allem im Zusammenhang mit der Erzählperspektive erörtert werden.[79] Das Aufkommen psychoanalytisch inspirierter Modelle in den siebziger Jahren hat jedoch – insbesondere durch die viel diskutierten Aufsätze von Jean-Louis Baudry und Christian Metz[80] – dazu geführt, dass – ähnlich wie schon bei Münsterberg – die Frage nach Verwandtschaften zwischen der Filmwahrnehmung und innerpsychischen Vorgängen ins Zentrum des Interesses gerückt sind.[81] Interessant dabei ist, dass die Verfechter der unterschiedlichen Film-Traum-Analogien sich meist nur ganz am Rande zur Möglichkeit der filmischen Traumdarstellung äußern. Und wenn sie es tun, dann in der Regel nur, um festzustellen, dass jeder Versuch von Vornherein zum Scheitern verurteilt sei, wie die folgenden Zitate von Baudry und Metz zeigen: „Une parenté [entre cinéma et rêve, M.B.] qui a pu conduire les cinéastes à croire que le cinéma était l'instrument enfin approprié de représentation des rêves. Il resterait à comprendre l'échec de leur tentative. (...) [E]t rien de plus ridicule que ces flous nuageux censés représenter la représentation onirique (...)."[82] Metz gibt zu bedenken: „[L]e film a du mal à atteindre l'absurdité véritable, l'incompréhensible pur, cela même que le plus ordinaire de nos rêves, dans certaines séquences, atteint d'emblée et sans effort. C'est pour la même raison, sans doute, que sont presque toujours si peu crédibles les ‚séquences de rêve' qui figurent dans les films narratifs."[83]

Es bräuchte eine eigene Untersuchung, um die Positionen der so genannten Apparatustheorien zu erörtern. Es scheint jedoch, als bekundeten Autoren, die das Medium als Ganzes in die Nähe des Traums rücken, Mühe damit, die Darstellung von Träumen in einzelnen Werken sinnvoll in ihr Theoriegebäude einzuordnen. Vielleicht deshalb, weil sie – ohne dies auszusprechen – regelmäßig von der Annahme ausgehen, Traumdarstellungen müssten den Anspruch einlösen, Träume genau in der Form nachzubilden, wie sie uns nachts erscheinen.[84] Ganz so, als ob die filmische Fiktion bei der Traumdarstellung weniger Freiheiten hätte als bei der Realitätsdarstellung.

1 H. Münsterberg: Das Lichtspiel. Eine psychologische Studie [1916] und andere Schriften zum Kino. Wien 1996, 72.
2 Münsterberg (s. Anm. 1), 59. Herv. Münsterberg. Original: „*It is as if reality has lost its own continuous connection and become shaped by the demands of our soul.* It [the photoplay, M.B.] *has the mobility of our ideas which are not controlled by the physical necessity of outer events but by the psychological laws for the association of ideas. The photoplay obeys the laws of the mind rather than those of the outer world.*" H. Münsterberg, The Film. A Psychological Study. The Silent Photoplay in 1916. New York 1970, 41.
3 Münsterberg (s. Anm. 1), 61.
4 Münsterberg (s. Anm. 1), 60.
5 Münsterberg (s. Anm. 1), 61.
6 Ebd.
7 Münsterberg (s. Anm. 1), 68.
8 Münsterberg (s. Anm. 1), 65.
9 Münsterberg (s. Anm. 1), 67.
10 Münsterberg (s. Anm. 1), 70.
11 So betrachtet er zum Beispiel die Großaufnahme lediglich als ein ästhetisches Mittel, um die Aufmerksamkeitsfokussierung der Zuschauer nachzuzeichnen, lässt aber außer Acht, dass sie auch das gesteigerte Interesse einer fiktionalen Figur symbolisieren kann. Münsterberg (s. Anm. 1), 51–57.
12 B. Balázs: Schriften zum Film. Der sichtbare Mensch. Kritiken und Aufsätze 1922–1926 (Band I). Berlin 1982, 134.
13 Balázs 1982 (s. Anm. 12), 103 und B. Balázs, Der Film. Werden und Wesen einer neuen Kunst. 4. Aufl., Wien 1972, 80.
14 Balázs verwendet bereits die heute noch übliche Bezeichnung.
15 Balázs 1972 (s. Anm. 13), 78 und 119.
16 Balázs 1972 (s. Anm. 13), 38 und B. Balázs, Schriften zum Film. Der Geist des Films. Kritiken und Aufsätze 1926–1931 (Band II). Berlin 1984, 73.
17 Balázs 1972 (s. Anm. 13), 78.
18 Balázs 1984 (s. Anm. 16), 129 und Balázs 1972 (s. Anm. 13), 83.
19 Balázs 1982 (s. Anm. 12), 94–96.
20 Balázs 1972 (s. Anm. 13), 94 und Balázs 1984 (s. Anm. 16), 130.
21 Balázs 1982 (s. Anm. 12), 91 und Balázs 1972 (s. Anm. 13), 94.
22 Balázs 1984 (s. Anm. 16), 85 und Balázs 1972 (s. Anm. 13), 109.
23 Balázs 1984 (s. Anm. 16), 135.
24 Balázs 1972 (s. Anm. 13), 109.
25 Balázs 1982 (s. Anm. 12), 94 und Balázs 1972 (s. Anm. 13), 224.
26 R. Arnheim: Film als Kunst. Berlin 1932, 21–47.
27 Arnheim (s. Anm. 26), 17.

28 Arnheim nennt dieses Verfahren „Simultanmontage" (s. Anm. 26, 144).
29 Arnheim (s. Anm. 26), 84.
30 Arnheim (s. Anm. 26), 161.
31 Arnheim (s. Anm. 26), 172.
32 Arnheim (s. Anm. 26), 71, 86, 105, 143, 153, 176, 181, 217, 285 und 294.
33 Arnheim (s. Anm. 26), 56.
34 Arnheim (s. Anm. 26), 154 und 136.
35 Arnheim (s. Anm. 26), 176.
36 Arnheim (s. Anm. 26), 178-179.
37 Arnheim (s. Anm. 26), 179-181.
38 Arnheim (s. Anm. 26), 144 und 301.
39 Arnheim (s. Anm. 26), 144.
40 Arnheim (s. Anm. 26), 317–324.
41 Arnheim (s. Anm. 26), 255.
42 Arnheim (s. Anm. 26), 297-298.
43 Arnheim (s. Anm. 26), 299.
44 Ebd.
45 Arnheim (s. Anm. 26), 300-301.
46 Arnheim (s. Anm. 26), 302.
47 S. Kracauer: Theorie des Films. Die Errettung der äußeren Wirklichkeit. 3. Aufl., Frankfurt a.M. 1996, 55.
48 Kracauer (s. Anm. 47), 65-66, 189 und 285–305.
49 Kracauer (s. Anm. 47), 115.
50 Kracauer (s. Anm. 47), 121. Original: „From the cinematic viewpoint it is perhaps best to term ‚fantasy' all predominantly visual experiences, avowedly imagined or believed to be true to fact, which belong to worlds beyond camera-reality proper – the supernatural, visions of any kind, poetic imagery, hallucinations, dreams, etc." S. Kracauer: Theory of Film. The Redemption of Physical Reality. 2. Aufl., Princeton 1997, 82.
51 Kracauer (s. Anm. 47), 42.
52 Kracauer (s. Anm. 47), 115.
53 Kracauer (s. Anm. 47), 122. Original: „Most writers on film see no reason for differentiating between the unreal and the real and, accordingly, refuse to consider camera-reality a privileged area. (...) A number of critics even go so far as to contend that ‚the true import of the cinema is the realm of dreams'." Vgl. Anm. 50, 82–83.
54 Kracauer (s. Anm. 47), 125.
55 Kracauer (s. Anm. 47), 127.
56 Kracauer (s. Anm. 47), 130.
57 Kracauer (s. Anm. 47), 133-134. Original: „[W]ere it not for the particular place assigned to it within the film, the sunlit street that appears in the middle of the night would just be a real sunlit street. Second, both fantasies are cast in the role of hallucinations originating in strange or morbid states of mind." Vgl. Anm. 50, 92.
58 Kracauer (s. Anm. 47), 134.
59 J. Mitry: Esthétique et psychologie du cinéma. 2. (gekürzte) Aufl., Paris 1990, 32.
60 Mitry (s. Anm. 59), 199.
61 Mitry (s. Anm. 59), 123. „Auf Grund der Vereinnahmung unseres wachen Bewusstseins handelt es sich also um einen hypnoseähnlichen Effekt, durch die ‚Wahrnehmungsverschiebung', die das Reale durch das Imaginäre ersetzt, aber ebenso und hauptsächlich um einen Zustand analog dem Traum (zwischen dem eigentlichen Traum und dem Tagtraum)." (Übers. M.B.)
62 Mitry (s. Anm. 59), 65, 124–128 und 279.
63 Mitry (s. Anm. 59), 65. „Jedes Ding, jedes Ereignis, jedes Individuum hat als solches, allein durch seine Präsenz ‚in-der-Welt', eine bestimmte Bedeutung. Da das Bild, das sie dem Blick offenbart, aus all dem besteht, wovon es das Bild ist, ist seine erste und wichtigste Bedeutung natürlich die der dargestellten Dinge." (Übers. M.B.).
64 Mitry (s. Anm. 59), 77.
65 Mitry (s. Anm. 59), 288. „Andererseits stellt das subjektive Bild nicht notwendigerweise, sogar überhaupt keine irgendwie geartete ‚subjektive Sicht' dar, die unmöglich äußerlich sichtbar gemacht werden kann.

Man kann ein mentales Bild nicht darstellen, denn in dem Moment, in dem man es darstellte, wäre es kein mentales Bild mehr." (Übers. M.B.).
66 Ebd.
67 Mitry (s. Anm. 59), 288-289, 300 und 314.
68 Mitry (s. Anm. 59), 81, Herv. Mitry. „Innere Bewusstseinszustände werden von außen erfasst, und die Analyse, die immer beschreibend bleibt, ergibt sich aus einer Reihe von Folgerungen, die durch das ‚Beobachtbare' bestimmt werden. Sie geht somit synthetisch vor, denn die Figuren offenbaren ihr Inneres, ‚konstruieren' sich psychologisch durch ihre Handlungen." (Übers. M.B.).
69 Mitry (s. Anm. 59), 291 und 314.
70 Ebd.
71 Mitry (s. Anm. 59), 82-84 und 291–292.
72 Mitry (s. Anm. 59), 124, 181, 189, 190 und 223.
73 Mitry (s. Anm. 59), 313, Herv. Mitry. „Wenn Antonioni, um den euphorischen Zustand von Monica Vitti auszudrücken, sie uns in einem Raum zeigt, der plötzlich rosa eingefärbt ist, obwohl wir denselben Raum kurz zuvor in seinen wirklichen Farben gesehen haben, so liegt ein unhaltbarer Bruch vor, der durch eine psychologische Naivität sondergleichen noch verstärkt wird. Es ist nicht möglich, durch ein Dekor, das unvermittelt eine ‚innere' Farbe angenommen haben soll, den Zuschauer in die Subjektivität einer Figur zu versetzen, die zuvor objektiv betrachtet wurde, vor allem, wenn, wie wir gesehen haben, diese Farbe als solche gar nicht existierte. Der subjektive Irrealismus wird so zur puren Konvention." (Übers. M.B.).
74 Mitry (s. Anm. 59), 320.
75 Mitry (s. Anm. 59), 407–471.
76 Mitry (s. Anm. 59), 313.
77 Arnheim (s. Anm. 26), 172–182.
78 Balázs 1982 (s. Anm. 12), 94–95.
79 Vgl. zum Beispiel E. Branigan: Point of View in the Cinema. A Theory of Narration and Subjectivity in Classical Film. Berlin/New York/Amsterdam 1984.
80 J-L. Baudry: „Le dispositif. Approches métapsychologiques de l'impression de réalité", in: Communications, Nr. 23/1975, 56–72. C. Metz: „Le signifiant imaginaire" und „Le film de fiction et son spectateur (Étude métapsychologique)", in: Communications, Nr. 23/1975, 3–55 und 109–135.
81 Irmela Schneider bietet einen sehr nützlichen Überblick über filmtheoretische Positionen, die einen Zusammenhang zwischen Filmwahrnehmung und Traum postulieren. I. Schneider: „Filmwahrnehmung und Traum. Ein theoriegeschichtlicher Streifzug". In: B. Dieterle (Hg.): Träumungen. Traumerzählung in Film und Literatur. St. Augustin 1998, 23–46. Mechthild Zeul weist darauf hin, dass in den vierziger und fünfziger Jahren – also lange vor der Zeit der psychoanalytisch inspirierten Filmtheoretiker – verschiedene Psychoanalytiker bereits Überlegungen zu strukturellen Ähnlichkeiten von Traum und Film angestellt haben. Interessanterweise sind die entsprechenden Aufsätze in der Filmtheorie kaum zur Kenntnis genommen worden. M. Zeul: „Bilder des Unbewussten. Zur Geschichte der psychoanalytischen Filmtheorie". In: Psyche, Nr. 11/1994, 978 und 983–985.
82 Baudry (s. Anm. 80), 64. „Es handelt sich hier um eine Verwandtschaft [zwischen Kino und Traum, M.B.], die die Cineasten zum Glauben verleitete, das Kino sei nun das geeignete Werkzeug für die Darstellung von Träumen. Das Scheitern ihres Versuchs muss erst noch verstanden werden. (...) [E]s gibt nichts Lächerlicheres als jene wolkigen Unschärfen, die die Traumvorstellung darstellen sollen (...)." J-L. Baudry: „Das Dispositiv. Metapsychologische Betrachtungen des Realitätseindrucks". In: Psyche, Nr. 11/1994, 1060–1061.
83 Metz (s. Anm. 80), 121. „[F]ür den Film ist [es schwer, M.B.], die echte Absurdität, die reine Unverständlichkeit zu erreichen, eben das, was sogar den gewöhnlichsten unserer Träume unverzüglich und mühelos erreicht, zumindest in einigen Sequenzen. Zweifellos sind aus demselben Grund auch die ‚Traumsequenzen', die in Erzählfilmen vorkommen, so wenig glaubwürdig." C. Metz: „Der fiktionale Film und sein Zuschauer. Eine metapsychologische Untersuchung". In: Psyche, Nr. 11/1994, 1024.
84 Vgl. hierzu: M. Brütsch: „Zur Ästhetik der Traumdarstellung am Beispiel des Kurzfilms *REM*". In: V. Hediger et al. (Hg.): Home Stories. Neue Studien zu Film und Kino in der Schweiz. Zürich 2001, 329–334.

Transformationen

Luis Buñuel und die Surrealisten träumen

Moritz Geisel

„Certes, je sortirai, quant à moi, satisfait
D'un monde où l'action n'est pas la sœur du rêve"
Baudelaire, *Le reniement de Saint-Pierre*[1]

Die Frage nach dem Verhältnis zwischen Traum und Realität, zwischen Träumen und Handeln, durchzieht die gesamte Geschichte des Surrealismus wie ein roter Faden. Sie ist nicht nur für seine Entstehung von grundlegender Bedeutung, sondern auch Anlass für viele Auseinandersetzungen sowohl in seinem Innen- wie auch Außenverhältnis, ja, sogar die Diskussion um die Berechtigung des Surrealismus heute muss sich an ihr messen lassen.[2]

Da sich der Surrealismus schon seinem Selbstverständnis nach einer rein wissenschaftlichen Annäherung verschließt, die Diskussion programmatischer Grundfragen innerhalb der Gruppe der Surrealisten zu heftigen Auseinandersetzungen und letztlich zu Abspaltungen und Ausschlüssen geführt hat, erscheint es mir unangebracht, wenn nicht unmöglich, in diesem Beitrag eine abgeschlossene Interpretation der oben aufgeworfenen Fragestellung zu leisten; stattdessen möchte ich mit Rückgriff auf die oft vernachlässigten Selbstzeugnisse und Primärtexte eine offene Einführung in das Thema *Traum und Surrealismus* geben, die zu einem eigenen Zugang zu den surrealen Traumwelten und den Filmen von Luis Buñuel anregen will.

Littérature

Die Entstehung des Surrealismus und dessen weitere Entwicklung kann nicht auf ein singuläres, allein ausschlaggebendes Ereignis oder eine einzige Person zurückgeführt werden. Vielmehr gibt es eine ganze Reihe von nebeneinander existierenden Faktoren, die die Ausprägung des Surrealismus letztlich mitbestimmt haben. All diesen Faktoren gemein ist die Sonderstellung, die die Auseinandersetzung mit der Vernunft und der Wirklichkeit einnimmt.

Die Gruppe der späteren Surrealisten beginnt sich ab 1916 in Paris herauszubilden. Ihre Mitglieder, unter ihnen befinden sich unter anderem André Breton, Philippe Soupault, Louis Aragon, Paul Éluard, Robert Desnos, Benjamin Péret, schließen über gemeinsame Bekannte wie Paul Valéry und Guillaume Apollinaire Bekanntschaft. André Breton übernimmt die Führung der Gruppe, eine Rolle, die er bis zu seinem Tod (1966) behalten wird. Es handelt sich zu diesem Zeitpunkt sämtlich um junge, vielversprechende Schriftsteller, die gerade dabei sind, sich in der Literaturszene einen Namen zu machen. Paul Valéry setzt sich als Mentor Bretons für die Gruppe ein, die ab 1919 die Zeitschrift *Littérature* herausgibt, hinter deren ironischem Titel sich eine radikale Avantgarde-Publikation verbirgt, in der anfangs auch André Gide einige Texte veröffentlicht.

Die Zeit zwischen den beiden Weltkriegen und die damit einhergehenden sozialen, politischen und wirtschaftlichen Umwälzungen bilden den historischen Kontext für die Entstehung des Surrealismus. Dazu kommen die persönlichen Erfahrungen, die viele Mitglieder der Gruppe als Wehrpflichtige im Krieg gesammelt haben. Vor allem die bürgerliche Denkweise und Moral werden von den Surrealisten und anderen Avantgarde-Künstlern für die Schrecken des Krieges verantwortlich gemacht. Kann die Kunst noch so tun, als wäre nichts geschehen? Können die gesellschaftlichen Verhältnisse noch so akzeptiert werden, wie sie sind? Die Surrealisten verneinen diese Fragen entschieden und beginnen, sich gegen die vorherrschenden Verhältnisse in Kunst und Gesellschaft aufzulehnen.

Dadaismus: „Ein echter Dada ist gegen Dada"

Als Reaktion auf die Erfahrungen des Ersten Weltkrieges bilden sich in ganz Europa verschiedene Avantgarde-Bewegungen heraus. Zeitgleich mit der Pariser Gruppe um die Zeitschrift *Littérature* entsteht so 1916 in Zürich der Dadaismus. Die um Tristan Tzara im Cabaret Voltaire versammelte Gruppe, zu der neben Tzara unter anderem Hans Arp und Hugo Ball gehören, setzt bürgerlicher Ordnung und Vernunft Chaos und Provokation entgegen. Die durch den Krieg fragwürdig gewordene bürgerliche Kultur soll in aller Öffentlichkeit lächerlich gemacht werden. Dieses Vorhaben wird in provokatorischen Schauspielen umgesetzt, bei denen nicht zusammenhängende Wörter und provokative Texte, begleitet von Lärmmusik, vorgetragen werden. Oberstes Ziel der Dada-Aufführungen ist es, in einem chaotischem Nebeneinander von Bewusstseinsinhalten das Missverständnis zwischen den Akteuren auf der Bühne und den Zuschauern auf die Spitze zu treiben. Die einzige Regel, der die Dadaisten zu folgen scheinen, ist das Nonsens-Prinzip („ein echter Dada ist gegen Dada"). Die ablehnende Haltung gegenüber der überlieferten Kultur äußert sich beispielsweise in Tzaras Formulierung „das Denken geschieht im Mund", womit er sich gegen einen philosophischen Idealismus wendet und gleichzeitig die Richtung zu den später entstehenden surrealistischen Automatismen vorgibt.

Die Dada-Bewegung breitet sich schnell aus, neben Zürich werden Berlin (Richard Huelsenbeck, George Grosz, John Heartfield) und Köln (Max Ernst) zu Hochburgen des Dadaismus; der Name wird von gleichdenkenden Künstlern in New York übernommen (Man Ray, Marcel Duchamp, Francis Picabia). Breton stößt bei Apollinaire auf Ausgaben der Zeitschrift *Dada* und liest das *Dada-Manifest* von Tzara, das Dada-Fieber steckt auch die Pariser Gruppe an. 1920 kommt Tzara nach Paris, wo er von der Gruppe um Breton bereits wie ein Messias sehnsüchtig erwartet wird. Gemeinsame Aktionen und Schriften folgen. Die Monotonie der Aktionen ermüdet Breton jedoch immer mehr, der Narzissmus Tzaras führt zu Spannungen innerhalb der Gruppe.[3] Einer der Höhepunkte der gemeinsamen Arbeit und zugleich der Auslöser für den endgültigen Bruch mit Tzara ist der 1921 veranstaltete Schauprozess gegen den Schriftsteller Maurice Barrès, der stellvertretend für die bourgeoise Kultur angeklagt wird. Während die Dadaisten getreu ihrem Motto „alles ist Nonsens" sich selbst in die provokante Kritik an Barrès einschließen, vertreten die Surrealisten eine differenzierte Position und fordern eine fundierte Kunst- und Gesellschaftskritik. Nach dem Bruch mit Dada wählen die Surrealisten eine Art Mittelweg. Zwar setzen sie die Kritik der Dadaisten an bürgerlicher Gesellschaft und deren Kunstbetrieb fort, verharren aber auch nicht in Nonsens und bloßer Provokation, sondern wenden sich einer der für sie spektakulärsten Erkenntnisse der Epoche zu: der Entdeckung des Unterbewusstseins durch Freud.

Freud und die Psychologie

André Breton setzt sich während seines Medizinstudiums eingehend mit Psychologie und Psychiatrie auseinander. Er liest Texte von Pierre Janet und Jean-Martin Charcot, dem Lehrer Freuds. Gegenstand der damaligen psychologischen Abhandlungen sind vor allem die Erforschung und Behandlung von Hysterien, die, als seelische Krankheiten ohne organischen Befund, durch Suggestion und Hypnose behandelt werden. An die Stelle der suggestiven Behandlungsmethoden treten später analytische Modelle wie das Prinzip der freien Assoziation und die Traumdeutung. Die Arbeiten Freuds sind zu dieser Zeit noch nicht übersetzt, sondern lediglich durch Sekundärliteratur zugänglich.[4] Sowohl die Begegnung mit Freud 1921 in Wien als auch der spätere Briefwechsel verlaufen aus der Sicht Bretons jedoch enttäuschend, da sich Freud nicht für die surrealistische Sache begeistern lässt. Die drei in *Les vases communicants* abgedruckten Briefe Freuds an Breton aus dem Jahr 1932 legen den Schluss nahe, dass Freud nicht viel von der surrealistischen Rezeption seiner Arbeit hielt.[5]

Zu den theoretischen Studien der Psychologie kommen die praktischen Erfahrungen, die Breton während des Krieges als Hilfsarzt in psychiatrischen Krankenhäusern und Lazaretten sammelt. Er beginnt, die Methoden Freuds in der klinischen Praxis anzuwenden und entdeckt eine überraschende Kreativität bei den Patienten. Von diesem Zeitpunkt an ist das Verhältnis der Surrealisten zum „Wahn" ambivalent und oszilliert zwischen den beiden Polen Faszination und Distanz.[6]

Die deutsche Romantik und die Nachtseite der Naturwissenschaft

Die theoretische und praktische Auseinandersetzung mit Freud fällt mit dem Studium der deutschen Romantik zusammen, wobei auch hier wieder das Verhältnis von Traum und Wirklichkeit im Mittelpunkt des surrealistischen Interesses steht. Die progressive Universalpoesie der Romantik zielt darauf ab, die verschiedenen literarischen und poetischen Gattungen wie etwa Poesie und Prosa, Kunstpoesie und Naturpoesie zu vereinigen und Gegensätze wie Mensch – Natur, Tag – Nacht, Traum – Wirklichkeit zu überwinden. Neben Tieck und E.T.A. Hoffmann berufen sich die Surrealisten vor allem auf Novalis, der in den *Hymnen an die Nacht* (1797) dem klaren und nüchternen Tag die mysteriöse und rauschhafte Nacht entgegensetzt. Die Nacht, Symbol des Todes, wird für Novalis zum Symbol des Lebens, weil sie als „Schlüssel unendlicher Geheimnisse" die Augen des Geistes öffnet, die schöpferischen Kräfte der Phantasie befreit und im Traum den Zugang zum Unbewussten, der vernachlässigten Nachtseite des Lebens, öffnet. So schreibt Novalis im Blütenstaubfragment Nr. 18: „Nach innen geht der geheimnisvolle Weg. In uns, oder nirgends ist die Ewigkeit mit ihren Welten, die Vergangenheit und die Zukunft."

Stellvertretend für das romantische Studium der Naturwissenschaften kann der Naturphilosoph Gotthilf Heinrich Schubert genannt werden, der in seinen beiden Hauptwerken *Ansichten von der Nachtseite der Naturwissenschaft* (1808) und *Symbolik des Traums* (1814) das Bild von einem organischen Zusammenhang der Schöpfung mit Gott entwirft, die nur noch im Traum erfahrbar ist, da der Mensch im Lauf der Geschichte die Fähigkeit verloren habe, alle Erscheinungen der Natur als Worte Gottes zu deuten. Schubert versucht daher, die Träume und deren Symbole zu systematisieren, um die Äußerungen der Weltseele genauer bestimmen zu können. Das Bild des sehenden Dichters entsteht somit schon in der Romantik, spielt jedoch für den Surrealismus vor allem in der Wiederentdeckung der Werke Lautréamonts und Rimbauds eine zentrale Rolle.

„Les poètes maudits" – Lautréamont und Arthur Rimbaud

Lautréamont und Arthur Rimbaud gelten als Vorläufer einer „poétique nouvelle". Beiden gemein ist die formale und inhaltliche Grenzüberschreitung der bestehenden Dichtung und deren Poetik, die Neuordnung des Bildes sowie ein neues Selbstverständnis des Dichters. Das Bild wird von Lautréamont als Collage zweier oder mehrerer disparater Elemente neu definiert. Als Inbegriff des surrealen Bildes gilt später die oft zitierte Formulierung aus dem 6. Gesang der *Chants de Maldoror*: „schön wie die unvermutete Begegnung einer Nähmaschine und eines Regenschirms auf einem Seziertisch"[7], die zur ästhetischen Devise des Surrealismus schlechthin wird und von Malern wie Giorgio de Chirico und Francis Picabia, später Salvador Dalí, Hans Arp und Max Ernst aufgegriffen wird. Pierre Reverdy, der später im *Manifeste du surréalisme* von Breton zitiert wird, beschreibt – ohne sich dabei explizit auf Lautréamont oder Rimbaud zu beziehen – die poetische Komposition und Wirkung des neuen Bildes in folgenden Worten: „Das Bild ist eine reine Schöpfung des Geistes. Es kann nicht aus einem Vergleich entstehen, vielmehr aus der Annäherung von zwei mehr oder weniger voneinander entfernten Wirklichkeiten. Je entfernter und je genauer die Beziehungen der einander angenäherten Wirklichkeiten sind, umso stärker ist das Bild – um so mehr emotionale Wirkung und poetische Realität besitzt es (...)."[8] Die Collage beschränkt sich nicht auf das einzelne Bild, sondern betrifft das ganze Werk: die innere Kohärenz der Erzählung wird nicht durchgehalten, es kommt zu Sprüngen und Brüchen sowie zu einer Vielzahl von Abschweifungen und Exkursen, die zu einer „Hybridation" der literarischen Genres und zu einer starken Ausprägung der Intertextualität führen, ein Kennzeichen vieler surrealistischer Texte und Filme.

Arthur Rimbaud nimmt in den beiden so genannten „Briefen des Sehers" (*Les lettres du voyant*) an seine Mentoren Georges Izambard und Paul Demeny das romantische Bild des sehenden Dichters auf und radikalisiert es. So schreibt er an Izambard: „Ich will Dichter werden, und ich arbeite daran, mich sehend zu machen."[9] Das „neue Sehen" wird folgendermaßen bestimmt: „Es ist falsch zu sagen: ich denke, man müsste sagen: es denkt mich."[10] Der Dichter wechselt demnach von einer aktiven in eine passive Haltung über; poetische Texte werden nicht mehr in mühevoller Arbeit am Schreibtisch verfasst, poetische Bilder werden nicht mehr durch ausgeklügelte Vergleiche entworfen. Der Dichter wohnt vielmehr der Entstehung seiner Texte aus einer Außenperspektive, gleichsam als Zuschauer, bei.[11] Max Ernst überträgt später dieses Prinzip auf seine Frottagen und sprachlichen Collagen, um die Grenzen der darstellenden Kunst zu überwinden und den Künstler neu zu positionieren.[12] Dies hat für das Selbstverständnis des Dichters weitreichende Konsequenzen, die sich in Rimbauds Schlagwort „Je est un autre", „Ich ist ein anderer", in ihrer komprimiertesten Form zusammengefasst finden. Doch wie wird der Poet nun sehend? Rimbaud gibt die Antwort mit einem Verfahren, das die bisher als unvereinbar angesehene Komponenten Vernunft („raisonné") und Wahn („dérèglement de tous les sens") miteinander verknüpft: „Der Dichter macht sich sehend durch eine lange, gewaltige und überlegte Entregelung aller Sinne."[13] Durch diese Entregelung aller Sinne gelingt es dem Dichter, zum Unbekannten vorzustoßen, ungehörte oder unerhörte und unsagbare Dinge zu sehen, die ihm sonst verschlossen blieben.

Surrealismus = Automatismus?

Aus diesen Einflüssen kristallisiert sich nach und nach das Programm des Surrealismus heraus: die Befreiung des Geistes von den Zwängen der bürgerlichen Gesellschaft, die Erforschung des Unterbewusstseins, Experimente zu Traum und Hypnose. Für die von Rimbaud geforderte „Entregelung aller Sinne", die den Zugang zum Unterbewusstsein eröffnen soll, für die Befreiung des Geistes von den Zwängen der Logik gibt es keine a priori festgelegte Verfahren. Die Surrealisten wählen den Weg über die so genannten Automatismen, deren erstes Zeugnis der 1919 unter dem Einfluss des Automatischen Schreibens entstandene Roman *Les champs magnétiques* von André Breton und Philippe Soupault ist. Die in gemeinsamen Experimenten, Séancen, Spielen und Streifzügen durch die Stadt Paris gewonnen Einsichten und Erfahrungen werden schließlich 1924 von Breton im *Premier Manifeste du Surréalisme* niedergeschrieben. Dort wird der Surrealismus in erster Linie als Automatismus definiert:

„Surrealismus, Subst., m. – Reiner psychischer Automatismus, durch den man mündlich oder schriftlich oder auf jede andere Weise den wirklichen Ablauf des Denkens auszudrücken sucht. Denk-Diktat ohne jede Kontrolle durch die Vernunft, jenseits jeder ästhetischen oder ethischen Überlegung.

Enzyklopädie. Philosophie. Der Surrealismus beruht auf dem Glauben an die höhere Wirklichkeit gewisser, bis dahin vernachlässigter Assoziationsformen, an die Allmacht des Traumes, an das zweckfreie Spiel des Denkens. Er zielt auf die endgültige Zerstörung aller anderen psychischen Mechanismen und will sich zur Lösung der hauptsächlichen Lebensprobleme an ihre Stelle setzen."[14]

Die beiden Begriffe „Surrealismus" und „Automatismus" waren demnach anfangs noch austauschbar; bei der Übertragung des Begriffs „Automatismus" aus der Psychologie auf den Surrealismus findet eine Umkehrung statt: Während der Begriff in der Psychologie zur Bezeichnung von manifesten, pathologischen Automatismen dient, bezeichnet er im Surrealismus Vorgänge, die im Unterbewusstsein ablaufen.[15] Doch was ist nun unter einem solchen Automatismus zu verstehen? Bereits 1922 bezeichnet Breton mit dem Begriff „Surrealismus" einen psychischen Automatismus, der dem Traum*zustand* entspricht.[16] Der Traum ist demnach eine Möglichkeit, diesen Zustand zu erreichen, da im Traum das Denken nicht willentlich gesteuert wird, die Kontrolle durch das „Über-Ich" und dessen sozialen Ausprägungen fehlt, das Unbewusste somit unbeeinflusst und unzensiert zum Ausdruck gebracht werden kann. Der Traum ist nur eine Möglichkeit unter vielen, gleichsam „automatisch" zum Unbewussten vorzudringen, als weitere mögliche Automatismen werden von den Surrealisten unter anderem folgende Verfahren angewandt:

- Das automatische Schreiben (Écriture automatique)[17]
- Hypnose, Halluzinationen, Trancezustände[18]
- Wortspiele wie die „Cadavre exquis" und andere Sprachspiele[19]
- Zeichnungen mit geschlossenen Augen
- Interpretation von eigenartigen gefundenen Gegenständen (Objets trouvés)[20]
- Sammeln von Anzeichen des objektiven Zufalls (Hasard objectif)
- Versuche, Geisteskrankheiten zu simulieren

Den von den Surrealisten veranstalteten Experimenten zu den verschiedenen Formen von Automatismen ist gemein, dass nicht ihre Produkte, sondern ihr Vollzugscharakter im Mittelpunkt steht. So ist das primäre Ziel des automatischen Schreibens eben nicht ein schriftlich fixierter Text, sondern die Performance selbst.[21] Ziel der Automatismen ist es, durch eine ungewohnte Betrachtung bzw. Zusammenstellung der Wirklichkeit eine neue Überwirklichkeit zu schaffen. Das dabei vielfach zu beobachtende Moment des gemeinsamen Spiels macht deutlich, dass spielerischer Unsinn und konstituierender Sinn – als Gegenentwurf zur herrschenden Realität – als gleichberechtigt betrachtet werden.

Der Mensch, dieser entschiedene Träumer

Der Traum nimmt unter den Automatismen eine Sonderstellung ein.[22] Schon allein die Zeit, die der Mensch mit Träumen verbringt, entspricht, so Breton, annähernd der Summe der Wirklichkeitsmomente, so dass sich die Geringschätzung des Traums, wie sie sich in Formulierungen wie „aber es war doch nur ein Traum"[23] widerspiegelt, nicht mehr zu rechtfertigen ist. Die Surrealisten sind vor allem von der Leichtigkeit des Traums beeindruckt, mit der dieser die Gesetze der empirischen Wirklichkeit sowie die Konventionen der bürgerlichen Gesellschaft überwindet: „Welche Vernunft (...) verleiht dem Traum diese Natürlichkeit, lässt mich rückhaltlos eine Reihe von Vorgängen akzeptieren, deren Seltsamkeit mich in diesem Augenblick, da ich dies schreibe, zu Boden schmettern würde?"[24] Zur Bedeutung des Traums für das Schaffen des Dichters verweist Breton auf folgende Anekdote: „Man erzählt sich, Saint-Pol-Roux habe jeden Tag, bevor er sich schlafen legte, an die Tür seines Landhauses von Camaret ein Schild hängen lassen, auf dem zu lesen war: Der Dichter arbeitet."[25] Allerdings wird der Traum im Unterschied zu den Romantikern literarisch nicht weiterverarbeitet. Die Traumprotokolle der Surrealisten, wie sie in der Zeitschrift *La Révolution surréaliste* erscheinen, sind größtenteils in einem trockenen, neutralen Ton verfasst, der an klinische Berichte erinnert, wozu auch das nüchterne Layout der Zeitschrift beiträgt. Trotz dieser Anleihen bei wissenschaftlichen Zeitschriften verzichten die Surrealisten – wie später auch Buñuel – darauf, ihre Träume und Werke zu deuten.

Der wichtigste Unterschied zum Traumverständnis der Romantiker besteht jedoch im Umgang mit den Gegensatzpaaren Wirklichkeit – Traum und Tag – Nacht. Während in der Denkweise der Romantiker die Nacht letztendlich die Oberhand über den Tag gewinnt – der Dichter danach strebt, in diese andere Welt zu wechseln –, fordert der Surrealismus nichts anderes, als die bestehenden Gegensätze aufzuheben. Dazu Breton im *Manifeste du surréalisme*: „Ich glaube an die künftige Auflösung dieser scheinbar so gegensätzlichen Zustände von Traum und Wirklichkeit in einer Art absoluten Realität, wenn man so sagen kann: *Surrealität.*"[26] Im zweiten Manifest wird diese These aufgegriffen und weiter ausgeführt: „Alles lässt uns glauben, dass es einen bestimmten geistigen Standort gibt, von dem aus Leben und Tod, Reales und Imaginäres, Vergangenes und Zukünftiges, Mitteilbares und Nicht-Mitteilbares, oben und unten nicht mehr als widersprüchlich empfunden werden."[27] Aufgabe des Surrealismus ist es, mit Hilfe der aufgeführten Automatismen diesen Standpunkt zu erreichen. Die Überwindung der Gegensätze betrifft ästhetische, rationale und moralische Kategorien. Wieder Breton:

„[es] nährt sich das Verlangen, über die unzulängliche, absurde Unterscheidung von schön und hässlich, von wahr und falsch, von gut und böse hinauszugelangen."[28]

L'écran du rêve: Der Traumhintergrund

Die Surrealisten beschäftigen sich auf vielfache Weise mit dem Kino: Sie sind enthusiastische Kinogänger mit einer besonderen Vorliebe für „Trash-Filme" wie der in *Nadja* beschriebene Film L'ÉTREINTE DE LA PIEUVRE[29]; sie schreiben theoretische Texte über das Kino, sie verfassen Filmkritiken, sie arbeiten an Drehbüchern mit und treten als Schauspieler in Filmen auf. Diese Begeisterung für das Kino ist vor allem auf die starke Verflechtung von Traum und Film zurückzuführen. Nach Breton besitzt das Kino ein „Transformationspotenzial"[30], für Soupault ist das Kino das ideale Mittel, um Träume auszudrücken: „Das Kino war für uns eine ungeheure Entdeckung zu der Zeit, als wir den Surrealismus schufen. (...) Wir betrachteten den Film damals als ein wunderbares Mittel, um Träume auszudrücken. (...) Mehr noch als das Schreiben, mehr noch als das Theater, verlieh der Film, meiner Meinung nach, dem Menschen eine höhere Macht. Alles schien im Kino erlaubt zu sein."[31] Trotz dieser überaus positiven Bewertung des Kinos drehen die Surrealisten, bis auf wenige Ausnahmen wie Luis Buñuel, Man Ray und Francis Picabia, keine eigenen Filme. Der hauptsächliche Grund für diese Zurückhaltung mag in der Tatsache liegen, dass der Surrealismus sich zu dieser Zeit in erster Linie als auditiv-verbaler Automatismus versteht, der Film jedoch mit visuellen Bildern arbeitet. Dazu kommt noch der finanzielle und technische Aufwand, der ein spontanes, unbeeinflusstes Arbeiten unmöglich macht. Während etwa das automatische Schreiben lediglich Bleistift und Papier verlangt, mit der Niederschrift der unbewussten Gedanken sofort begonnen werden kann, erfordert der Film nicht nur eine umfangreiche technische Ausrüstung sondern auch eine Umsetzung der sprachlichen Bilder in filmische Bilder. Die Überlegung, dass der Film im Gegensatz zu Literatur und Kunst ein relativ junges Medium darstellt und somit nicht übermäßig durch Tradition und Ideologie der Bourgeoisie vorbelastet ist, scheint kein entscheidendes Argument für die Hinwendung zum Kino gewesen zu sein.

Im *Dictionnaire abrégé du surréalisme* werden unter dem Stichwort „film" folgende Filme als surrealistische Filme anerkannt: EMAK BAKIA (1926), L'ÉTOILE DE LA MER (1928, Regie: Man Ray), ANEMIC CINEMA (1925, Regie: Marcel Duchamp), LA PERLE (1929, Regie: George Hugnet) sowie UN CHIEN ANDALOU (1929) und L'ÂGE D'OR (1931) von Luis Buñuel.[32] Gemeinsam ist den surrealistischen Filmen, das

Prinzip der Schockmontage[33]: Der Schock resultiert aus dem widersprüchlich erscheinenden Charakter der Bilder, in denen eigentlich Unvereinbares zusammengebracht wird, aus der arbiträr erscheinenden Montage dieser Bilder und aus dem Widerspruch des Gezeigten zu den Konventionen bürgerlicher Kunst und Moral. Dazu kommt der bewusste Verzicht auf eine durchgehende, linear erzählte Handlung. Bereits Apollinaire hat in *Esprit nouveau* auf die Bedeutung des Schocks für die Kunst hingewiesen: „Der Überraschungseffekt ist das wichtigste neue Arbeitsmittel. Gerade durch das Überraschungsmoment und die Bedeutung, die der neue Geist der Verblüffung einräumt, unterscheidet er sich von allen künstlerischen und literarischen Strömungen."[34]

Surrealismus und Politik

Im Gegensatz zur Dada-Bewegung, die mit ihren provokativen Schauspielen die Öffentlichkeit sucht, ist der Surrealismus trotz seiner Kritik an der bürgerlichen Gesellschaft anfangs eine eher geistige Bewegung, deren Reichweite sich auf die Gruppe um Breton beschränkt. Erst mit der Zeitschrift *La révolution surréaliste* und den Dokumentationen des *Bureau des recherches surréaliste* geht der Surrealismus bewusst in die Öffentlichkeit. Im *Second Manifeste du Surréalisme* nennt Breton die Gegner des Surrealismus beim Namen: „Alles muss getan werden, alle Mittel sind recht, um die Ideale *Familie, Vaterland, Religion* zu zerschlagen."[35]

Die Wende von der geistigen zur sozialen Revolution fällt mit dem politischen Engagement der Surrealisten innerhalb des *Parti Communiste Français* (PCF) in den Jahren 1927–1933 zusammen. Die Zusammenarbeit mit den Kommunisten scheitert letztendlich daran, dass für den PCF marxistische Ideologie und surrealistisches Denken nicht miteinander vereinbart werden können, die Surrealisten hingegen die Experimente des inneren Lebens nicht aufgeben wollen. Während der Marxismus die Unterwerfung des Irrationalen unter den Primat des rationalen Intellekts verlangt, vertreten die Surrealisten die genau entgegengesetzte Position.

Im *Dictionnaire abrégé du surréalisme* von 1938 wird unter dem Stichwort „poésie" die Zielsetzung der dichterischen Arbeit folgerichtig mit einem Zitat aus dem Text *Les vases communicants* von Breton als Vereinigung der sozialen Verantwortung und der Traumwelten beschrieben: „Dem Dichter der Zukunft wird es gelingen, die enttäuschende Vorstellung einer unaufhebbaren Trennung von Handeln und Traum zu überwinden."[36] Breton geht in diesem Text der Frage nach, ob rationale und intuitive Erkenntnis sich immer widersprechen müssen und entwirft ein Modell, nach dem Leben und Traum wie kommunizierende Röhren sind, worin die Geschehnisse einander entsprechen, ohne dass man sagen könnte, ob die in der einen Röhre für den einzelnen Menschen einen höheren Wirklichkeitsgrad haben als die in der anderen. *Les vases communicants* schließen mit der Vision der Wiedervereinigung des Paars *rêve* (Traum) – *action* (Handeln), ohne jedoch dafür konkrete Wege aufzeigen zu können.

Luis Buñuel: UN CHIEN ANDALOU

Auf die Frage nach der Wiedervereinigung von Traum und Handeln scheint der Spanier Buñuel eine mögliche Antwort gefunden zu haben: Er inszeniert in seinen Filmen ein virtuoses Spiel mit Traum und Wirklichkeit, verbindet gesellschaftskritisches Engagement mit traumhaftem Erzählen, ohne dabei den aus der Umkehrung der Wirklichkeit resultierenden Witz und den schwarzen Humor der Surrealisten zu verlieren. Aufgewachsen in Calanda, einem durch seine Karfreitagstrommeln bekannten Ort in Aragonien, dessen karge Landschaft ihn nachhaltig prägt, erhält Buñuel eine strenge Erziehung in einem Jesuitenkolleg, die ihn schon in seiner Jugendzeit zur Auflehnung gegen den Katholizismus und vor allem dessen klerikale Ausprägungen führt. 1917 kommt er zum Studium nach Madrid, in der *Residencia de Estudiantes* schließt er unter anderem mit Federico García Lorca und Salvador Dalí Freundschaft. Neben seinem Studium beschäftigt sich Buñuel mit den Schriften Freuds und führt mit Freunden selbst Experimente zur Hypnose durch. An der Residencia ist Buñuel für die Filmvorführungen verantwortlich, er zeigt (französische) Avantgarde-Filme. In seiner Freizeit beginnt er selbst „surreale" Gedichte zu schreiben, die unter dem Titel „Ein andalusischer Hund" erscheinen sollen. Buñuel verfügt also zumindest in Teilen über einen ähnlichen Hintergrund wie die Pariser Surrealisten, als er 1925 nach Paris kommt, wo er die Schauspielschule *L'académie de cinéma* von Jean Epstein besucht, dessen Assistent er wenig später wird. Außerdem schreibt der begeisterte Kinogänger Filmkritiken für *Les cahiers d'art* und *La gaceta literaria hispanoamericana*.

Über die Lektüre der Gedichte von Benjamin Péret lernt Buñuel das surrealistische Gedankengut kennen, das er in einem Brief an seinen Jugendfreund Pépin Bello prägnant zusammenfasst: „Du darfst den Unterschied nicht übersehen zwischen Surrealismus und reiner Idiotie, die natürlich auch hier ihren Einfluss hat. Der Surrealismus macht nichts anderes, als die herkömmliche Realität mit jeder Art von geheimen Symbolen, fremden Leben zu beseelen, die auf dem Grund unseres Unterbewusstseins schlummern, und die von der Intelligenz, dem guten Geschmack, der beschissenen poetischen Tradition vollkommen unterdrückt worden sind."[37]

Der Entschluss, selbst Filme zu drehen, ist Buñuels Worten zufolge stark durch Fritz Lang motiviert: „Als ich DER MÜDE TOD sah, spürte ich mit absoluter Gewissheit, dass ich Filme machen wollte."[38] Dieser Entschluss wird 1928 mit dem Film UN CHIEN ANDALOU in die Wirklichkeit umgesetzt. Als Buñuel den Film im Pariser *Studio des Ursulines* zum ersten Mal vorführt, wird er sofort von den dort anwesenden Surrealisten als „surrealistisches Meisterwerk" gefeiert. Der Film wird zu Buñuels Eintrittskarte in den Kreis der Pariser Surrealisten um Breton, der später über die ersten beiden Filme Buñuels folgendermaßen urteilt: „Ich halte noch immer, bis auf den heutigen Tag, EIN ANDALUSISCHER HUND und DAS GOLDENE ZEITALTER für die einzigen vollkommenen surrealistischen Filme (gleichermaßen in der Ausführung wie in der Absicht)."[39] Die von Breton angesprochene Absicht des Films wird bereits bei der Art und Weise, in der Buñuel und Dalí gemeinsam das Drehbuch verfassen, deutlich. Über die Entstehung von UN CHIEN ANDALOU berichtet Buñuel in seinen Memoiren: „Später, als ich Weihnachten mit Dalí in Fugueras verbrachte, schlug ich ihm vor, einen Film zu machen und Dalí sagte: ‚Heute nacht habe ich von Ameisen geträumt, die auf meiner Hand kribbelten.' Und ich: ‚Mann, ich habe geträumt, dass ich jemanden das Auge durchschnitt.' In sechs Tagen schrieben wir das Drehbuch."[40]

Buñuel und Dalí greifen auf eine Vorgehensweise zurück, die an das automatische Schreiben der Surrealisten und die Freudsche Methode der freien Assoziation erinnert: „Wir gingen so sehr in der Sache auf, dass es überhaupt keine Diskussion gab. Wir arbeiteten, indem wir uns auf die ersten Bilder, die uns in den Kopf kamen, stürzten, aber systematisch alles verwarfen, was mit Kultur oder Bildung zu tun hatte. Es mussten Bilder sein, die uns überraschten, die wir beide akzeptieren, ohne lange darüber zu streiten. Zum Beispiel: Die Frau greift nach dem Tennisschläger, weil sie sich gegen den Mann wehren will, der sich auf sie stürzt. Der Mann blickt suchend um sich und (jetzt rede ich mit Dalí): ‚Was sieht er?' ‚Eine fliegende Kröte.' ‚Schlecht' ‚Eine Flasche Cognac.' ‚Schlecht!' ‚Ich sehe zwei Stricke.' ‚Schön, aber was kommt nach den Stricken?' ‚Er zieht an ihnen und fällt hin, weil er an etwas sehr Schwerem zieht.' ‚Ah, das ist gut, dass er hinfällt.' ‚An den Stricken hängen zwei große trockene Kürbisse.' ‚Was noch?' ‚Zwei Seminaristen.' ‚Und dann?' ‚Eine Kanone.' ‚Schlecht. Besser ein Ohrensessel.' ‚Nein, ein Konzertflügel.' ‚Sehr gut, und auf dem Flügel ein Esel ... nein, zwei verweste Esel.' ‚Großartig!' Mit anderen Worten, wir ließen irrationale Bilder aufsteigen, ohne jede Erklärung."[41]

An anderer Stelle entsprechen die Erklärungen Buñuels fast wörtlich den Formulierungen in den Manifesten des Surrealismus von Breton: „Wir suchten ein labiles und unsichtbares Gleichgewicht zwischen Rationalem und Irrationalem, um durch letzteres eine Fähigkeit zum Verständnis des Nichtbegreifbaren, zur Verbindung von Traum und Wirklichkeit, von Bewußtsein und Unbewußtsein zu erhalten, unter Vermeidung jeglicher Symbolik."[42]

In der Ausführung finden sich viele für den Surrealismus charakteristische Motive und Verfahren wieder, die hier kurz angedeutet werden sollen:

- Das Prinzip der Collage: Unvereinbares wird zusammen dargestellt; einer der Prototypen der surrealistischen Collage im Film ist sicherlich der von Seminaristen gezogene Flügel mit den Eselskadavern.
- Die Collage beschränkt sich nicht nur auf die visuelle, sondern setzt sich auch auf der akustischen Ebene fort: Opernmusik von Wagner (*Tristan und Isolde*) im Wechsel mit populärem argentinischem Tango.
- Die Montage suggeriert Kontinuitätsbeziehungen, wo keine sind: Ameisen, Achselhaare und Seeigel werden allein durch den Schnitt miteinander in Beziehung gesetzt.
- Sexuelle Begierden werden im Film inszeniert, das aus der Psychologie entliehene Verfahren der Überblendung wird als filmisches Mittel eingesetzt, Brüste und Gesäß der Frau, bekleidet und unbekleidet fließen ineinander über, untermalt von zugleich erotischer und aggressiver Tangomusik.
- Der Mechanismus der Antiphrase zeigt sich in den Skripten des Alltags, die einfach auf den Kopf gestellt werden: Anstatt anzuhalten, lässt sich der Radfahrer einfach auf den Boden fallen, anstatt zu bremsen, überfährt das Auto die Frau auf offener Straße. Was auf den ersten Blick durch und durch unverständlich erscheint, wird als selbstverständlich dargestellt.
- Die Fragmentierung der Erzählung beruht auf dem Verzicht auf eine sich logisch entwickelnde Handlung, erzählerische Kohärenz wird nur vorgetäuscht: So erscheint zwar das gestreifte Kästchen mehrmals im Verlauf des Films, es trägt aber nichts zur logischen Verknüpfung der jeweiligen Szenen bei.
- Die Zeitangaben auf den Zwischentiteln verwirren anstatt zur zeitlichen Orientierung innerhalb der Handlung beizutragen, zudem erscheinen die Zeitangaben nicht in einem einheitlichen Format.[43] So sehr sich der Zuschauer auch bemüht, die Zeitangaben und damit bezeichneten Szenen wollen einfach nicht zueinander passen. So ist etwa das Auge der Frau aus dem Prolog unter dem Titel „Es war einmal" plötzlich „Acht Jahre später" unversehrt, der Angabe „Ge-

gen drei Uhr morgens" fehlt jeglicher Bezugspunkt, zudem spielt die Handlung tagsüber, die Darsteller finden sich unverändert in der Vergangenheit wieder („vor sechzehn Jahren") und machen dort weiter, wo sie sechzehn Jahre später aufgehört haben.
- Auch die örtliche Situierung der Handlung ist voller Widersprüche: Das Haus scheint sich in einer Stadt zu befinden, das Fenster geht auf eine belebte Straße hinaus, die Tür führt jedoch direkt zu einem Strand.
- Die Kleidung der Personen erscheint befremdlich, so trägt der erwachsene Radfahrer eine Art Kinderbekleidung und wird von der Frau auch wie ein Kind behandelt.

Die angeführten Beobachtungen lassen den Film als Teil einer wirklichkeitsfremden Welt erscheinen, in der wie im Traum weder physikalische Gesetze noch die vertrauten Konventionen des Alltags gelten. Die Vermutung, dass es sich um eine Aneinanderreihung traumartiger Sequenzen handelt, wird durch Buñuels Charakterisierung der Gemeinsamkeiten von Film und Traum unterstrichen: „Die Bilder erscheinen und verschwinden wie im Traum durch Auflösung und Verdunkelung; Zeit und Raum werden fließend, schrumpfen oder verlängern sich nach ihrem Willen, die Zeitfolge und die relativen Werte der Dauer entsprechen nicht mehr der Wirklichkeit."[44]

Buñuel als Surrealist

Auch wenn Buñuel sich ab dem Beginn der dreißiger Jahre immer mehr von der Gruppe um Breton distanziert, deren ideologischer Auseinandersetzungen und persönlicher Streitigkeiten er müde wird, bleibt Buñuel Zeit seines Lebens den Prinzipien des Surrealismus treu und hat sich immer wieder selbst als Surrealisten bezeichnet. So schreibt er in seinen Memoiren *Mein letzter Seufzer* über den Einfluss, den der Surrealismus auf ihn ausgeübt hat: „Und doch ist mir mein ganzes Leben hindurch etwas geblieben (...) Geblieben ist mir vor allem der freie Zugang zu den Tiefen des menschlichen Wesens, der uns wichtig war und den wir ersehnten, dieser Ruf nach dem Irrationalen, nach dem Dunklen, nach den Impulsen, die aus den Tiefen unseres Ichs kommen. Ein Ruf, der zum ersten mal mit einer solchen Kraft und einem solchen Mut laut wurde und der zusammen mit einer ungewöhnlichen Rücksichtslosigkeit, einer Lust am Spiel, einer großen Hartnäckigkeit im Kampf gegen alles, was uns verderblich schien. Von alldem habe ich nichts zurückgenommen."[45]

Das surrealistische Erbe Buñuels spiegelt sich in erster Linie in der Auseinandersetzung mit Träumen und Traumwelten wider, was nicht nur in seinen Filmen, sondern auch in verschiedenen Selbstzeugnissen mehrfach zum Ausdruck kommt. So bezeichnet Buñuel in einem 1958 an der *Universidad Autónoma de Mexico* gehaltenen Vortrag den Film als Instrument der Poesie, da „das Kino erfunden worden zu sein [scheint, M.G.], um das unterbewusste Leben zum Ausdruck zu bringen, das die Poesie von ihren Wurzeln her tief durchdringt. (...) [Der Film, M.G.] ist das beste Instrument, um die Welt der Träume, der Emotionen, des Instinkts auszudrücken. Der schöpferische Mechanismus der filmischen Bilder ist allein durch seine Art, wie er funktioniert, unter allen menschlichen Ausdrucksmitteln dasjenige, das der Funktionsweise des menschlichen Geistes am meisten ähnelt, mehr noch, es ist dasjenige, das die Arbeit des Geistes im Traum am besten imitiert."[46] Trotz der starken Affinität zwischen Film und Traum, plädiert Buñuel nicht für ein ausschließlich realitätsfremdes Kino, für ihn ist der Film ein „umfassendes, abwechselnd realistisches oder traumverbundenes, erzählerisches, absurdes oder poetisches Ausdrucksmittel"[47]. Diese Einstellung wird in ihrer Vielfalt vor allem im Spätwerk Buñuels sichtbar.

Das Spätwerk Buñuels

Das Spätwerk Buñuels umfasst gemeinhin die in den sechziger und siebziger Jahren in Zusammenarbeit mit dem Produzenten Serge Silberman und dem Drehbuchautor Jean-Claude Carrière in Frankreich gedrehten Filme, zu denen unter anderem BELLE DE JOUR, LA VOIE LACTÉE, LE CHARME DISCRET DE LA BOURGEOISIE und LE FANTÔME DE LA LIBERTÉ gehören. Buñuel gelingt es, scheinbar einander ausschließende Anliegen wie gesellschaftliche und politische Analyse, subtile Psychologie, antibürgerliche Rebellion, ironisch-poetisches Erzählen sowie Traum und Wirklichkeit miteinander zu verbinden. Charakteristisch für die Mehrzahl dieser Filme ist die zunehmende Schwierigkeit für den Zuschauer, Traum und Wirklichkeit voneinander zu unterscheiden, das Spiel mit gesetzten und enttäuschten Erwartungen, die Fragmentierung der Erzählung sowie die bourgeoise Gesellschaft als Ort der Handlung. Diese Punkte sollen im Folgenden an LE CHARME DISCRET DE LA BOURGEOISIE (1972) exemplarisch demonstriert werden.

Zur Entstehung von LE CHARME DISCRET DE LA BOURGEOISIE

Bereits in seinem Film EL ÁNGEL EXTERMINADOR (1962) deutet Buñuel seine Vorliebe für die wiederholte Variation eines Motivs an: Zwei Männer begrüßen sich dreimal hintereinander, wobei die Begrüßungszeremonie immer freundschaftlicher und vertrauter wird, bei einer Einladung betreten die Gäste zweimal hintereinander – unter verschiedenen Blickwinkeln betrachtet – die Halle des Hauses. Buñuel selbst erklärt dazu: „In meinem Leben wie in meinen Filmen habe ich mich immer von Dingen angezogen gefühlt, die sich wiederholen."[48] Vorschnellen Deutungen dieses Motivs schiebt Buñuel allerdings sofort einen Riegel vor: „Ich weiß nicht, warum das so ist, ich versuche es auch gar nicht erst zu erklären."[49] So stand auch die Suche nach einem Vorwand für eine sich wiederholende Handlung im Mittelpunkt der Arbeiten am Drehbuch von LE CHARME DISCRET DE LA BOURGEOISIE. Die Idee der missverstandenen Essenseinladung geht auf ein persönliches Erlebnis des Produzenten Serge Silberman zurück; die Schwierigkeit bestand nun nach Buñuel darin, ein Gleichgewicht zwischen der Realität der Situation einerseits, die logisch und alltäglich sein sollte, und der Häufung von unerwarteten Widerständen andererseits zu finden. Um die Hindernisse nicht zu phantastisch oder zu ausgefallen erscheinen zu lassen, wurde auf den Traum und sogar auf den Traum im Traum zurückgegriffen.[50] Anders als etwa in UN CHIEN ANDALOU werden in LE CHARME DISCRET DE LA BOURGEOISIE Träume in erster Linie konstruiert, es handelt sich also nicht ausschließlich um echte, von Buñuel geträumte Träume. Gleichwohl finden sich auch in diesem Film einige Träume Buñuels wie die Begegnung mit einem toten Freund, die Theaterszene sowie vermutlich der Traum mit dem Zug, den der Sergeant erzählen soll.[51]

Die Erzählstruktur

Das Schaubild zeigt die Erzählstruktur des Films, dessen Handlung sich über einen Zeitraum von ungefähr vierzehn Tagen erstreckt, als achtfache Variation des Motivs Essenseinladung. Angesichts der Fragmentierung der Erzählung stellt sich die Frage, ob überhaupt noch *eine* zusammenhängende Geschichte erzählt wird, oder ob nicht einfach *mehrere* Geschichten nacheinander erzählt werden. Betrachtet man den Zuschauer in LE CHARME DISCRET DE LA BOURGEOISIE als Teil einer Versuchsanordnung[52], erscheint die Landstraßen-Szene als Teil eines dynamischen Identifikationsprozesses zwischen Autor, Werk und Rezipienten. Die Szene, die in keinem Zusammenhang mit den vorangehenden und folgenden Szenen steht, sich erzählerisch, räumlich und zeitlich von den übrigen Einstellungen des Films absetzt, markiert einen Bruch innerhalb der Erzählung und gerade dieser Bruch trägt dazu bei, die dem Film zu Grunde liegenden Mechanismen aufzudecken.[53] Im Gegensatz zu der Kutschenszene, die den Film BELLE DE JOUR rahmt und das dazwischen Gezeigte abschließend wieder aufhebt, markiert die Landstraßenszene hier nicht

Le charme discret de la bourgeoisie

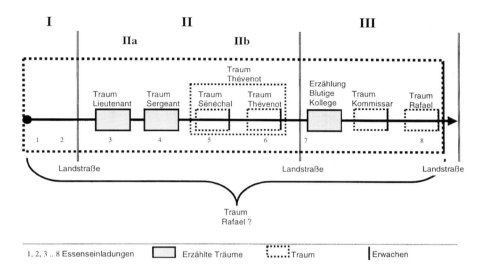

Anfang und Ende des Films. Zuerst einmal steht die willkürlich auftretende Szene stellvertretend für die narrativen Widersprüche, die auf den verschiedenen Ebenen des Films auftreten, und deutet an, dass es nicht mit rechten Dingen zugeht. Schließlich steht die Gruppe, die auf einer verlassenen Landstraße in eine unbestimmte Richtung spaziert, stellvertretend für die Rezipienten, die ebenso auf der Suche nach Kohärenz und Orientierung sind. Die Landstraßenszene kann somit als Metapher für eine Suche, einen ungewissen Weg stehen. Als Metonymie reiht sie sich in die traumartigen Einschübe des erzählerisch immer wieder unterbrochenen Films ein, womit sie dem Zuschauer nahe legt, die Suche nach Antworten auf Fragen wie: „Wer träumt gerade was?" aufzuschieben.[54]

Auch wenn die Erzählung insgesamt nicht vorwärts zu kommen scheint, die Essenseinladungen dauernd unterbrochen werden, kann man eine Entwicklung der dafür verantwortlichen Gründe beobachten: Die Plausibilität der Hindernisse nimmt immer mehr ab, da sich Realitäts- und Traumebene zunehmend vermischen. Die Darstellung von Träumen nimmt im Verlauf des Films einen immer grö-

Abb. 7 v.l.n.r.: Jean-Pierre Cassel, Julien Berthrand und Stéphane Audran in DER DISKRETE CHARME DER BOURGOISIE (LE CHARME DISCRET DE LA BOURGOISIE, F 1972)

ßeren Raum ein. Dabei verschleiern sich die Übergänge zwischen Wirklichkeit und Traum zunehmend, ohne jedoch vollständig zu verschwinden.

Segment I
Das erste Segment des Films ist frei von Träumen, die Erzählung wird nicht unterbrochen und bleibt auf der Ebene der Realität, die dargestellte Wirklichkeit erscheint durchaus plausibel.

Segment IIa
Das Motiv des Traums wird durch zwei Traumerzählungen eingeführt; die Erzählung des Lieutenant über seine Kindheit ist wegen ihres traumähnlichen Charakters zu den Träumen zu rechnen. Beide Träume werden explizit erzählt,

wenn auch der konkrete Anlass dafür im Unklaren bleibt. Anfang und Ende der Träume sind deutlich markiert, womit sich die Träume klar von der Rahmenhandlung abgrenzen. Der Zuschauer bleibt in der Realität verankert, er nimmt wie die Protagonisten des Films als Zuschauer an den Träumen teil. Inhaltlich stehen die beiden Träume in keinem direkten Zusammenhang mit den sie umgebenden Szenen; bestimmende Themen der beiden erzählten Träume sind Gewalt und Tod. Auch formal setzen sich die beiden Träume durch die diffuse, verfremdete Farbgebung von der sie umschließenden Erzählung ab. Insgesamt verwirren die beiden erzählten Träume durch ihren irrationalen Charakter, bieten viel Platz für Anspielungen und Assoziationen, ohne dass auf sie erklärend eingegangen wird.

Segment IIb

Im Gegensatz zu den beiden Träumen in IIa wird der Beginn der beiden Träume in IIb weder erzählerisch eingeleitet noch formal markiert: Die beiden Träume fügen sich nahtlos in die Realitätsebene und Rahmenhandlung ein und sind erst im Nachhinein als Traum erkennbar, als Sénéchal bzw. Thévenot erwachen. Stehen die beiden erzählten Träume aus IIa sowohl inhaltlich als auch formal in Kontrast mit den übrigen Szenen des Films, wird in IIb eine Art Überwirklichkeit geschaffen, in der Traum und Realität ihre unterscheidenden Merkmale verlieren und so gleichberechtigt erscheinen – der Traum ist nicht mehr durchgehend als solcher erkennbar. Während das Ende der Träume bildlich durch das Erwachen und verbal durch die damit verbundenen Äußerungen genau bestimmt wird, erschließt sich ihr Umfang und damit auch ihr Anfangspunkt erst durch die Kommentare der beiden Männer.[55] Inhaltlich greifen die beiden Träume auf das Personal des Films und auf das bereits bekannte Motiv des unterbrochenen Essens zurück, wodurch die dargestellten Szenen zumindest anfangs noch plausibel erscheinen. Gleichwohl finden sich schon zu Beginn von Sénéchals Traum einige Anzeichen für die Scheinwelt des Theaters: Das Säulenportal des Hauses erinnert an ein Theatergebäude; die Quasi(!)-Cola in der Whiskeyflasche; das Hähnchen aus Plastik; das mehrmalige Klopfen klingt wie ein Theatergong, der den Beginn der Vorstellung ankündigt. Die Theaterszene stellt zudem den Zuschauer durch ihren zunehmend irrationalen Charakter auf eine Art Belastungsprobe: Die zunehmend irrationaler erscheinenden Details müssen irgendwie mit der Realität in Einklang gebracht werden, bis schließlich der überraschende Abbruch der Szene und deren Enthüllung als Traum diesem Spiel ein Ende bereitet.

Abb. 8 v.l.n.r.: Fernando Rey, Delphine Seyrig, Milena Vukotic und Jean Pierre Cassel in DER DISKRETE CHARME DER BOURGOISIE (F 1972)

Die Aneinanderreihung und Verschachtelung der beiden Träume steigert die Unsicherheit der Zuschauer weiter: Nach dem ersten Traum wird der Eindruck erweckt, dass es anschließend normal weitergeht. Der aus dem Schlaf aufgeschreckte Sénéchal wird von Thévenot am Telefon an die Party beim Colonel erinnert, zu der sie alle eingeladen wurden und von der Sénéchal gerade geträumt hat, womit der Eindruck erweckt wird, die Einladung beim Colonel werde jetzt wirklich gezeigt. Doch diese Erwartung wird, wie sich später erweist, wieder enttäuscht. Auch diese Szene entpuppt sich im Nachhinein als Traum. Durch die Verschachtelung der Träume – Thévenot träumt, dass Sénéchal träumt – ist nicht mehr klar, auf welcher Ebene sich die Handlung gerade abspielt, von welchem Standpunkt aus sie gezeigt wird.

Abb. 9 Landstraßenszenen als Leitmotiv in DER DISKRETE CHARME DER BOURGOISIE (F 1972)

Segment III
Im letzten Teil des Films wird die Abgrenzung von Traum und Realität sowie die Zuordnung der einzelnen Elemente immer unklarer. Wie schon in IIb wird der Traum auf keine Weise als Einschub gekennzeichnet, der Übergang zwischen Realität und Traum vollzieht sich fließend. Zwar signalisiert das ruckartige Erwachen Rafaels das Ende eines Traums; das Fehlen eines begleitenden Kommentars erschwert jedoch die Bestimmung des Traumbeginns. Der Traum von Rafael umfasst auf jeden Fall die letzte Einladung bei Sénéchal, da die Gruppe in der letzten Landstraßenszene wieder „lebend" zu sehen ist und Rafael den Überfall der Gangster unbeschadet überstanden hat. Für den Traumcharakter dieser Szene gibt es ein kleines Indiz: Inès, das Hausmädchen, gibt ihr Alter mit 52 Jahren an, ohne dass diese Behauptung, die in offensichtlichem Widerspruch zu ihrem ju-

gendlichen Aussehen steht, den geringsten Protest der Anwesenden hervorrufen würde.

Da eindeutige Anhaltspunkte für den Beginn des Traums fehlen, ist es möglich, den ganzen Film als einen langen Traum, genauer Albtraum, des Botschafters zu betrachten. Dieser Traum enthält die Träume anderer Personen, wobei durch die zunehmende Verschachtelung der Träume – Rafael träumt, dass Thévenot träumt, dass Sénéchal träumt – die jeweiligen Blickpunkte unklar werden, und die beobachtende Kamera als eigentlicher Erzähler hervortritt.[56]

Bedeutung und Funktion der Träume

Buñuel lehnt für seine Filme symbolische und psychologische Deutungen ab. So äußert er sich dazu in einem Interview mit der Zeitschrift *Positif*: „In meinen Filmen gibt es ganz sicher keinen Symbolismus, aber auch keine Psychoanalyse. Ich hasse die Psychoanalyse."[57] Buñuels Symbolfeindlichkeit erweist sich allerdings als recht naiv und ziemlich problematisch: Zum einen bewegt sich Buñuel in einem kulturellen Kontext, auf dessen Zeichenvorrat er zwangsläufig zurückgreift, zum anderen kann man Buñuel wohl nur schwer die Einstellung abnehmen, er wähle Bilder und Einstellungen seiner Filme willkürlich aus; selbst im vermeintlichen Chaos scheinen seine Filme konsequent bestimmten Prinzipien und Regeln zu folgen. Mit seiner Aussage: „Manchmal leiste ich mir einen Scherz, der keinerlei symbolische Bedeutung besitzt und mit dem ich nur meine Spuren verwischen will"[58], erkennt Buñuel ja indirekt an, dass Symbole in seinen Filmen durchaus bestimmte Funktionen erfüllen.

Die Filme Buñuels – und dort in erster Linie die Träume – scheinen psychologische und psychoanalytische Interpretationen geradezu herauszufordern. Ob nun der Inbegriff des Filmschocks, das zerschnittene Auge in UN CHIEN ANDALOU als Symbol der Defloration und der Film als Allegorie der Adoleszenz gelesen werden, ob nun in LE CHARME DISCRET DE LA BOURGEOISIE das Verhältnis des Kindes zur Mutter thematisiert (womit der Film womöglich einen doppelten *dream screen* begründen würde) oder das Freudsche Prinzip der Verdrängung inszeniert wird, kann in diesem Rahmen letztendlich nicht eindeutig beantwortet werden. Eine eindeutige, vollständige Interpretation ist zudem nach den grundlegenden Einsichten des Surrealismus nicht möglich; eine rationale Auseinandersetzung mit der Wirklichkeit betrachtet immer nur einen Teil der Wirklichkeit, da die Dimension der *Surréalité* und ihre rational nicht mehr hinterfragbaren Reste zwangsläufig ausgeblendet werden müssten. Ich denke, dass trotz dieser Vorbehalte einige Bemerkungen zu Funktion und Bedeutung der Träume in LE CHARME DISCRET DE LA BOURGEOISIE erlaubt sind.

Die Traumerzählungen des Lieutenant und des Sergeant
Die beiden Traumerzählungen erscheinen völlig unvermittelt, die Beweggründe ihrer Erzähler bleiben unklar, dennoch folgen die Anwesenden diesen Erzählungen wie selbstverständlich. In den Träumen des Lieutenant und des Sergeant besteht kein direkt sichtbarer Zusammenhang mit der weiteren Erzählung, weder wird auf bekanntes Personal zurückgegriffen noch werden bereits bekannte Motive oder Themen evoziert. Gemeinsam ist den Träumen eine düstere Grundstimmung, die von Tod und Gewalt geprägt ist. Es erscheint so möglich, die beiden ersten Träume des Films als Vorboten eines drohenden Stimmungswechsels zu betrachten. Ein möglicher Ansatzpunkt ist vielleicht weniger im Inhalt, als vielmehr in der Struktur des Films zu suchen: Wie die Landstraßenszene unterbrechen die beiden Erzählungen die eigentliche Handlung, tragen dadurch zur Verunsicherung des Zuschauers bei, der wahrscheinlich nicht viel mit den Erzählungen anzufangen weiß.

Sénéchal
Einerseits dominiert hier Sénéchals Angst, sich bloß zu stellen, in der Öffentlichkeit zu versagen, aus der ihm zugedachten Rolle zu fallen, wie Florence es ständig tut. Andererseits wird auf eine zugleich metaphorisch und konkrete Art die Situation dargestellt, in der sich die Bourgeoisie befindet: Die Bourgeoisie spielt mit ihren Konventionen und Floskeln Theater in einer künstlichen Welt, in einer Scheinwelt. Im Nachhinein stellt sich heraus, dass dieser Traum Sénéchals eigentlich Teil eines Traumes von Thévenot ist. Verdrängt Thévenot seine Ängste dadurch, dass er sie auf Sénéchal projiziert? Oder wird diesem Traum dadurch eine allgemeine Gültigkeit verliehen?

Thévenot
Thévenot steht in seinem Traum nicht im Mittelpunkt des Geschehens, sondern betrachtet die Auseinandersetzung zwischen dem Colonel und Rafael unbeteiligt von außen. Neben der Angst vor einem Eklat, der die gesellschaftliche Ordnung zerstört, ist es vorstellbar, den Traum Thévenots auch als Wunschtraum zu sehen. In diesem Fall würde sich Thévenot, dessen Frau Simone ein Verhältnis mit Rafael hat, einen Skandal wünschen, in dessen Mittelpunkt Rafael steht, um diesen gleichsam zu bestrafen, was Thévenot im Verlauf der Handlung trotz eindeutiger Szenen unterlässt.

Kommissar Delécluze
Sein Traum erscheint als eine Art prophetischer Vorhersehung: Während im Traum der „blutige Kollege" die Gefangenen befreit, wird ihre Freilassung später vom Minister angeordnet.

Der Botschafter Rafael
Die Angst vor Razzien der Polizei und Überfällen rivalisierender Gangster erklärt sich plausibel durch die Drogengeschäfte Rafaels und seiner Freunde, womit auch hier wieder das Motiv der im Traum durchscheinenden Angst bzw. der in den Traum verdrängten Angst im Vordergrund steht.

Liest man den gesamten Film rückwärts als einen langen, ausgedehnten Traum Rafaels, drängt sich die Frage auf, von welchem Standpunkt aus man die Träume überhaupt betrachten soll. Handelt es sich durchgehend um innere Ängste und Befürchtungen Rafaels, die er auf andere projiziert oder sind die Träume losgelöst von realen Personen stellvertretend für eine ganze gesellschaftliche Klasse zu sehen? Zudem stellt der Traum eine Möglichkeit dar, potenziellen Eingriffen der Zensur zu entgehen, da Szenen wie der Polizist als Folterknecht, der Bischof als Mörder oder der Sadomasochismus in BELLE DE JOUR als Teil eines Traums auf Grund ihres (vermeintlich) unwirklichen Charakters erlaubt sind, als Teil der Wirklichkeit aber schwerer zu vermitteln wären.[59]

Der Traum erlaubt es, einen Blick hinter die Fassade des Bürgertums zu werfen: Was in der Realität nicht oder unterschwellig nur am Rande erwähnt wird, wird ausgesprochen und bis zum bitteren Ende in Szene gesetzt. In den Träumen kommt ein verunsichertes Lebensgefühl zum Ausdruck, das die bourgeoise Existenz als brüchig erscheinen lässt. Dass Sénéchal und Thévenot ihre Träume abschätzend als „absurd" und „albern" bezeichnen, zeigt, wie weit sie die im Traum dargestellte Wirklichkeit zurückweisen. Im Gegensatz zu früheren Filmen wie LAS HURDES (1932) und LOS OLVIDADOS (1950), in denen Kritik an der Gesellschaft allein schon durch das unmittelbare Schildern der sozialen Verhältnisse geäußert wird, analysiert Buñuel in LE CHARME DISCRET DE LA BOURGEOISIE mit der Imitation des Phänomens Traums den inneren und äußeren Zustand einer gesellschaftlichen Klasse und damit auch ihre widersprüchliche Realität.[60] Buñuel wird damit den von Engels formulierten Aufgaben des Romanciers, die er in seinem Vortrag „Der Film als Instrument der Poesie" auf den Film überträgt, gerecht: „Der Romancier hat seine Aufgabe dann ehrenvoll erfüllt, wenn er mittels der Darstellung authentischer sozialer Beziehungen die konventionellen Funktionen über die Natur dieser Beziehungen zerstört, den Optimismus der bürgerlichen Welt bricht und den Leser zwingt, an der Ewigkeit der bestehenden Ordnung zu zweifeln, auch wenn er uns nicht direkt eine Lösung zeigt, auch wenn er nicht offensichtlich Partei ergreift."[61]

Abspann

Auch wenn dem Surrealismus mit der Aufnahme in die Darstellungen der Literatur- und Kunstgeschichte sowie der Kanonisierung seiner Werke inzwischen das widerfahren ist, was seinem Selbstverständnis nach eigentlich sein Todesurteil bedeuten müsste, erweist sich der Surrealismus in den Filmen von Buñuel als äußerst lebendig. Buñuel gelingt es, die von Breton in Les vases communicants angekündigte Vereinigung von Traum und Handeln herzustellen, womit Buñuel Aktualität und Berechtigung des eigentlich schon historisch gewordenen Surrealismus begründet.

Kritik an den realen gesellschaftlichen Bedingungen wird mit Hilfe von Träumen ausgeübt, wobei ein nicht hinterfragbarer Rest zurückbleibt. Surrealistische Verfahren wie Verfremdungseffekte, das Spiel mit den Erwartungen der Zuschauer, die Überwindung der Grenzen von Wirklichkeit und Traum, die Aufgabe traditioneller Erzähltechniken, rücken LE CHARME DISCRET DE LA BOURGEOISIE in die Nähe früherer Filme wie UN CHIEN ANDALOU. Buñuels Einschätzung des Surrealismus, wie er sie bereits 1963 der Zeitschrift Réalités gegenüber äußert, beschreibt treffend die Mechanismen, die er fast zehn Jahre später dem Film LE CHARME DISCRET DE LA BOURGEOISIE zu Grunde legt: „Der Surrealismus war für mich keineswegs eine rein intellektuelle Angelegenheit. Er war für mich wie eine Befreiung, eine regelrechte Explosion. Das war der Einbruch des Irrationalen und des Traums in die banalste Realität."[62]

1   „Gewiss, ich meinerseits verließe zufrieden eine Welt, in der die Tat nicht des Traumes Schwester ist", Ch. Baudelaire: „Le reniement de Saint-Pierre", aus Les fleurs du mal. In: Œuvres complètes, Paris 1975, Bd. I, 212.
2   Immer noch aktuell ist das von A. Camus dem Surrealismus gewidmete Kapitel „La poésie révoltée" („Die Dichtung in der Revolte") im Homme révolté. in ders.: Œuvres complètes. Paris 1993, 480–507 (dt. Der Mensch in der Revolte. Reinbek 1997, 96–117).
3   „Je ne suis même pas sûr que le dadaïsme ait gain de cause, à chaque instant je m'aperçois que je le réforme en moi.", Brief an Simone Kahn, 31.8.1920. Vgl. M. Nadeau: Histoire du surréalisme. Paris 1964.
4   La sciences des rêves erscheint in einer Übersetzung von Meyerson 1926, La psycho-pathologie de la vie quotidienne in einer Übersetzung von Jankélévitch 1922. Breton bezieht seine Kenntnisse über Freud vermutlich aus E. Kräpelin: Introduction à la psychiatrie clinique. Paris 1907 sowie E. Régis/A. Hesnard: La psychanalyse des névroses et des psychoses. Paris 1914.
5   Die Briefe Freuds an Breton finden sich im Anhang der Vases communicants. In: ders.: Œuvres complètes. Paris 1992, Bd. II, 210–213.

6 Exemplarisch für diese Haltung ist Bretons Roman *Nadja*, in dem er die faszinierende Begegnung mit Nadja, einer offenbar geisteskranken jungen Frau, schildert, deren wundersame Art zu leben er zwar bewundert, sich jedoch nicht dazu überwinden will, daran aktiv teilzunehmen.
7 „Beau comme la rencontre fortuite sur une table de dissection d'une machine à coudre et d'un parapluie", Lautréamont: *Les chants de Maldoror*. In: ders.: *Œuvres complètes*. Paris 1970, 224f (dt. *Das Gesamtwerk*. Hrsg. von R. Soupault, Reinbek 1963, 144).
8 P. Reverdy: *Nord-Sud* 13 (März 1918), zitiert nach ders.: *Nord-Sud. Self défence et autres récits sur l'art et la poésie (1917–1926)*. Paris 1975, 73. Vgl. G. Duhamel: „Compte rendu d'*Alcools*". In: *Mercure de France*, 16.6.1913 (wieder abgedruckt in: *Les poètes et la poésie*. Paris 1914, 319) auf den sich Reverdy bezieht.
9 A. Rimbaud: Brief an G. Izambard vom 13. Mai 1871. In: ders.: *Œuvres complètes*. Paris 1972, Bd. I, 249.
10 Ebd.
11 „j'assiste à l'éclosion de ma pensée", A. Rimbaud, Brief an P. Demeny vom 15. Mai 1871. In: ders.: *Œuvres complètes* (s. Anm. 9), 250.
12 M. Ernst: *Au-delà de la peinture*. In: *Ecritures*, Paris 1970, 237–269.
13 „Le poète se fait voyant par un long, immense et raisonné dérèglement de tous les sens.", Brief an P. Demeny vom 15. Mai 1871. In: ders.: *Œuvres complètes* (s. Anm. 9), 251.
14 A. Breton: Die Manifeste des Surrealismus, Reinbek 1993, 26f (frz. in: *Œuvres complètes*. Paris 1988, Bd. I, 328).
15 P. Janet: *L'automatisme psychologique. Essai de psychologie expérimentale sur les formes inférieures de l'activité humaine*. Paris Alcan 1894. Breton hat diesen Text während seines Medizinstudiums gelesen.
16 „Par lui [= le mot surréalisme, M.G.] nous avons convenu de désigner un certain automatisme psychique qui correspond assez bien à l'état de rêve, état qu'il est aujourd'hui fort difficile de délimiter.", A. Breton: „Entrée des médiums", *Les pas perdu*. In: ders.: *Œuvres complètes* (s. Anm. 14), 274. Der Begriff *Surréalismus* geht auf Guillaume Apollinaire zurück, der darunter – anders als später Breton – ein Kunstprodukt versteht, das nicht auf der bloßen Nachahmung der Wirklichkeit bzw. Natur beruht: „Quand l'homme a voulu imiter la marche, il a créé la roue qui ne ressemble pas à une jambe. Il a fait ainsi du surréalisme sans le savoir". Aus dem Vorwort zu *Les mamelles de Tirésias* (dt. Die Brüste der Teiresias). In G. Apollinaire: *Œuvres poétiques*, Paris 1956, 865f.
17 „Lassen Sie sich etwas zum Schreiben bringen, nachdem Sie es sich irgendwo bequem gemacht haben, wo sie Ihren Geist soweit wie möglich auf sich selber konzentrieren können. Versetzten Sie sich in den passivsten oder den rezeptivsten Zustand, dessen Sie fähig sind. Sehen Sie ganz ab von Ihrer Geniailität, von Ihren Talenten und denen aller anderen. Machen Sie sich klar, dass die Schriftstellerei einer der kläglichsten Wege ist, die zu allem und jedem führen. Schreiben Sie schnell, ohne vorgefasstes Thema, schnell genug, um nichts zu behalten, oder um nicht versucht zu sein, zu überlesen. Der erste Satz wird ganz von allein kommen, denn es stimmt wirklich, dass in jedem Augenblick in unserem Bewusstsein ein unbekannter Satz existiert, der nur darauf wartet, ausgesprochen zu werden (...)." A. Breton: Die Manifeste des Surrealismus (s. Anm. 14), 29f (frz. in: *Œuvres complètes*, 331f). Als Prototyp des Automatischen Schreibens gelten die unter dem Titel *Les champs magnétiques* veröffentlichten Texte von A. Breton und Ph. Soupault.
18 Vgl. etwa die Séancen mit Robert Denos und deren Beschreibung – mit Bildern von Man Ray – in A. Bretons Roman *Nadja*. Von Desnos wird im 1. Manifest gesagt, er spräche nach Belieben surrealistisch, A. Breton: Die Manifeste des Surrealismus (s. Anm. 14), 29 (frz. in: *Œuvres complètes*, 331f).
19 Nach seinem prominentesten Vertreter („le cadavre exquis boira le vin nouveau") benanntes Wortspiel, bei dem jeder Teilnehmer der Reihe nach ein Wort eines Satzes auf einen kleinen Zettel schreibt, der derart gefaltet wird, dass die bereits geschriebenen Wörter verdeckt bleiben.
20 Beispielsweise die eiserne Maske, eigentlich eine Fechtmaske, die Breton auf einem Flohmarkt entdeckt – „So ein Zufallsfund wirkt genau wie der Traum, weil er den Finder von Hemmungen und hindernden Bedenken befreit, ihm neuen Mut gibt, ihn einsehen lässt, dass das Hindernis, das ihm etwa bislang unüberwindlich vorgekommen war, längst überwunden ist", A. Breton: *Nadja*. Zitiert nach M. Nadeau: Geschichte des Surrealismus. Reinbek 1965, 172.
21 Vgl. etwa M. Beaujour: „Du texte à la performance". In: D. Hollier (Hg.): *De la littérature française*, Paris 1993, 810–816 sowie den in der Reihe *Archives surréalistes* von E. Garrigues herausgegebenen Band *Les jeux surréalistes. Mars 1921 – Septembre 1962*, Paris 1995.

22 „L'homme, ce rêveur definitif", A. Breton: Die Manifeste des Surrealismus (s. Anm. 14), 11 (frz. in: Œuvres complètes, 311).
23 „La lamentable formule: 'Mais ce n'était qu'un rêve', dont le croissant usage, entre autres cinématographique, n'a pas peu contribué à faire apparaître l'hypocrisie, a cessé depuis longtemps de mériter la discussion.", A. Breton: „Il y aura une fois". In: Le revolver à cheveux blancs, Paris 1932.
24 A. Breton: Die Manifeste des Surrealismus (s. Anm. 14), 18 (frz. in: Œuvres complètes, 319).
25 Ebd.
26 Ebd.
27 Ebd., 55 (frz. 781).
28 Ebd., 56 (frz. 782).
29 THE TRAIL OF THE OCTOPUS, Regie: Duke Worne, England 1919, mit Ben Wilson und Neva Gerber.
30 „pouvoir de dépaysement", A. Breton: „Comme dans un bois". In: L'âge du cinéma, Nr. 4/5 (1951), 27.
31 J.-M. Mabire: „Entretien avec Philippe Soupault". In: Études cinématographiques Nr. 38–39 (1965), 29.
32 Dictionnaire abrégé du surréalisme, in A. Breton: Œuvres complètes (s. Anm. 14), Bd. II, 811.
33 Vgl. etwa U. M. Schneede: „Surrealistische Filme – Das Prinzip der Schockmontage". In: P. Bürger (Hg.): Surrealismus. Darmstadt 1982, 312–322. Ders.: „Das blinde Sehen. Zur Ikonographie des Surrealismus". In: W. Spies (Hg.): Max Ernst. Retrospektive zum 100. Geburtstag. München 1991, 351–356.
34 G. Apollinaire: „L'Esprit nouveau et les poètes". In: Œuvres complètes. Paris 1991, Bd. II, 949.
35 A. Breton: Die Manifeste des Surrealismus (s. Anm. 14), 58 (frz. in: Œuvres complètes, 785).
36 „Le poète à venir surmontera l'idée déprimante du divorce irréparable de l'action et du rêve (…)", A. Breton: Les vases communicants. In: ders.: Œuvres complètes (s. Anm. 14), Bd. II, 833.
37 Brief an Pépin Bello, Paris, 1.10.1928, zitiert nach L. Buñuel: Wenn es einen Gott gibt, soll mich auf der Stelle der Blitz treffen. Berlin 1994, 20.
38 L. Buñuel: Mein letzter Seufzer. Berlin 1999, 121.
39 A. Breton, zitiert in: L. Buñuel: Objekte der Begierde, Berlin 2000, 160.
40 L. Buñuel: Wenn es einen Gott gibt (s. Anm. 37), 24f.
41 Ebd.
42 L. Buñuel: Die Erotik und andere Gespenster. Nicht abreißende Gespräche mit Max Aub. Berlin 1986, 44.
43 „Il était une fois" – „Huit ans après" –„Vers trois heures du matin" – „Seize ans auparavant" – „Au printemps".
44 L. Buñuel: Die Flecken der Giraffe. Ein- und Überfälle, Berlin 1991, 145.
45 L. Buñuel: Mein letzter Seufzer (s. Anm. 38), 169.
46 L. Buñuel: Die Flecken der Giraffe (s. Anm. 44), 144.
47 Ebd., 179.
48 L. Buñuel: Mein letzter Seufzer (s. Anm. 38), 332.
49 Ebd.
50 Ebd., 344f.
51 Eine Beschreibung dieser Träume findet sich in L. Buñuel: Mein letzter Seufzer (s. Anm. 38), 127–129. Vgl. zur Konstruktion der Träume die Buñuel-Monographie Buñuel: Architecte du rêve von M. Droucy, Paris 1978.
52 H.-B. Heller: „Die diskrete Subversion der Bourgeoisie. Beobachtungen und Anmerkungen zum Spätwerk des Luis Buñuel". In: Th. Koebner: Autorenfilme. 11 Werkanalysen. Münster 1990, 75.
53 Vgl. z.B. J. Tobias: „Buñuel's Network: The detour trilogy". In: M. Kinder: The Discreet Charm of the Bourgeoisie. Cambridge 1999, 148f: „In this film, it breaks up the continuity of the localized ‚dream' logic that develops over the course of the film, and thus help us to 'name' the techniques of the mise-en-scène and montage within the sequences it punctuates."
54 J. Tobias: „Buñuel's Network: The detour trilogy" (s. Anm. 53), 150. Buñuel lehnt eine symbolische Interpretation dieser Szene ab, vgl. das Interview von R. Saint-Jean mit L. Buñuel in Positif, Nr. 162 (10/1974).
55 Mme Sénéchal: „Qu'est-ce qui t'arrive?", Sénéchal: „Oh rien ! Un rêve absurde. Nous allions dîner chez le colonel et nous nous retrouvions sur cette scène de théâtre." / Mme Thévenot: „Qu'est-ce qui t'arrive ?", Thévenot: „Je rêvais que moi … Je rêvais d'abord que Sénéchal rêvait que nous allions dans un théâtre. Ensuite que nous étions invités chez le colonel et qu'il se disputait avec Raphaël", Mme Thévenot: „Oh, oh … tu es trop bête".

56 L. Ebeling: Der diskrete Charme der Bourgeoisie. In: H. Korte: Systematische Filmanalyse in der Praxis. Braunschweig 1986, 91.
57 Interview von R. Saint-Jean mit L. Buñuel (s. Anm. 54).
58 Interview von M. Michel mit L. Buñuel. In: Wie sie filmen. Gütersloh 1966.
59 Vgl. M. Drouzy: *Buñuel – Architecte du rêve* (s. Anm. 51), 218.
60 Vgl. L. Ebeling: Der diskrete Charme der Bourgeoisie (s. Anm. 56), 104.
61 Aus: „Der Film als Instrument der Poesie", Vortrag an der *Universidad Autónoma de Mexico*, veröffentlicht in der Zeitschrift *Universidad* Nr. 12/1958, zitiert nach L. Buñuel: Die Flecken der Giraffe (s. Anm. 44) 148. Die zitierten Aufgaben des Romanciers werden dort fälschlicherweise Emers (sic !) zugeschrieben. Buñuel bezieht sich jedoch offensichtlich auf einen Brief Friedrich Engels an Minna Kautsky vom 26.11.1885: „(...) und da erfüllt auch der sozialistische Tendenzroman, nach meiner Ansicht, vollständig seinen Beruf, wenn er durch treue Schilderung der wirklichen Verhältnisse die darüber herrschenden konventionellen Illusionen zereißt, den Optimismus der bürgerlichen Welt erschüttert, den Zweifel an der ewigen Gültigkeit des Bestehenden unvermeidlich macht, auch ohne selbst direkt eine Lösung zu bieten, ja unter Umständen ohne selbst Partei ostensibel zu ergreifen.", Marx Engels Werke (MEW). Hrsg. vom Institut für Marxismus-Leninismus beim ZK der SED. Bd. 36, Berlin 1967, S. 392–394, hier 394.
62 „Le surréalisme n'était pour moi pas du tout intellectuel. C'était une libération, une véritable explosion. C'était l'irruption de l'irrationnel et du rêve dans la réalité la plus banale." *Réalités*, février 1963.

Träume, Ängste und Verwandlungen
Traumstrukturen bei Ingmar Bergman

Dietmar Regensburger

„Es gibt keine Kunstart – inklusive die Malerei oder die Poesie – die die spezifische Art des Traums so vermitteln kann wie der Film. Wenn es im Kino dunkel wird, und dieser weiße, leuchtende Punkt sich öffnet, und unser Blick ganz still wird, sich nicht hierhin und dorthin bewegt, wir nur dasitzen und die Bilder auf uns zukommen lassen. Unser Wille hört immer mehr und mehr auf zu funktionieren, unsere Fähigkeit zu sortieren und zu platzieren hört auf, wir werden in ein Geschehen hineingezogen – da sind wir sozusagen Teilnehmer in einem Traum. Und Träume herzustellen, das ist ein Fest."[1] An der Herstellung von solchen filmischen Träumen hat Ingmar Bergman, von dem das obige Zitat stammt, im Laufe seines langen und vielschichtigen Schaffens unermüdlich gearbeitet. Dabei sind nicht nur einige bedeutsame Werke der Filmgeschichte entstanden, die im Grenzbereich von Traum und Wirklichkeit spielen, sondern anhand von Bergmans Œuvre kann man auch die formale und stilistische Weiterentwicklung der filmischen Be- und Verarbeitung von Träumen bzw. traumartigen Episoden von der Nachkriegszeit bis in die siebziger Jahre hinein beispielhaft nachzeichnen.

Die folgende Untersuchung über Traumstrukturen in Ingmar Bergmans Filmwerk wird in vier Schritten erfolgen. Ein kurzer, allgemeiner Vorspann zum Verhältnis von Film und Traum soll dazu dienen, die nachfolgenden Untersuchungen in einen größeren filmgeschichtlichen und gesellschaftlichen Kontext hineinzustellen. Im zweiten Teil des Artikels werden dann die Art und die spezifische Funktion der Traumdarstellung anhand einer detailgetreuen Einzeluntersuchung von Ingmar Bergmans WILDE ERDBEEREN (SMULTRONSTÄLLET, Schweden 1957) exemplarisch untersucht. Im dritten Teil wird dann dieser relativ frühe Film Bergmans in Beziehung zu fünf weiteren Schlüsselfilmen Bergmans zum Traumthema – insbesondere zu PERSONA (Schweden, 1966) – gesetzt und eine Einordnung in das Gesamtœuvre versucht. Der abschließende vierte Teil des Artikels widmet sich schließlich der Frage, welche

Anknüpfungspunkte und Impulse sich aus den vorangegangenen Untersuchungen über das Traumthema für ein Gespräch mit der Theologie ableiten lassen. Dabei wird dem biblischen Umkehrmotiv eine zentrale Bedeutung zukommen.

Film und Traum

Sucht man nach einschlägiger Literatur zum Thema Film und Traum, so fallen einem zwei Dinge auf: Erstens hält sich die Anzahl grundsätzlicher und profunder Literatur zu diesem Thema sehr in Grenzen.[2] Zweitens fällt auf, dass dieses Thema zwischen 1920 und 1935 viel expliziter und auch leidenschaftlicher diskutiert wurde als dies heute der Fall zu sein scheint. Dies hängt wohl damit zusammen, dass die Filmtheorie damals noch in den Kinderschuhen steckte und die Beziehung des Films zu den anderen Künsten – vor allem zur Literatur – erst verortet und das spezifische Verhältnis von Fiktion und Wirklichkeit in diesem neuen Medium erst bestimmt werden musste. In einem interessanten und aufschlussreichen Artikel weist Horst Meixner[3] darauf hin, dass sich zu Beginn des vorigen Jahrhunderts nicht nur Filmkritiker und -theoretiker mit diesem Thema befassten, sondern dass sich auch etliche Schriftsteller für das neue Medium und seine Art der Wirklichkeitsgestaltung interessierten, insbesondere für das spezifische Verhältnis von Traum und Wirklichkeit. Stellvertretend seien hier nur Robert Musil und die Gruppe der Surrealisten[4] genannt. Damals wurde auch mehrfach versucht, dieses Verhältnis in filmtheoretischen Schriften näher zu untersuchen und zu bestimmen. So legte etwa der Ungare Béla Balázs – selbst Schriftsteller und Filmemacher – in seinen damals vielgelesenen und heftig diskutierten Schriften Der sichtbare Mensch und Der Geist des Films[5] aus den Jahren 1924 und 1930 filmtheoretische Studien vor, in der es ihm vor allem um eine Verhältnisbestimmung von Mimesis und Abstraktion im neuen Medium Film geht. Dabei spielt gerade auch das Traumthema eine wichtige Rolle. Nach Ansicht von Balázs eignet sich das Medium Film, auf Grund seines hohen Abstraktionsgrades insbesondere der expressionistische und surrealistische Stummfilm, hervorragend dazu, innere seelische Zustände und Konflikte abzubilden. Nicht in der Darstellung äußerer Gegenstände, sondern in der Darstellung innerer Zustände sieht er „unermessliche poetische und psychologische Möglichkeiten für den Regisseur, Möglichkeiten, die ihm auch das Publikum läßt."[6] Und gerade in dieser Möglichkeit zur Darstellung von inneren Zuständen liegt für ihn eine große Affinität zwischen Film und Traum.[7]

Doch diese spezifischen Möglichkeiten, die Balázs speziell dem Stummfilm zurechnet, wurden vom damals gerade aufkommenden Tonfilm überlagert und haben die ersten Gehversuche in diesem Bereich mehr oder weniger noch im Keimstadium bereits erstickt. Sowohl die für den damaligen Tonfilm vorherrschende Tendenz zu einer naturalistischen Wirklichkeitsabbildung als auch die bittere Erfahrung des Zweiten Weltkrieges haben wesentlich dazu beigetragen, dass das Thema des Traumes sowohl im Film als auch in filmtheoretischen Reflexionen für längere Zeit stark in den Hintergrund getreten sind. Einer der wenigen Filme, in denen Trauminhalte eine wichtige Rolle spielen und in dem auch versucht wurde, diese Traumsequenzen auf neue Weise darzustellen, ist etwa Hitchcocks SPELLBOUND aus dem Jahr 1945. Zur Ausgestaltung der Traumsequenzen wurde dabei eigens der spanische Surrealist Salvador Dalí verpflichtet.[8] Ferner entwickelte der ungarische Komponist Miklós Rózsa eigens für diesen Film ein neuartiges Instrument, das so genannte „Ätherophon", dessen unwirkliche Klänge den psychotischen Charakter der Traumsequenzen der Hauptfigur noch unterstreichen sollten.

Erst in den späten fünfziger und beginnenden sechziger Jahren nimmt das Traumthema im Film wieder breiteren Raum ein: In spielerischer, zum Teil auch selbstreflexiver Form wurde damals versucht, gewohnte filmische Realitätskonzeptionen zu durchbrechen und den Grenzbereich zwischen Traum bzw. Illusion und Wirklichkeit zu erweitern oder gar zu verwischen; so etwa bei Federico Fellini in ACHTEINHALB (1962) auf eine wunderbare, fast tänzerisch leichte Weise. Oder als bewusster Gegenpol zu einem linear materialistisch-positivistischen Welt- und Geschichtsverständnis, wie etwa in den frühen Filmen Andrej Tarkowskijs. Oder auch, wie etwa im Spätwerk Luis Buñuels, als surreale Parodie auf die bürgerliche Gesellschaft, in der zur Entlarvung von Doppelmoral und Scheinheiligkeit gerade auch auf Traumelemente zurückgegriffen wird.[9] Doch diese jeweils sehr unterschiedlichen Neu- und Gegenentwürfe zur gewohnten Realitätskonzeption bzw. -perzeption wirkten sich kaum auf die gängigen filmischen Konventionen zur Darstellung von Trauminhalten aus und ließen vor allem das Mainstreamkino weitest gehend unbeeinflusst. Erst in den späten achtziger und neunziger Jahren taucht das Traumthema verstärkt und auf neuartige Weise in Filmen wieder auf. Dabei ist eine starke Tendenz beobachtbar, die starren Grenzlinien zwischen Traum und Wirklichkeit, die lange Zeit für filmische Umsetzungen von Trauminhalten so prägend waren, immer mehr aufzuweichen, vielleicht sogar gänzlich aufzulösen. Die beiden Filme EYES WIDE SHUT (1999) von Stanley Kubrick und LOVE ME (2000) von Laetitia Masson zeigen diese Grenzverschiebung auf je spezifische, sehr eindrucksvolle Weise. In diesen Kontext gehören auch Werke von David Lynch, David Cronenberg, Wim Wenders, Peter Weir oder auch die frühen Filme eines Lars von Trier.[10] Aber nicht nur in das Autorenkino hat diese Thematik vermehrt Eingang gefunden, sondern auch ins Mainstreamkino. Stellvertretend seien hier nur zwei Filme aus dem „Milleniumsjahr" 1999 genannt, THE MATRIX von den Gebrüdern Wachowski und THE SIXTH SENSE von M. Night Shyamalan. Auch der gegenwärtige Boom von Science-Fiction- und Mystery-Filmen scheint mir signifikant für diese Grenzverschiebung zu sein.

Die Gründe für dieses neu erwachte filmische Interesse am Traumthema sind sicherlich vielfältig und können hier nur angedeutet werden: Nach dem Ende des Kalten Krieges scheint sich nunmehr ein einziges Zivilisationsmodell, nämlich das westliche, unabwendbar und mit ständig sich steigernder Geschwindigkeit über den Erdball auszubreiten.[11] Das mit ihm verbundene wissenschaftlich-technisch-ökonomisch geprägte Weltverständnis, das sämtliche Lebensbereiche durchdringt und sich anschickt, alle Geheimnisse des Lebens zu entschlüsseln, stößt naturgemäß auch auf Widerstand und lässt Alternativ- und Gegenentwürfe zu diesem rationalistischen Weltkonzept a priori interessanter werden. Als weiterer wichtiger Grund wäre hier sicherlich auch die zunehmende „Virtualisierung" unserer Lebenswelt zu nennen. Der wachsende Einfluss von Film, Fernsehen sowie Internet auf unsere Denk- und Lebensgewohnheiten, die vielfältigen Einfluss- und Manipulationsmöglichkeiten, die damit verbunden sind, machen eine klare Grenzziehung zwischen Traum bzw. Illusion und Wirklichkeit zunehmend schwieriger. Ebensolches gilt auch für die zunehmende Verbreitung legaler und illegaler Drogen und Rauschmittel, für deren Beschaffung und Konsum in unseren Gesellschaften schon heute ein hohes Maß an verschiedensten Zugriffsmöglichkeiten herrscht.[12]

Wie ist nun Ingmar Bergmans Werk in diesen grob skizzierten filmgeschichtlichen und gesellschaftlichen Kontext des Verhältnisses von Film und Traum einzuordnen und welche Entwicklungslinien lassen sich innerhalb seines eigenen Werkes nachzeichnen? Zur Beantwortung dieser Fragen wollen wir uns nun der Analyse der erwähnten Filme Bergmans zuwenden.

WILDE ERDBEEREN (1957)

Handlungsstruktur

WILDE ERDBEEREN (SMULTRONSTÄLLET, Schweden 1957) hat einen klar strukturierten, leicht nachvollziehbaren Handlungsfaden. Auch die Träume, die im Film eine zentrale Rolle spielen, sind im Film gegenüber der realen Handlungsebene sehr klar abgegrenzt und daher für den Zuseher leicht identifizierbar. Der Film beginnt mit einem kurzen Prolog, in dem uns die Hauptfigur der Arzt und Wissenschaftler Isaak Borg (Victor Sjöström) und die für ihn wichtigen Bezugspersonen vorgestellt

Abb. 10 v.r.n.l.: Ingrid Thulin, Victor Sjöström und Bibi Anderson in WILDE ERDBEEREN (SMULTRONSTÄLLET, S 1957)

werden. Wir erfahren hier durch den Eigenkommentar des Professors von einem bevorstehenden Festereignis, nämlich der Verleihung eines Ehrendoktorates seitens der Universität Lund. Gleichzeitig erfahren wir auch, dass der Professor ein menschenscheuer und mürrischer Zeitgenosse ist, der sich ganz aus dem gesellschaftlichen Leben zurückgezogen hat. Nach dieser kurzen Selbstvorstellung begegnen wir bereits dem ersten Traum des Professors. Durch den Inhalt dieses Albtraumes aufgeschreckt entschließt sich der Professor zu einer spontanen Handlung, nämlich entgegen seiner ursprünglichen Absicht nicht mit dem Flugzeug, sondern selbst per Auto nach Lund zu fahren. Seine langjährige Haushälterin, in deren Zimmer er um drei Uhr nachts eindringt, um ihr diesen Entschluss mitzuteilen, erkennt sofort, dass mit dem Professor etwas nicht stimmt und fragt ihn, ob er krank sei. In der Folge wird der Professor im Film nun eine doppelte Reise antreten. Der äußeren Reise, die einem klar vorgegebenen Ziel folgt, wird eine Reise in die

Biographie und Seelenlandschaft des Professors hinzugefügt. Dazu bedient sich Bergman einer Reihe von Träumen, auf die wir später im Detail eingehen werden. Diese Parallelisierung wird von Bergman sehr durchdacht, aber dennoch leicht und kunstvoll vorgenommen. Auf der Autofahrt nach Lund, auf der er von seiner Schwiegertochter Marianne (Ingrid Thulin) begleitet wird, ändert der Professor neuerlich und – was für ihn absolut ungewöhnlich ist – spontan seine Pläne und macht einen kleinen Abstecher zu dem Haus, in dem er in seiner Jugendzeit mit seiner Familie den Sommer zugebracht hat. Die Begegnung mit dem Sommerhaus lässt ihn in einen Tagtraum hinübergleiten, in dem er seine Jugendliebe Sara trifft.

Diese neu aufgetauchte Erinnerung wird nochmals verstärkt durch die unerwartete Begegnung mit einem jugendlichen Mädchen, das „zufällig" auch Sara heißt und von der selben Schauspielerin (Bibi Anderson) dargestellt wird. Die Reihe der unerwarteten Ereignisse wird fortgesetzt durch die unerfreuliche, durch einen Autounfall hervorgerufene Begegnung mit dem Ingenieur Alman und seiner Frau. Die beiden erinnern ihn auf schmerzliche Weise an seine eigene unglückliche Ehe. Nicht zufällig werden die beiden später auch in einem seiner Albträume wieder auftauchen. Neben diesen neuen Bekanntschaften trifft der Professor aber auch auf Personen, die er lange nicht gesehen hat. Zunächst auf ein Tankwartehepaar, deren Arzt und Geburtshelfer er früher war, dann seine 96-jährige Mutter. Beide Begegnungen sind für den Professor wiederum schmerzlich; die erste, weil sie ihm vor Augen führt, dass er einst als Landarzt bei den Menschen eine beliebte und angesehene Person war und in deren Gemeinschaft er im Unterschied zu heute integriert war. Die Begegnung mit der frostig-versteinerten Mutter hingegen wirkt wie ein kritisches Korrektiv zur vorangegangenen Sommerhaus-Idylle. Diese Begegnung ist gleichzeitig auch der Katalysator für ein Auftauen der distanzierten Beziehung zwischen Marianne und dem Professor. Sie lernt dadurch ihren Schwiegervater von einer anderen Seite kennen und beginnt langsam den alten Mann besser zu verstehen. Überhaupt kommt ihr für den Verlauf der weiteren Handlung eine wichtige Rolle zu. Sie steuert nicht nur den Wagen nach dem Beinahe-Unfall sicher ans Ziel, sie ist auch bereit, dem Professor von sich und ihren Eheproblemen zu erzählen; dadurch gelingt es ihr, ihn aus seiner egozentrischen Selbstversponnenheit herauszuziehen und den undurchdringlichen emotionalen Panzer, den er um die in seinem Leben erfahrenen Verletzungen und Enttäuschungen aufgebaut hat, erstmals aufzubrechen. Sie legt damit auch den Grundstein für die spätere Annäherung zwischen Vater und Sohn.

Auf der Ebene des äußeren Handlungsbogens passiert im restlichen Teil des Filmes nicht mehr sonderlich viel. Nach der Ankunft der beiden in Lund kommt es zu einer Wiederbegegnung und angedeuteten Annäherung mit seinem Sohn Ewald. Daneben geschieht die Zeremonie der Verleihung der Ehrendoktorwürde, das äußere Ziel dieser Reise, auf bloß mechanische Weise und am Professor selbst vorbei. Ist doch die innere Reise, die Isaak Borg auf dem Weg nach Lund angetreten hat, inzwischen ganz in den Vordergrund getreten. Den Inhalten und formalen Gestaltungselementen jener Träume, die ihn auf dieser Reise begleiten und ihn verändern, wollen wir uns nun genauer zuwenden.

Traumsequenz 1: Vision des eigenen Todes

Beim ersten Traum, der gleich nach dem kurzen Vorspann mit einer langsamen Aufblende eingeleitet wird, sehen wir den Professor zunächst in einer halbnahen Aufnahme im Bett, ein Lichtspot ruht auf seinem Gesicht. Er wälzt sich hin und her, aus dem Off hören wir seinen erläuternden Kommentar: „In den ersten Morgenstunden des 2. Juni hatte ich einen seltsamen, bedrückenden Traum." Die unterlegte Harfen- und Orchestermusik unterstreicht den dramatischen Charakter dieses Traumes, in dem den Professor die Vision des eigenen Todes ereilt. Nach einem harten Schnitt treten wir unmittelbar in den Albtraum des Professors ein. Zentrale Motive dieses Traumes sind: Desorientierung, verkörpert durch unbekannte Straßen, verbarrikadierte Fenster, Uhren ohne Zeiger, ein Mensch ohne Gesicht, sowie Unsicherheit und Angst. Das Beklemmende der Situation wird auf der Bild- und Tonebene durch folgende Elemente unterstrichen: grelles, trotz der morgendlichen Stunde gleißendes und blendendes Licht durch Überbelichtung; harte Kontraste durch weitgehenden Verzicht auf Grautöne; übergangsloser Wechsel von Nahaufnahme und Totale; einprägsame, begleitende Geräusche wie der lauter und schneller werdende Herzschlag des Professors, Glockenschläge, hallende Schritte, Hufgeklapper, ein quietschendes Rad, dann plötzlich wieder absolute Stille.

Interessant gestaltet ist auch die Schlusssequenz des Traumes. Der tote Doppelgänger im Sarg zieht den lebendigen Professor im Schnitt-Gegenschnitt-Verfahren immer näher zu sich, das Bild wird immer unschärfer; kurz bevor die beiden verschmelzen, gibt es einen harten Schnitt und die unterlegte, dramatische Musik hört abrupt auf. Der Blick ruht nun wieder auf dem sich im Bett wälzenden Professor und zeigt, wie er aus seinem Albtraum erwacht. Auf der Tonebene hören wir das Ticken des Weckers, dann hören wir einen dreifachen Glockenschlag, der uns die morgendliche Stunde signalisiert.

Obwohl diese erste Traumsequenz auch heute noch eine sehr hohe visuelle und akustische Suggestionskraft besitzt, erscheint unseren Sehgewohnheiten die Markierung der Wach-Traum-Schwelle heute vielleicht etwas zu überdeutlich. Doch

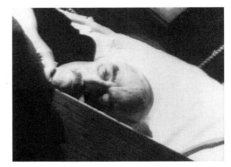

Abb. 11.1–4   Der Todestraum von Isaak Borg (Victor Sjöström) in Ingmar Bergmans WILDE ERDBEEREN (S 1957)

im Entstehungskontext des Filmes war die Transparenz und die „halluzinatorische Genauigkeit"[13], mit der Bergman diese Traumsequenz inszenierte, noch sehr neu und ungewöhnlich und wird nicht nur für den Professor, sondern auch für den Zuschauer noch schockierend gewirkt haben, sodass eine entsprechende Markierung zur klaren Orientierung des Zusehers noch vonnöten war.[14]

Traumsequenz 2: Sommerhausepisode I
Die zweite Traumsequenz folgt im Film als der Professor seiner Schwiegertochter Marianne das Sommerhaus seiner Kindheit zeigt. Bergman lässt ihn langsam in einen Tagtraum hinübergleiten, in dem er seiner Jugendliebe Sara wiederbegegnet. Die Bilder seiner Kindheits- bzw. Jugenderinnerungen an die erste Liebe und an

Abb. 12.1–2   Sommerhausepisode I und II in WILDE ERDBEEREN (S 1957)

unbeschwerte Sommertage im Kreis der Familie sind eingebettet in eine prächtige Naturkulisse und zeigen uns ein schönes, helles Haus voll quirliger Lebendigkeit. Im Unterschied zum ersten Traum bedient sich Bergman hier durchwegs konventioneller Stilmittel zur Darstellung von Träumen bzw. Tagträumen, wie etwa den Rückgriff auf ein weiches, fast strahlendes Licht, den Einsatz von Weichzeichnern und die Untermalung mit angenehmer Musik. Auch die Übergänge zwischen Wach- und Traumzustand sind durch den erläuternden Kommentar des Professors aus dem Off wieder klar markiert. Das Hineingleiten in den Tagtraum wird durch eine langsame Überblendung – begleitet von sanfter Harfenmusik – in Szene gesetzt, das Hinausgleiten durch eine junge Frauenstimme, die aus dem Off ertönt und einen anschließenden harten Schnitt, der den Professor abrupt in die Realität zurückholt. Die Gefühle, die diese Erinnerungen im Professor auslösen, beschreibt er selbst mit folgenden Worten: „Trauer überzog die Bilder mit einem Schleier, bis alles in mir leer war."

Traumsequenz 3: Sommerhausepisode II, eheliche Betrugsszene und Prüfungstraum

Diese romantisierende, sentimental anmutende Trauer eines alten, einsamen Mannes wird dann in der dritten Traumsequenz des Filmes, die aus drei Episoden besteht und insgesamt 16½ Minuten dauert, in bitterer Schmerz verwandelt. In der zweiten Sommerhausepisode begegnet er abermals seiner Jugendliebe Sara. Während er im ersten Sommerhaustraum das Geschehen nur von außen betrachtet und mit Sara noch nicht kommunizieren kann, spricht sie ihn nun direkt an und hält ihm unbarmherzig einen Spiegel vor. Er muss einem hässlichen, einsamen und alten Mann ins Auge blicken, der einer jungen, schönen Frau gegenübersitzt. „Ich heirate deinen Bruder Siegfried", sagt sie ihm offen ins Gesicht. „Es tut so weh!", bekennt er ihr offen beim vergeblichen Versuch zu lächeln. Die Unerreichbarkeit seiner einstmals und vermutlich immer noch geliebten Sara wird von Bergman in der Folge eindrücklich ins Bild gesetzt. Als Sara davoneilt, erhält die unterlegte Musik einen drohend-düsteren Unterton. Dieses Entschwinden wird durch eine Parallelfahrt der Kamera – die einzige Szene mit einer schnellen Kamerabewegung – noch unterstrichen; ebenso durch eine extreme Licht-Schatten-Dramaturgie, durch dunkle Schatten fliegender Vögel, einen symbolträchtigen abgestorbenen Baum, getaucht in fahles Mondlicht, durch lautes, aufgescheuchtes Vogelgeschrei, Windgeräusche und einen Trommelwirbel; alle diese Elemente suggerieren, dass sich sogar die Natur gegen dieses Paar verschworen zu haben scheint. Sara entschwindet schließlich ins Haus zu ihrem Siegfried, der Professor eilt ihr nach, findet jedoch keinen Einlass ins Haus und bleibt allein zurück. Die schwere, seelische Wunde, die diese Begegnung dem Professor zufügt, wird am Ende dieser Episode in der durch einen Nagel verletzten und stark blutenden Hand quasi verkörperlicht.

Nicht minder schmerzhaft wird für den Professor die unmittelbar anschließende Prüfungsepisode, die von Bergman mit erkennbarer Lust und Freude gestaltet wurde. Auf formaler Ebene stechen dabei einige Elemente besonders hervor: die Absenz der sonst die Träume umrahmenden Musik, der Einsatz eines starken Weitwinkelobjektivs – sogar bei den Portraitaufnahmen – zur Gewinnung von extremer Tiefenschärfe, sowie der Wechsel von Unter- und Obersicht zur Unterstreichung der Abhängigkeit des Prüflings vom Prüfer. Alle drei Elemente dienen dazu, diesem Traum ein hyperrealistisches Gepräge zu geben und die klaustrophobische Ausweglosigkeit dieser Situation hervorzuheben. Auch in der inhaltlichen Ausgestaltung ist Bergman sehr erfinderisch und hebt die paradoxale, beklemmende Situation des Prüfungstraumes hervor: Der gelernte Bakteriologe, der sonst die kleinsten Teilchen analysiert, vermag hier unter dem Mikroskop überhaupt nichts zu erkennen, blickt sich stattdessen im wahrsten Sinne des Wortes selbst ins Auge. Der pflichtbewusste und prinzipientreue Arzt kann auch keine Antwort auf die Prüfungsfrage nach seiner ersten Pflicht finden.[15] Außerdem diagnostiziert er bei der Frau des Ingenieurs den Tod, obwohl diese noch lebt und erntet dafür das höhnische Gelächter des Auditoriums. Am Schluss wird er, der gewöhnlich als Prüfender selbst die „richterliche Gewalt" ausübt, zudem noch unter Anklage gestellt. Laut Alman wird ihm Gefühlskälte, Selbstsucht und Selbstgefälligkeit vorge-

Abb. 13 Isaak Borgs Prüfungstraum in WILDE ERDBEEREN (S 1957)

worfen, vorgebracht von seiner bereits verstorbenen Frau. In der nun folgenden Ehebruchsepisode werden ihm diese Eigenschaften exemplarisch vor Augen geführt. Dabei kommt es wieder zu einem Ortswechsel zurück in eine nächtliche Landschaft. Die Natur zeigt sich hier wiederum von ihrer düster-abweisenden Seite. Sumpfiger Boden, tote Bäume, fahles, kaltes Mondlicht, unterlegt von düster-melancholischer Musik und Trommeln. Interessant ist bei dieser Traumepisode, dass es sich nicht um einen erfundenen Traum handelt, sondern um eine verdrängte reale Erinnerung, die im Traum dem Professor wieder schmerzhaft ins Bewusstsein dringt. Denn die geschilderte Ehebruchsszene hat der Professor nicht nur selbst beobachtet, sondern sie ist – laut dem Kommentar von Alman – sogar die einzige Erinnerung, die ihm von seiner Frau geblieben ist. Zum Schluss der dreifachen Traumepisode wird dem Professor durch Alman noch der unabänderliche Urteilsspruch zuteil: er wird zur Einsamkeit verurteilt.

Brillant und kompositorisch genial ist Bergmans Einfall, die Figur des Ingenieurs, der von Marianne auf Grund seines zynischen und verletzenden Verhaltens gegenüber seiner Frau aus dem Auto geworfen wurde, hier über das Unterbewusstsein die Welt des Professors wieder betreten zu lassen. Er ist es, der den Professor durch diese lange und wichtige Traumsequenz begleitet und damit quasi zu einer Gegengestalt von Marianne wird. Doch sein Wirkungsbereich bleibt auf die Traumsphäre und hierin wiederum auf den analytischen Teil beschränkt. Auf die Frage des Professors nach einem Ausweg, nach einer möglichen „Gnade" kann Alman nur auf seine Unzuständigkeit in diesen Fragen verweisen. Mit dieser schönen, pointierten Metapher verweist Bergman nicht nur auf die begrenzte Reichweite und Aussagekraft der Wissenschaft für existentielle Lebensfragen, sondern bietet hierin auch einen interessanten theologischen Anknüpfungspunkt zum Thema Gnade.

Die filmsprachliche Markierung des Überganges zwischen Traum- und Wachzustand ist wiederum sehr klar akzentuiert und unterscheidet sich nicht wesentlich von den beiden vorangegangenen Träumen, weshalb auf diesen Punkt hier nicht mehr näher eingegangen werden muss. Bemerkenswert hingegen ist die Reaktion des Professors auf diesen Traum. Statt diesen Albtraum möglichst rasch von sich zu weisen und ihn vergessen zu suchen, beginnt er nun nach der verborgenen Wahrheit dieser Träume, die er im Wachzustand nicht hören kann oder will, zu fragen. Die Selbstdeutung seiner Träume, die er vornimmt – nämlich dass er eigentlich tot sei, obwohl er lebt – diese Selbstdeutung öffnet ihm nicht nur ein neues Tor zu Vergangenheit und Gegenwart, sondern ist auch der Auslöser für eine heftige Reaktion Mariannes. Ewald, ihr Mann, erweist sich im wahrsten Sinne des Wortes als der Sohn seines Vaters. Er hat nicht nur exakt dieselben Worte verwendet, sondern ist auch sonst sein getreues Abbild. Indem Marianne zum alten Professor einen neuen Zugang findet, findet sie auch einen neuen Zugang zu ihrem Ehemann. Am Ende des Films werden Marianne und Ewald einen vorsichtig angedeuteten Neubeginn ihrer Beziehung wagen. Auch das von Ewald zunächst abgelehnte Kind, das Marianne erwartet, wird in diesem Neubeginn einen Platz finden.

Traumsequenz 4: Sommerhausepisode III

Das Motiv eines Neubeginns, einer möglichen Umkehr, finden wir auch in der den Film abschließenden vierten Traumsequenz. Es handelt sich dabei um einen klassischen Einschlaftraum, ja es ist eigentlich mehr eine Imagination kurz vor dem Einschlafen. Der Professor baut sich – sichtlich zufrieden angesichts der überraschenden Begegnungen und Wendungen des vergangenen Tages – nochmals die Szenerie des Sommerhauses vor seinem geistigen Auge auf. Wie bereits in der zweiten Traumsequenz herrscht ein angenehmes und weiches Licht, auch die Na-

Abb. 14.1–2 Sommerhausepisode III als Imagination vor dem Einschlafen in W ILDE ERDBEEREN (S 1957)

tur zeigt sich wieder von ihrer freundlichen Seite; ebenso ist das bunte, fröhliche Leben in das Haus wieder eingekehrt. Fast wäre man bei einem ersten, flüchtigen Hinsehen versucht, hierin eine Regression in die romantisch-verklärende, nostalgisch-melancholische Szenerie des zweiten Traumes zu erblicken. Hat der von der dritten Albtraumsequenz gebeutelte Professor nichts dazugelernt oder erreicht die auf der Handlungsebene bereits vollzogene oder zumindest angedeutete Umkehr und Wandlung nicht seine innersten Persönlichkeitsschichten, sein Fühlen, Wünschen und Begehren? Diese oder ähnliche Fragen könnten hier auftauchen. Bergman modifiziert jedoch seinen zweiten Traum in zwei entscheidenden Punkten: Zunächst ist auffallend, dass entgegen der ersten Version nun eine echte Begegnung zwischen Isaak und Sara möglich ist. Die Kluft, die sich zwischen den beiden unüberbrückbar aufgetan hatte – das erste Mal durch die schlichte Nicht-Wahrnehmung Isaaks, das zweite Mal durch den enormen Altersunterschied zwischen den beiden – scheint nun wie selbstverständlich aufgehoben. Paradoxerweise tritt jedoch diesmal nicht der junge Isaak erstmals in die Traumsphäre ein, es ist immer noch der alte Mann, aber Sara begegnet ihm so als ob es der junge wäre. „Isaak, es gibt hier keine Erdbeeren mehr", sagt sie zu ihm und der magische Erdbeerplatz seiner Kindheit scheint damit endgültig verloren. Doch es bleibt keine Zeit zum Trauern, denn Sara hält ihn gleich an, er möge doch nach seinem Vater suchen. Erstmals im Film wird hiermit der Vater ausdrücklicher Bezugspunkt. Er war zwar schon im ersten Sommerhaustraum indirekt präsent – dort wird erwähnt, dass Isaak mit seinem Vater fischen gegangen sei – doch er war dort nicht eigentliches Thema. „Ich habe ihn gesucht, aber ich kann weder meinen Vater, noch meine

Mutter finden", antwortet Isaak bedeutungsschwer. Sara bietet Isaak ihre Hilfe bei der Suche nach seinen Eltern an. Sie nimmt ihn bei der Hand und führt ihn durch den Wald zu einer Waldlichtung. Dort angekommen weist sie auf Isaaks Vater und Mutter, die in einer idyllischen Bucht sitzen und fischen bzw. ein Buch lesen. Als die Mutter ihn bemerkt winkt sie ihm von Ferne zu. Der idyllische Charakter der Landschaft, die wie ein impressionistisches Gemälde wirkt, wird durch die unterlegte romantische Harfenmusik noch verstärkt. Nach einem Schnitt sehen wir wie Sara nun entschwindet. Während Isaak ihr in den beiden anderen Träumen verzweifelt nachzueilen suchte, kann er nun seine verlorene Jugendliebe „loslassen". Nach einem weiteren Gegenschnitt sehen wir die Bucht zum zweiten Mal, nun winkt ihm auch der Vater verhalten zu. Das Ende der Traumsequenz zeigt uns nochmals Isaaks Gesicht in Nahaufnahme. Auf dem alten, zerfurchten Gesicht liegt nun ein weicher Glanz, sein Blick wirkt mild und ruhig. Der zufriedene, versöhnte Ausdruck in seinem Gesicht, wird von Bergman auch in den Wachzustand hinübergerettet. In einer sehr langsamen Überblendung gleiten wir zurück in Isaaks Bett. Das Erwachen wird – ganz konventionell – durch ein Räuspern markiert, doch der bleibende Gesichtsausdruck und die weitergeführte Unterlegung mit Harfenmusik unterstreichen die Kontinuität zwischen den beiden Bewusstseinsebenen.

Diese Abschlusssequenz beendet nicht nur einen wichtigen, ereignisreichen Tag im Leben Isaak Borgs, sondern in übertragener Weise auch das Leben des Professors. Während zu Beginn des Films in der morgendlichen Albtraumsequenz der Tod noch als Schreckgespenst in Erscheinung getreten und dem Professor in Mark und Bein gefahren ist, ist nun jeder Schrecken aus seinen Träumen gewichen. Was nun zurückbleibt, ist der verklärte Blick, die verklärte kindliche Erinnerung an seine Eltern. Bergman macht in seinem Buch Bilder keinen Hehl daraus, dass dieses Schlussbild, wie insgesamt der Film stark autobiographische Züge trägt. Wir erfahren dort, dass sich Bergman während der Entstehungszeit von WILDE ERDBEEREN in einem negativen Chaos von menschlichen Beziehungen befunden habe: Die Trennung von seiner dritten Frau war vollzogen und schmerzte ihn immer noch, die herzliche und kreative Gemeinschaft mit Bibi Anderson habe gerade zu zerfallen begonnen und mit seinen Eltern habe er in bitterer Fehde gelegen. Gerade im letzten Punkt glaubt Bergman eine der stärksten Triebkräfte für WILDE ERDBEEREN finden zu können: „Ich bildete mich unablässig in der Gestalt meines Vaters ab und suchte nach Erklärungen für die bitteren Streitereien mit meiner Mutter (...). Ich suchte meinen Vater und meine Mutter, doch ich konnte sie nicht finden. Die Schlussszene in WILDE ERDBEEREN ist somit stark geladen mit Sehnsüchten und

Wünschen: Sara nimmt Isaak Borg an der Hand und führt ihn zu einer, von der Sonne beleuchteten Waldlichtung. Auf der anderen Seite des Sundes kann er seine Eltern sehen. Sie winken ihm zu. Die Geschichte wird von einem einzigen, vielfältig beleuchteten Motiv durchzogen: Zukurzkommen, Armut, Leere, keine Begnadigung. ich weiß es heute nicht und wusste es damals nicht, wie ich mit WILDE ERDBEEREN an meine Eltern appellierte: seht mich, versteht mich und – falls das möglich ist – verzeiht mir."[16]

Siegt hier in diesem Schlussbild, das nach Bergmans Selbstaussage so stark mit eigenen Sehnsüchten und Wünschen aufgeladen ist, nicht eine idyllische und projektive Postkartenromantik? Der Film steuert zwar auf dieses Bild zu, doch er erschöpft sich nicht in platter Weise in ihm. Vorweg haben eine Reihe von Begegnungen stattgefunden, die Isaak Borg, den mürrischen und unnahbaren alten Professor, aber auch die ihn umgebenden Personen entscheidend verändert haben. Die Verwandlung, die Transformation, die in diesem abschließenden Bild der Eltern auf der Traumebene angedeutet ist, findet eine entscheidende Parallelisierung auf der realen Handlungsebene. Isaak sucht und findet nicht nur einen neuen Zugang zu seinen Eltern, er findet auch einen neuen Zugang zu den Menschen, die mit ihm leben bzw. leben müssen: zu seinem Sohn und zu seiner Schwiegertochter, deren Eheprobleme ihn plötzlich interessieren und denen der Professor – entgegen seiner sonstigen Prinzipien – sogar ein Schuldarlehen erlässt; auch zu seiner langjährigen Haushälterin entwickelt er ein neues Verhältnis, wenn diese sich an seine neuen Umgangsformen offensichtlich erst gewöhnen muss.

Die Ebenen von Traum und Wirklichkeit fallen also hier nicht – wie es bei romantischen Werken häufig der Fall ist – auseinander, sondern Bergman ist es gelungen die beiden Ebenen stimmig, wenn auch vielleicht nicht ganz so kunstvoll wie etwa später in PERSONA, miteinander zu verweben. Der Schluss mag dem einen oder anderen vielleicht ein wenig konventionell, vielleicht sogar banal erscheinen. René Girard, der französische Literaturwissenschaftler und Kulturtheoretiker, hat in seiner Analyse großer Romane der Weltliteratur herausgefunden, dass oftmals gerade große literarische Werke einen scheinbar banalen Schluss aufweisen, der sich vom pathetischen Ende vieler romantischer Werke deutlich unterscheidet. „Jeder große romaneske Schluß ist banal, aber er ist nicht konventionell. Sein Mangel an rhetorischem Schliff, ja gerade seine Unbeholfenheit macht seine wahre Schönheit aus und unterscheidet ihn eindeutig von den verlogenen Versöhnungen, von denen es in der zweitrangigen Literatur nur so wimmelt."[17] Dies gilt uneingeschränkt auch für viele bedeutende Werke der Filmgeschichte, nicht zuletzt auch für WILDE ERDBEEREN.

Neben der stimmigen inneren Korrespondenz haben auch die im Film verarbeiteten existenziellen Grundthemen, wie Einsamkeit, Leid, Schuld, Vergebung und Tod ebenso wie der versöhnliche Schluss wesentlich dazu beigetragen, dass der Film auch heute noch eine eigentümliche Faszination ausstrahlt. Die filmsprachlichen Mittel, die Bergman zur Darstellung der Träume hier verwendet hat, mögen dagegen heute zum Teil etwas antiquiert wirken. Seit der Entstehung des Filmes im Jahr 1957 haben sich vor allem die Konventionen, mittels derer die Grenzlinien zwischen Wach- und Traumzuständen gekennzeichnet werden, sehr stark verändert. Diese Markierungszeichen werden heute in der Regel in viel abgeschwächterer Form gesetzt, gelegentlich wird – wie bereits angedeutet – auf diese sogar bewusst verzichtet, um die beiden Wirklichkeitssphären ineinander übergehen zu lassen oder gänzlich zu vermischen.

Das Traumthema in Bergmans späteren Filmen

Diesen Wandlungsprozess hat Bergman selbst in seinen weiteren Filmen nicht nur mitvollzogen, sondern hat ihn – wie auch Tarkowskij und Fellini – in gewisser Weise sogar eingeleitet und mitgeprägt. Im ersten Kapitel der bereits erwähnten Schrift Bilder[18] führt Bergman neben WILDE ERDBEEREN noch fünf weitere Filme an, die er selbst dem Bereich der Träume zuordnet: DAS SCHWEIGEN (1963), PERSONA (1966), DIE STUNDE DES WOLFS (1966), SCHREIE UND FLÜSTERN (1972) und VON ANGESICHT ZU ANGESICHT (1975). Erste deutliche Ansätze, die klare Trennung der beiden Ebenen aufzuweichen, kann man bereits fünf Jahre nach WILDE ERDBEEREN in DAS SCHWEIGEN erkennen. Im Mittelpunkt dieses Films steht – ähnlich wie später auch in PERSONA – die Auseinandersetzung und der Machtkampf zwischen zwei sehr unterschiedlichen Frauen. Dabei spielt das Motiv der unbekannten und fremden Stadt[19] eine zentrale Rolle für die traumhaft, surreale Gestalt des Films. Der filmische Übergang zwischen Traum und Wirklichkeit ist in diesem Film gegenüber WILDE ERDBEEREN schon wesentlich gleitender. Dennoch hat der Film, wie Bergman selbst einräumt, noch eine „literarische Schlagseite" und lotet die spezifischen Möglichkeiten des Mediums Film nicht zur Gänze aus.

PERSONA
Der erste Film, in dem sich Bergman nahezu mühelos zwischen diesen beiden Ebenen hin und her bewegt, ist PERSONA. Hier ist schließlich jeder feste Bezugsrahmen, durch den sich der Zuschauer eindeutig im Film orientieren könnte, radikal aufgelöst. Der Film hat auf den ersten Blick einen relativ leicht nachvollziehbaren

Abb. 15 Bibi Anderson, Gunnar Björnstrand und Liv Ullman (v.l.n.r.) in P ERSONA (S 1966)

Handlungsbogen. Im Film kommt es zur Begegnung zweier Frauen: die alternde Schauspielerin Elisabeth Vogler (Liv Ullman) verfällt nach einem Lachkrampf mitten in einer Vorstellung plötzlich in vollkommene Apathie und Schweigen und wird zur Pflege in eine Anstalt eingewiesen. Dort trifft sie auf die junge Krankenschwester Alma (Bibi Anderson), die von der Anstaltstherapeutin den Auftrag erhält, die Patientin zu einer Kur am Meer zu begleiten und sie dort zu betreuen. Das Kräftegleichgewicht der beiden ist von Anfang an sehr schief: hier eine lebenserfahrene, sich jedoch in einer Schaffenskrise befindende Künstlerin, die während des ganzen Filmes selbst kein Wort sprechen wird; dort eine unerfahrene, jugendliche Frau, welche die Schauspielerin grenzenlos bewundert und ihr unentwegt von ihrem „unbedeutenden" Leben erzählt. Die Symbiose, die die beiden Frauen eingehen, wird im Laufe des Filmes immer fragiler und zerbricht am Ende schließlich mit einem Knalleffekt. Es kommt zur abrupten, unvermittelten Trennung, nachdem das anfangs von Neugier und Bewunderung gespeiste, fast freundschaftliche Verhältnis immer mehr auf einen offenen Machtkampf zusteuert, der sich am Ende sogar am Rande der Gewalttätigkeit bewegt.

Für dieses Psychogramm zweier Frauen, deren individuelle Identitäten sich in der gegenseitigen Begegnung immer mehr aufzulösen und zu verschmelzen drohen, zieht Bergman alle Register seines künstlerischen Könnens. Die Auflösung eines klaren Orientierungsrahmens, die mit der Auflösung von Identität untrennbar einhergehen muss, wird bereits in der Eingangssequenz des Filmes angedeutet. Dort werden mehr oder weniger assoziativ und unverbunden Bildersequenzen aneinander gereiht, die in keine kausale Verknüpfungsreihe gebracht werden können: Der aufleuchtende Bogen eines Kohlenbogenprojektors, der am Ende des Films wieder erlischt; alte Menschen, die in einer Leichenhalle aufgebahrt liegen; im selben Raum ein Junge, der durch das Klingeln eines Telefons erwacht und später die unscharfe Großprojektion zweier Frauengesichter abzutasten versucht; eine eingelegte Filmrolle; unbelichtete Filmstreifen; Filmausschnitte aus alten Stummfilmen; Bilder einer Schlachtung und anderes mehr. All dies erweckt bereits vor Beginn der eigentlichen Handlung einen traumhaft-surrealen Eindruck. Gleichzeitig – und hierin liegt ein wesentlicher Unterschied etwa zu WILDE ERDBEEREN – tritt ein hohes Maß an Selbstreflexivität bereits in dieser Eingangssequenz zu Tage. Damit wird die folgende Handlung deutlich als etwas willkürlich Geschaffenes, als ein filmisches Kunstprodukt gekennzeichnet. Auch während des Films kehren diese Verweise wieder. Sei es in Form eines plötzlich eingeblendeten Filmstreifens, dessen Bilder zerspringen bzw. ausfransen, sei es in der direkten oder gespiegelten Einblendung der Aufnahmekamera, sei es über die Einblendung von Bildern eines brennenden vietnamesischen Mönches via TV-Schirm, die Elisabeth Vogler zutiefst erschüttern. Dies sind wichtige Stilmittel, um den konstruktivistischen, den Welt erschaffenden Aspekt des Films selbstreflexiv darzustellen und zu spiegeln.

Die selbstreflexiven filmischen Stilmittel werden von Bergman in den Handlungsbogen so kunstvoll eingewoben, dass sie zwar den konstruktivistischen Charakter des Films kennzeichnen und trotzdem nicht als Fremdkörper im Handlungsgefüge erscheinen; ganz im Gegenteil, sie ergänzen auf kongeniale Weise den Traum und Realität vermischenden Sog, den der Film immer stärker aufbaut. „Es ist in vielen Momenten nicht eindeutig auszumachen, ob die Kamera nur ein neutraler Beobachter wie in einem Spiegel ist oder die Perspektive einer der Frauen einnimmt. Die Erzählinstanz verschwimmt, die Grenzen verfließen zwischen der kollektiven Realität, der alle Figuren der Erzählung angehören, und der besonderen Realität, die die Traumzone einer Figur ausmacht. Zwischen greifbar Konkretem und Eingebildetem kann immer weniger unterschieden werden."[20] Dies tritt besonders deutlich in den Nachtszenen des Filmes zutage, in denen die beiden Frauen den Charakter miteinander tauschen, wie es Bergman selber bezeichnet.[21] Der Einsatz von Nebel, Wind, Kerzenlicht, eines fernen Nebelhornes, leisem Flüstern in diesen Szenen, all dies unterstreicht den verfließenden Charakter der beiden Identitäten. Dieser gleitende, fließende Übergang wird von Bergman so gekonnt inszeniert, dass der Zuschauer – ganz im Unterschied zu WILDE ERDBEEREN – am Ende selbst die Orientierung verliert und nicht mehr in der Lage ist, eindeutig zwischen Traum und Wirklichkeit, zwischen Bewusstsein und Einbildung zu unterscheiden. Bergman erreicht durch diese bewusste „Entmarkierung" ein selten erreichtes Maß an Identität zwischen Inhalt und Form. Die Darstellung zweier sich auflösender, miteinander verschmelzender und gleichzeitig miteinander kämpfender Identitäten wird hier auch mit neuen filmspezifischen Mitteln überzeugend umgesetzt.

Neben der experimentellen Ästhetik, die den Film kennzeichnet, werden in diesem Film auch einige Themen berührt, die auch für eine theologische Rezeption interessant erscheinen, wie etwa die Fragen nach Wahrheit, Schuld und Verantwortung. Zum Beispiel wenn Elisabeth Vogler einerseits vom Bild eines brennenden vietnamesischen Mönches und auch von einer Photographie, die einen jüdischen Jungen vor einem deutschen Erschießungskommando zeigt, zutiefst berührt ist, während sie ihre Augen vor dem Bild ihres eigenen, innerlich abgelehnten Kindes im wahrsten Sinne des Wortes verschließt. Oder wenn bei Alma Schuldgefühle auf Grund eines verdrängten sexuellen Abenteuers und einer damit verbunden Abtreibung aufbrechen und sie von Elisabeth deswegen verspottet wird. Beides berührt die heute mehr denn je aktuelle Fragestellung, wie die Suche nach Wahrheit und ethischer Orientierung sowie gesellschaftlicher Mitverantwortung in einem Umfeld vonstatten gehen kann, in dem jeder übergeordnete Bezugsrahmen verloren gegangen ist und jeder/jede seine/ihre Identität – häufig im Kampf gegen andere – selbst zusammen basteln muss.

DIE STUNDE DES WOLFS

Ein Jahr nach PERSONA geht Bergman in DIE STUNDE DES WOLFS[22] noch einen Schritt weiter im Streben die Grenzen zwischen Traum und Wirklichkeit, zwischen Bewusstsein und Einbildung filmisch gänzlich aufzulösen. Dabei wird nicht nur die Hauptfigur – einem Maler (Max von Sydow) in einer Schaffenskrise – von immer drastischeren und am Ende auch gewalttätigen Wahnvorstellungen bedrängt, sondern auch seine Geliebte (Liv Ullman), die ein Kind von ihm erwartet, wird schließlich von diesem Trugbild erfasst. Auch sie scheint am Ende an die Realität

Abb. 16   Liv Ullman, Max von Sydow und Gertrud Fridh in DIE STUNDE DES WOLFS (VARGTIMMEN, S 1966)

der bedrängenden Monster, der Menschenfresser, wie der Maler sie nennt, zu glauben. Und mit ihr als „Zeugin" wird es auch dem Zuschauer zunehmend schwer gemacht, sich dem suggestiven Sog der psychotischen Wahnvorstellungen zu entziehen. Bergman bedient sich dazu einer – zumindest für das Kinopublikum Mitte der sechziger Jahre – ungewöhnlichen Mischung filmischer Stilmittel: Er paart dokumentarische Mittel, wie den Einsatz von Tagebuchaufzeichnungen und Interviews, die die Filmhandlung umrahmen und begleitend erläutern, mit surrealen und expressionistischen Bilderwelten, etwa in der Begegnung mit an der Decke hängenden Figuren bei seinem Besuch im unheimlichen Schloss; in der Beischlafszene mit der leichenblassen, zunächst scheinbar toten Ex-Geliebten, die sich plötzlich in eine Art Vampir verwandelt; oder auch in der homoerotisch aufgeladenen Szene mit dem Jungen, der den Maler plötzlich anspringt, ihn in den Hals beißt und anschließend vom Maler mit einem Stein erschlagen und ins Wasser geworfen wird. Diese seltsame Mischung suggeriert zunächst eine Erzählinstanz, an der sich der Zuschauer orientieren kann, doch im Verlauf der Handlung wird in zunehmendem Maße jede Distanz oder Objektivität aufgelöst. Der Zuschauer wird am Ende des Filmes mit einer irritierenden und beunruhigenden Ungewissheit über den Realitätscharakter des Gesehenen zurück gelassen. So ist es auch nicht weiter verwunderlich, dass DIE STUNDE DES WOLFS nach PERSONA von vielen für einen Rückschritt gehalten wurde. Auch Bergman selbst hat sich verschiedentlich abschätzig über den Film geäußert. In seiner Spätschrift Bilder versucht er jedoch, den Film im Bezug auf das Gesamtwerk zu sehen und deutet ihn als experimentellen Beitrag seiner intensiven Beschäftigung mit dem Grenzbereich von Traum und Wirklichkeit.[23]

SCHREIE UND FLÜSTERN und VON ANGESICHT ZU ANGESICHT
In den beiden späteren Filmen, auf die hier noch kurz eingegangen werden soll, nimmt Bergman dieses undurchdringliche und beunruhigende filmische Ineinander von Traum bzw. Imagination und realer Wirklichkeit zurück und entzerrt die beiden Bereiche wieder ein Stück. Doch auch hier spielt das Traumthema eine wichtige Rolle. In SCHREIE UND FLÜSTERN schildert Bergman das Sterben der krebskranken Agnes (Harriet Anderson). Ihre beiden Schwestern Karin (Ingrid Thulin) und Maria (Liv Ullman) besuchen sie, um Abschied von ihr zu nehmen, bleiben jedoch ganz in ihren eigenen Problemen verhaftet, während die Magd Anna (Kari Sylwan) die Kranke hingebungsvoll pflegt und sie beim Sterben begleitet. In eingefügten Rückblenden werden Erinnerungen an eine glückliche Kindheit mit der qualvollen und lähmenden Gegenwart kontrastiert, in die die Hauptfiguren eingezwängt scheinen. Bergman bewegt sich hier mühelos zwischen den verschieden Zeitebenen hin und her. Im Unterschied zu WILDE ERDBEEREN sind dabei die Übergänge nicht mehr „übermarkiert", sondern erscheinen gleitend und sind kunstvoll in das Gesamtgefüge des Handlungsbogens eingewoben. Auffallend ist in diesem Film auch die besondere Farbdramaturgie, die sich von Bergmans großteils in schwarz-weiß gedrehten Filmen unterscheidet; besonders wichtig sind im Film die Rottöne der Tapeten jenes Zimmers, in dem ein Großteil der Handlung spielt; Bergman vermerkt dazu im Manuskript zum Film, er habe sich stets das Rote als Inneres der Seele vorgestellt.[24] Bergman gelingt es hier denn auch überzeugend, dieses Innere der Seele mit knappen und sparsamen Mitteln und dennoch mit überzeugender Eindringlichkeit nach außen zu kehren und die brüchige und ab-

gründige Seelenlandschaft der handelnden Personen plastisch zu veranschaulichen. Dabei treten nicht nur das Leid und die seelische Not der Frauen, die in einem engen Korsett bürgerlicher Konventionen gefangen scheinen, offen zu Tage, sondern Bergman eröffnet in der sich aufopfernden Figur der Magd auch einen Ansatz von Erlösung, womit der Film an den versöhnlichen Schluss von WILDE ERDBEEREN anknüpft.

In VON ANGESICHT ZU ANGESICHT aus dem Jahr 1975 dagegen bleibt der Zuschauer am Ende des Filmes – ähnlich wie bereits in DIE STUNDE DES WOLFS – mit einem Gefühl von Beklemmung, Leere und Ausweglosigkeit zurück. Die Nervenärztin Dr. Jenny Isaksson (Liv Ullman) gerät hier anlässlich eines Besuches bei ihren Großeltern in eine existentielle Krise. Sowohl der körperliche und geistige Verfall ihres Großvaters als auch die vertraute Umgebung wecken in ihr kindliche Erinnerungen, die von Angst- und Verlusterfahrungen – ausgelöst durch den Unfalltod ihrer Eltern – geprägt sind. Nach einem Selbstmordversuch wird sie in eine Klinik gebracht, wo sie in düsteren Träumen nochmals ihre Ängste und Obsessionen durchlebt. Obwohl am Ende scheinbar wieder geheilt bleibt sie am Ende in ihrer Einsamkeit und Trostlosigkeit gefangen. Obwohl Bergman auch hier durch eine geschickte Mischung aus penibler Schilderung alltäglicher Details und düsteren Traumvisionen ein eindrückliches Frauenportrait gelingt, fehlt dem Film sowohl die Leichtigkeit als auch die Innovationskraft, mit der Bergman in den vorangehenden Filmen den Grenzbereich zwischen Traum und Wirklichkeit abzumessen versucht hat. In seiner Autobiographie sieht Bergman in gewohnt selbstkritischer Manier das Ergebnis selbst sehr nüchtern: „VON ANGESICHT ZU ANGESICHT sollte ein Film über Träume und Wirklichkeit werden. Die Träume sollten zu greifbarer Wirklichkeit werden. Die Wirklichkeit sollte aufgelöst und zu Traum werden. Einige Male ist es mir gelungen, mich ungehindert zwischen Traum und Wirklichkeit zu bewegen: WILDE ERDBEEREN, PERSONA, DAS SCHWEIGEN und SCHREIE UND FLÜSTERN. Diesmal wurde es schwieriger. Der Vorsatz erforderte eine Eingebung, die mich im Stich ließ. Die Traumsequenzen gerieten synthetisch, die Wirklichkeit wurde unscharf. ... Durch das dünne Gewebe grinste die künstlerische Erschöpfung."[25]

Die konfrontierende und die verwandelnde Kraft des Traumes: Ein theologischer Ausblick

Nimmt man Bergmans eigenes, oben formuliertes künstlerisches Ziel[26], nämlich die Grenzen zwischen Wirklichkeit und Traum aufzulösen und sich ungehindert zwischen den beiden Sphären zu bewegen, zum Maßstab, könnte man sich wohl ohne größere Vorbehalte Bergmans Urteil anschließen und die vier genannten Filme gleichrangig als gelungene Umsetzungen dieses Zieles ansehen. Man könnte dabei sogar noch einen kleinen Schritt weiter gehen, und aus den vier genannten Filmen PERSONA nochmals als besonders gelungen hervorheben, da Bergman – hier für viele am Höhepunkt seiner künstlerischen Produktivität – sein Ziel mit großer Leichtigkeit und neuen ästhetischen Mitteln erreicht.[27] Dieses Ziel ist jedoch in erster Linie ein ästhetisches. Für eine theologische Auseinandersetzung ist dieser Aspekt zwar von Bedeutung, er kann jedoch nicht als maßgeblicher, schon gar nicht als alleiniger Maßstab für eine Auseinandersetzung und Beurteilung ausreichen. Für eine sinnvolle und weiterführende theologische Auseinandersetzung mit dem Traumthema bedarf es auch inhaltlicher Anknüpfungspunkte und Kriterien. Walter Lesch hat zurecht darauf hingewiesen, dass das Traumthema für eine Begegnung zwischen Film und Theologie vor allem unter der Rücksicht des menschlichen Wünschens und Begehrens und nicht so sehr unter der Rücksicht des Wissens und Sollens fruchtbar gemacht werden kann; denn „das Wünschen oder (...) das Begehren ist eine wichtige Triebfeder unseres Denkens und Handelns, vielleicht sogar stärker als das moralisch Gebotene oder das intellektuell richtig Erkannte."[28] Lesch erscheint es daher interessant, Lebensentwürfe primär „unter dem Aspekt des Erhofften, Befürchteten, Ersehnten, Gewünschten zu betrachten und die vorgefundene Realität sowie die Grenzen des Realisierbaren mit diesen Wünschen und Ängsten zu konfrontieren."[29]

Eine solche Zugangsweise scheint mir für die Beschäftigung mit dem Traumthema in Bergmans Filmen besonders geeignet, da sich die Figuren in den untersuchten Filmen immer zentral mit eigenen, meist gescheiterten Lebensentwürfen auseinander setzen (müssen) und dabei Ängste, Befürchtungen und Sehnsüchte eine zentrale Rolle spielen. In den sechs vorweg untersuchten Filmen werden ausnahmslos Menschen gezeigt, die aus dem einen oder anderen Grund in eine tief greifende existentielle Krise geraten sind, deren Lebensentwürfe mit anderen Worten brüchig werden oder ganz zerbrechen: In WILDE ERDBEEREN etwa muss der alte Professor auf der Schwelle zum eigenen Tod erkennen, dass er ein einsamer und verbitterter Zeitgenosse geworden ist, der sämtliche sozialen Kontakte zu seiner Umwelt abgebrochen hat; in SCHREIE UND FLÜSTERN muss die krebskranke Agnes erkennen, dass ihre beiden Schwestern trotz ihres nahenden Todes ganz um ihre eigenen Probleme kreisen und keinen Zugang zu ihr finden; in DAS SCHWEIGEN bricht in einer fremden Umgebung zwischen den beiden ungleichen Schwestern ein offener, hasserfüllter Kampf aus, der schließlich auch zur Trennung führt; in PERSONA, DIE STUNDE DES WOLFS und VON ANGESICHT ZU ANGESICHT treiben schließlich Schaffens- und Lebenskrisen die Hauptfiguren entweder ins Verstummen, in den Wahnsinn oder gar in den versuchten Selbstmord. In allen diesen Situationen taucht hartnäckig die Frage nach der eigenen Identität, nach Wahrheit und einer sinnvollen Ausrichtung des eigenen Lebens auf; und damit verbunden auch die Suche nach verlorener oder möglicher neuer Gemeinschaft mit anderen Menschen. Dabei werden auf je unterschiedliche Weise Themen, die auch für die Theologie zentral sind, wie die Bewältigung von Einsamkeit, Leid, Krankheit und Tod, der Umgang mit eigener und fremder Schuld und die Frage nach möglicher Vergebung und Versöhnung berührt.

Die existenzielle Krise, in die die Figuren geraten, wird in allen Filmen als ein sehr schmerzlicher, zum Teil kaum erträglicher Prozess geschildert und wird daher von den handelnden Personen zunächst gar nicht oder nur auf Um- und Abwegen zugelassen. Ein entscheidender Umweg, auf dem dies geschieht, ist in allen Filmen Bergmans die Sphäre des Traums. In Tagträumen und Traumvisionen tauchen verdrängte oder vergessene Erinnerungen und Ängste unvermittelt auf oder werden abgespaltene Persönlichkeitsanteile schmerzlich ins Bewusstsein geholt. Der Traum ist hier der privilegierte Ort, wo sich dieser schmerzliche Vorgang ereignen kann, da er zum einen gänzlich der menschlichen Verfügungsgewalt entzogen ist und gleichzeitig auch von geradezu erschreckender innerer Evidenz getragen ist. Nur im Traum kann etwa Professor Isaak Borg seinen eigenen Tod vorwegnehmen oder sein eigenes Antlitz als alt und hässlich wahrnehmen; und diese Wahrheit „tut so weh", wie er im Traum seiner Jugendliebe Sara eingestehen muss. Ebenso schmerzlich ist es, wenn die beiden Frauen in PERSONA in ihrem quälenden Machtkampf der anderen jeweils auch ihre dunklen, verdrängten Schatten „entlocken"; auf Almas Seite etwa die Schuldgefühle, die sie auf Grund der Untreue ihrem Verlobten gegenüber und der damit verbundenen Abtreibung plagen; oder auf Elisabeths Seite die uneingestandenen Schuldgefühle, die sie auf Grund der Hass- und Ablehnungsgefühle ihrem eigenen Kind gegenüber in sich trägt.

In der konkreten Zeichnung seiner filmischen Figuren schont Bergman niemanden und zeigt die Menschen in ihrer ganzen Zwiespältigkeit und Abgründigkeit. Dagegen ist, auch aus theologischer Sicht, nichts einzuwenden; ganz im Gegenteil. Auch die biblischen Texte sprechen in dieser Hinsicht Klartext und erteilen jeglicher romantischen Sichtweise des Menschen eine klare Abfuhr; am deutlichsten zeigt sich das etwa in der Zeichnung der Jünger Jesu in den Texten zur Passionsgeschichte. Petrus etwa tritt dort nicht als „Fels", sondern als angsterfüllter, schwacher Mensch in Erscheinung, der um seine eigene Haut fürchtet und deshalb – wie vorher angekündigt – seinen Herrn gleich dreimal verleugnet. Doch die Abgründigkeit und angsterfüllte Schwachheit der Menschen hat in den biblischen Texten selten das letzte Wort. Stets bleibt dort die Tür für eine Wendung, für eine Umkehr der Menschen offen, selbst in aussichtlosester Situation ist Rettung möglich, wenn nur die Menschen bereit sind, ihr Ohr für den Anruf Gottes immer wieder neu zu öffnen. Die biblischen Texte berichten uns – ebenso wie auch die vielen Lebensberichte und Legenden von Heiligen – zuhauf von solchen unerwarteten, zum Teil auch sehr unbequemen gnadenhaften Wendungen im Leben von Menschen. Diese Geschichten haben über Jahrhunderte hinweg Menschen immer wieder zur Umkehr, zur Neuausrichtung ihres Lebens auf Gott und – was gemäß dem doppelten Liebesgebot genau so wichtig ist – auf die Mitmenschen hin bewegt und ihnen auch in scheinbar aussichtslosen Situationen Hoffnung und Trost gespendet.

Auch die Filme Bergmans erzählen solche scheinbar aussichtslosen Geschichten, in denen wir über Erinnerungsbilder, Tagträume und Albtraumvisionen in die tieferen Schichten der Figuren vorzudringen vermögen und von ihren innersten Ängsten und Enttäuschungen, aber auch von ihren Hoffnungen und Sehnsüchten erfahren. Für einen spezifisch theologischen Zugang zu den Filmen Bergmans wäre daher neben der Frage nach einer gelungenen ästhetischen Umsetzung in den Filmen auch die Frage legitim und notwendig, in welchen der untersuchten Filme Beispiele von gnadenhafter Rettung, von verwandelnder Umkehr oder erfahrener bzw. antizipierter Erlösung anklingen, wo also die Zuschauer nicht mit einem Gefühl von Hoffnungs- und Trostlosigkeit zurückbleiben.

Blicken wir auf die sechs untersuchten Filme zum Traumthema so ist das Motiv einer wirklichen Umkehr, eines fundamentalen inneren Wandlungsprozesses am deutlichsten sicherlich in WILDE ERDBEEREN verarbeitet. Das doppelte Reisemotiv – die äußere und die innere Reise, auf die sich Isaak Borg macht – dient hier Bergman dazu, einen Menschen zu zeigen, der unfreiwillig aus seiner seelischen und emotionalen Erstarrung herausgerissen wird und einige schmerzliche Erfahrungen zulassen muss, bevor bei ihm eine innere Verwandlung stattfinden kann. Dieser Transformationsprozess bedarf der Begegnung mit anderen Menschen, über die Traumsphäre auch mit solchen aus seiner verschütteten Vergangenheit. Diese neuen Begegnungen und Erfahrungen finden gänzlich unerwartet statt und werden vom Professor zum Teil auch nur widerwillig mitvollzogen. Am Ende des Filmes und damit sinnbildlich auch am Ende seines Lebens wird dem Professor zuteil, worum er zuvor in einem seiner demütigenden Träume gebetet hatte: Gnade und Vergebung. Dieses gnadenhafte Geschenk ist jedoch keine Einbahnstraße, es wirkt vielmehr auch auf die den Professor umgebenden Menschen befreiend zurück; auch bei ihnen können alte Erstarrungen und Verhärtungen aufbrechen und zu neuen Formen gegenseitiger Sorge und Rücksichtnahme führen. An der selben entscheidenden Schwelle zum Tod ist auch Bergmans SCHREIE UND FLÜSTERN platziert. Auch in diesem Film treffen wir auf ein leises Zeichen der Hoffnung: Im berühmt gewordenen Pietà-ähnlichen Bild, in dem das Dienstmädchen Anna[30] die sterbenskranke Agnes an ihren nackten Oberkörper drückt und über den Knien hält, wird jene gnadenhafte Begegnung unerwartet Wirklichkeit, die sich Agnes von ihren beiden Schwestern ersehnt hätte. Auch in diesem Bild finden wir also eine zarte Andeutung möglicher Erlösung aus Einsamkeit, Krankheit und Tod. In den vier übrigen hier untersuchten Filmen sucht man dagegen vergebens nach solchen sichtbaren Spuren möglicher Rettung und Erlösung. In DAS SCHWEIGEN bleibt Ester am Ende krank und einsam im Hotel der fremden Stadt zurück. Allenfalls in der Figur des jungen Johan[31] kann man noch einen vorsichtig angedeuteten Lichtblick erahnen. In PERSONA kann der Zuschauer bzw. die Betrachterin über knappe zwei Stunden lang zwar einem virtuosen schauspielerischen Kampf zweier ungleicher Frauenseelen beiwohnen und dabei auch sehr viel Neues über filmische Gestaltungsmöglichkeiten im Grenzland zwischen Traum und Wirklichkeit lernen. Er bleibt jedoch im wahrsten Sinne des Wortes nur beobachtender und unbeteiligter Zuschauer, der staunend, vielleicht auch mit einem leichten Schauder das abrupte und wortlose Auseinandergehen der beiden Frauen am Ende des Filmes mitverfolgt. In DIE STUNDE DES WOLFS und VON ANGESICHT ZU ANGESICHT schließlich ist die Hoffnungs- und Perspektivlosigkeit, die die Lebenssituation der Hauptfiguren prägt, noch stärker akzentuiert. Das Ende dieser letzten beiden Filme ist gänzlich bestimmt von Trostlosigkeit, Leere und Verzweiflung.

Filmische Kunstwerke können und sollen mit unangenehmen Wahrheiten konfrontieren, doch wo sie dabei stehen bleiben und in ihnen nicht auch eine verwandelnde Kraft durchschimmert, werden sie den Zuseher kaum dazu ermutigen, auch auf eigene dunkle Flecken einen genaueren Blick zu werfen. „Keine Kunst ohne Verwandlung" hat Robert Bresson einmal in seinen Kinematographen notiert.[32] Diese Sehnsucht nach einer verwandelnden Kraft seiner Filme hat vermutlich auch Bergman stets in sich getragen. 1971 etwa schreibt er folgende Zeilen in sein Arbeitsbuch zu SCHREIE UND FLÜSTERN: „Ein Trostfilm, ein Film um zu trösten. Wenn ich doch so etwas erreichen könnte, es wäre eine große Befreiung. Sonst hat es fast keinen Sinn, diesen Film zu machen."[33] Dieses Vorhaben ist ihm in diesem Film wohl auch ein Stück weit geglückt, deutlicher glückt ihm dies jedoch sicherlich in WILDE ERDBEEREN. Bergman selbst rechnet die Verantwortung für das dortige Gelingen interessanterweise nicht sich selbst, sondern vornehmlich einem anderen zu, nämlich dem Hauptdarsteller seines Filmes: Victor Sjöström, selbst eine Regielegende des Schwedischen Films. In seiner Spätschrift Bilder gesteht er offen, vielleicht auch mit einer Spur von Wehmut ein: „Erst heute habe ich erkannt, dass Victor Sjöström meinen Text an sich riss, in sein Eigentum verwandelte und seine Erfahrung einsetzte: eigene Qual, Misanthropie, Zurückgezogenheit, Brutalität, Trauer, Angst, Einsamkeit, Kälte, Wärme, Schroffheit, Unlust. In Gestalt meines Vaters okkupierte er meine Seele und machte alles zu seinem Eigentum – kein bisschen blieb übrig! Er tat es mit der Souveränität und der Besessenheit der großen Persönlichkeit. Ich hatte nichts hinzuzufügen, noch nicht einmal einen vernünftigen oder irrationalen Kommentar. WILDE ERDBEEREN war nicht mehr mein Film, es war der Film Victor Sjöströms! Vermutlich ist es bezeichnend, dass ich beim Abfassen des Manuskriptes nie auch nur einen Augenblick an Sjöström gedacht hatte. Der Vorschlag stammte von Carl Anders Dymling. Ich glaube ich zögerte ziemlich lange."[34] Auch hier scheint sich eine Erfahrung, die zuvor auch Isaak Borg machen musste, auf paradoxe Weise noch einmal zu wiederholen, dass nämlich auch das Gelingen eines filmischen Kunstwerkes ebenso wie das Gelingen eines Lebens letztlich unserer eigenen Verfügungsgewalt immer ein Stück entzogen bleibt und wir auf das Geschenk von gnadenhaften Erfahrungen und Begegnungen angewiesen bleiben, die uns berühren und zu verwandeln vermögen. Zu den privilegierten Begegnungsräumen, in denen wir diese verwandelnde Kraft erfahren können, gehört sicherlich das Reich der Träume, das der eigenen ebenso wie das fremder, wie wir sie in literarischen und filmischen Werken vorfinden. In diesem Reich führen zwar häufig Angst und Sorge Regie, manchmal aber auch die Erinnerung an ein glückliches Leben oder zumindest die Sehnsucht nach einem solchen. Beide Kräfte – die Erinnerung wie die Sehnsucht – vermögen, uns, ebenso wie den alten Professor, aus einer lähmenden Erstarrung und Verhärtung wach zu rütteln und uns neu auf die Suche zu schicken. Für Augustinus ist diese Suche nach Glück, nach einem „seligen Leben" jedoch stets auch mit der Suche nach Gott verbunden.[35]

Ingmar Bergman war in seiner frühen Schaffensperiode ein Künstler, der diese Suche auch in seinen Filmen auf intensive, manchmal vielleicht sogar fiebrige Weise betrieben hat. In Filmen wie DAS SIEBENTE SIEGEL (1956) oder auch in WILDE ERDBEEREN ist von dieser Suche noch viel spürbar. Ab DAS SCHWEIGEN, das gelegentlich als Schweigen Gottes apostrophiert wurde, ist von dieser Suche kaum noch etwas spürbar. In den hier untersuchten Filmen zum Traumthema blitzt nach WILDE ERDBEEREN von dieser Suche nur mehr in SCHREIE UND FLÜSTERN ein letzter Funke nochmals auf. Die künstlerische Weiterentwicklung Bergmans gerade im

Umgang mit filmischen Träumen haben wir in den vorangehenden Abschnitten ausführlich gewürdigt. Ohne diese Weiterentwicklung zu schmälern oder gar gering zu schätzen, möchten wir an dieser Stelle dennoch die kritische Frage aufwerfen, ob mit dem offensichtlichen Verstummen Gottes in Bergmans späteren Filmen nicht vielleicht auch jene vitale und verwandelnde Kraft verstummt oder zumindest sehr leise geworden ist, die die Figuren nicht mit ihren quälenden Erinnerungen und Träumen zurück lässt, sondern sie, wie den alten Professor, auf ihrer ohnehin beschwerlichen Traumreise noch ankommen lässt oder eine mögliche Ankunft wenigstens andeutungsweise in Aussicht stellt und damit der Hoffnung auf Glück und Erlösung ein – wenn auch noch so schmales Tor – öffnet.

1   I. Bergman: Bergman über Bergman. Interviews mit Ingmar Bergman über das Filmemachen von Stig Björkman, Torsten Manns und Jonas Sima. Frankfurt a.M./Berlin/Wien 1978, 59.
2   Eine Ausnahme bildet hier der folgende Sammelband: B. Dieterle (Hg.): Träumungen. Traumerzählungen in Film und Literatur. St. Augustin 1998.
3   H. Meixner: Der verratene Traum. Belá Balázs – oder: Die Seele und der Film. In: Dieterle (Hg.): Träumungen (s. Anm. 2), 13–22.
4   Vgl. dazu den Beitrag von M. Geisel in diesem Band.
5   B. Balázs: Der sichtbare Mensch oder die Kultur des Films. (Suhrkamp Taschenbuch Wissenschaft, 1536) Frankfurt a.M. 2001; ders.: Der Geist des Films. (Suhrkamp Taschenbuch Wissenschaft, 1537) Frankfurt a.M. 2001. Vgl. zur Reflexion von Balázs den Beitrag zur Subjektivierung und Traumdarstellung in der klassischen Filmtheorie von M. Brütsch in diesem Band.
6   Balázs: Der sichtbare Mensch (s. Anm. 5), 60.
7   Vgl. dazu vor allem das Kapitel „Das Gesicht der Dinge" in: Balázs: Der sichtbare Mensch (s. Anm.5), 59–65.
8   Die Auswahl Dalís begründet Hitchcock in einem Interview folgendermaßen: „Nun wurden bis dahin die Traumbilder im Film immer mit einem Heiligenschein umgeben, in Strudeln von absichtlich weichen Wolken, mit Personen, die sich aus einem Gemisch aus Kohlesäureschaum und Dunst hin und her bewegten. Das war die unerlässliche Konvention, und ich beschloss, das Gegenteil zu machen. Ich wählte Dalí aus (...) denn es gab in seiner Art zu malen eine halluzinatorische Genauigkeit, die den Verflüchtigungen und Dämpfen genau entgegengesetzt war." Zitiert nach: J. Bigwood: 50 Jahre Dalísches Kino. In: Salvador Dalí: Retrospektive 1920–1980. München 1993, 348.
9   Vgl. dazu den Beitrag von M. Geisel in diesem Band.
10   Vgl. zu David Lynch den Beitrag von C. Martig, zu Peter Weir den Beitrag von Th. Binotto in diesem Band.
11   Die Ereignisse rund um den 11. September 2001 und die in diesem Zusammenhang vielbeschworene These vom „Kampf der Kulturen" scheint dieser Annahme auf den ersten Blick entgegenzulaufen. Doch der gegenwärtige Terrorismus und die damit verbundenen Gegenmaßnahmen können auch als (vorübergehende?) Folge- und Begleiterscheinungen dieses Globalisierungsprozesses, in dem sich ein einziges Zivilisationsmodell durchzusetzen droht, gedeutet werden. D. Regensburger: Religion(en) und Gewalt. Systematische Reflexionen zu einem aktuellen und brisanten Spannungsfeld im Lichte der mimetischen Theorie René Girards. In: J. Valentin und M. Müller (Hg.): Weltreligionen im Film. (Film und Theologie 3) Marburg 2002, 15–34.
12   Stanislaus Lem hat mit Der futorologische Kongreß im Jahr 1972 – neben Huxleys Klassiker Schöne Neue Welt aus dem Jahr 1932 – einen weiteren eindrucksvollen utopischen Entwurf einer möglichen „Kryptochemokratie" vorgelegt. In dieser imaginierten Welt können sämtliche Vorstellungen und Lebensabläufe durch Verabreichung psycho-chemischer Stoffe gesteuert und kontrolliert werden können, wodurch eine Unter-

scheidung von Traum und Wirklichkeit schließlich vollkommen unmöglich wird. Einige Elemente von THE MATRIX ähneln übrigens auf frappierende Weise Passagen und Ideen aus Lems Buch.
13 Vgl. dazu die Ausführungen zu Hitchcocks SPELLBOUND in Anm. 8.
14 Vgl. dazu etwa die markante Schilderung Woody Allens in: W. Allen: Das Leben wie in einem Spiegel. In: Ingmar Bergman. Der Film, das Theater, die Bücher. Hg. v. R. W. Oliver. Rom 1999, 41–48.
15 Dieser ersten Pflicht, die der Prüfer selbst als Pflicht um Verzeihung zu bitten bezeichnet, wird der Professor am Ende des Films nachkommen, indem der sonst so mürrische und menschenscheue Zeitgenosse seine Haushälterin sogar um Verzeihung für sein ruppiges morgendliches Verhalten bittet. Die absolute Ungewöhnlichkeit dieses Schrittes streicht Bergman hervor, wenn er die verdutzte Haushälterin ob des Gesundheitszustandes des Professors ein zweites Mal in Sorge geraten lässt.
16 I. Bergman: Bilder. Köln 1991, 19.
17 R. Girard: Figuren des Begehrens: Das Selbst und der Andere in der fiktionalen Realität. (Beiträge zur mimetischen Theorie 8) Thaur/Münster 1999, 317. Eine exemplarische Anwendung der Girard'schen Analyse auf das Medium Film findet sich in Bezug auf die Opferthematik in: D. Regensburger: Romantische Lüge oder romaneske Wahrheit. Das Opfer in Andrej Tarkowskijs OFFRET und Lars von Triers BREAKING THE WAVES. In: GEWALTige Opfer. Filmgespräche mit René Girard und Lars von Trier. Hg. v. L. Karrer/C. Martig/E. Näf. (Film und Theologie 1) Köln/Marburg 2000, 81–114.
18 Das umfangreiche Kapitel ist mit der sprechenden Überschrift „TRÄUME/TRÄUMER" betitelt; Bergman: Bilder (s. Anm. 16), 11–102.
19 Das Motiv der fremden Stadt, in der die Bewohner eine fremde, unverständliche Sprache sprechen, geht auf einen wiederkehrenden Traum des Regisseurs selbst zurück: „Ich bin in einer gewaltigen, fremden Stadt. Ich bin zu einem Teil dieser Stadt unterwegs, wo das Verbotene gibt. Noch nicht einmal irgendwelche zweifelhaften Vergnügungsviertel, sondern Schlimmeres. Dort sind die Gesetze der Wirklichkeit und die Regeln des sozialen Lebens aufgehoben. Alles kann geschehen und geschieht. Wieder und wieder habe ich diesen Traum geträumt." Bergman: Bilder (s. Anm. 16), 100.
20 Th. Koebner: Ingmar Bergman. In: Filmregisseure. Biographien, Werkbeschreibungen, Filmographien. Hg. v. Th. Koebner. Stuttgart 1999, 59.
21 Vgl. Bergman: Bilder (s. Anm. 16), 56.
22 „In der Retrospektive wird von einem Maler erzählt, der mit seiner Frau auf einer Insel ist und allmählich in den Bann fremder Mächte oder Figuren gerät, die zum Teil auch für seine Frau Gestalt annehmen. Er selber kann sich diesem Sog nicht entziehen und endet schließlich sterbend im Dickicht und undurchdringlichen Labyrinth seines Phantasmas." Koebner: Ingmar Bergman (s. Anm. 20), 59f.
23 „PERSONA war ein gelungener Durchbruch, der mir Mut machte, auf unbekannten Wegen weiterzugehen. Aus verschiedenen Gründen war PERSONA eine offenere Angelegenheit. Dort gibt es etwas zum Anfassen: einer ist stumm und einer spricht, ein Konflikt. DIE STUNDE DES WOLFS aber ist fließender: eine bewusste formale und motivische Auflösung. Wenn ich heute DIE STUNDE DES WOLFS sehe, begreife ich, dass der Film von einer verborgenen und stark beachteten Gespaltenheit handelt, die sich in meiner früheren und in der späteren Produktion zeigt. (...) DIESTUNDE DES WOLFS ist kein Rückschritt. Es ist ein unsicherer Schritt in die richtige Richtung." Bergman: Bilder (s. Anm. 16), 28f.
24 Vgl. dazu Bergman: Bilder (s. Anm. 16), 81f.
25 Bergman: Bilder (s. Anm. 16), 62.
26 An einer anderen Stelle seiner Spätschrift Bilder nennt Bergman noch zwei wichtige Aspekte, die das genannte kinematographische Ziel ergänzen und noch genauer bestimmen, nämlich die Aufhebung der Grenzen von Raum und Zeit und die letztendliche Auflösung aller Formen des Erzählens selbst. Vgl. dazu Bergman: Bilder (s. Anm. 16), 52 und 67.
27 Zu dieser Einschätzung siehe etwa Susan Sontag in ihrem berühmten Essay zu PERSONA in: S. Sontag: Styles of Radical Will. New York 1969, 123–145 oder auch: M. Dickstein: Hinter den Masken. In: Gaukler im Grenzland: Ingmar Bergman. Hg. v. L. Åhlander. Berlin 1993, 83–90.
28 W. Lesch: Ich träume, also bin ich. Artikel in diesem Band.
29 Ebd.
30 Diese hat selbst zuvor eine einschneidende Todeserfahrung durchgemacht, sie hat nämlich ihr dreijähriges Kind verloren.

31 Als seine Mutter mit ihm überstürzt abreist, schreibt ihm seine Tante Ester zum Abschied ein paar Wörter in der fremden Sprache auf einen Zettel und sagt zu ihm: „Du wirst verstehen!"
32 R. Bresson: Noten zum Kinematographen. München 1980, 10.
33 Bergman: Bilder (s. Anm. 16), 83.
34 Bergman: Bilder (s. Anm. 16), 24.
35 Vgl. für die zentrale Bedeutung, die Augustinus sowohl der Erinnerung als auch der Sehnsucht für die Suche nach dem „seligen Leben" zuweist, A. Augustinus: Die Bekenntnisse. Einsiedeln 1993, 259–266.

Lynchville

Selbstbezüglichkeit und Irrealisierung im Werk von David Lynch

Charles Martig

Lynchville steht für eine künstliche Welt, für das Design der selbstreflexiven Filmsprache von David Lynch. Mit BLUE VELVET (1986), LOST HIGHWAY (1996) und MULHOLLAND DRIVE (2001) ist der amerikanische Regisseur zu radikalen Formen der Subjektivierung und Irrealisierung vorgestoßen. Mit BLUE VELVET hat er eine Initiation in die Schattenwelt der verbotenen Sexualität inszeniert sowie das Design von *Lynchville* etabliert. Darüber hinaus entwickelt sich seine Bildsprache im Endlosband von LOST HIGHWAY in Richtung einer selbstbezüglichen Ästhetik des Unheimlichen. Hier graut es den Bildern vor sich selbst. In MULHOLLAND DRIVE verwendet er sein selbstreflexives Verfahren bis zur reizvollen Wiederkehr des Immergleichen, verlagert jedoch die Perspektive auf die weiblichen Hauptfiguren. Die beiden letztgenannten Filme bilden zusammen mit THE STRAIGHT STORY (1999) den Schwerpunkt dieser Untersuchung über Selbstreflexivität und Irrealisierung in den Filmen von David Lynch. Gleichzeitig versuche ich über eine leitmotivisch orientierte Interpretation, einen Überblick über das filmische Werk zu vermitteln. Ausgangspunkt bildet dabei das Erstlingswerk ERASERHEAD (1977)

Radikale Subjektivierung: ERASERHEAD

Lynch verwendet den Traum nicht im psychoanalytischen Sinne als Gegenstück zur Wirklichkeit, das von einem Subjekt in der Traumarbeit verschlüsselt wird und darauf wieder in einem analytischen Verfahren decodiert werden muss.[1] Vielmehr geht es ihm darum, Traum und Wirklichkeit in ein nicht unterscheidbares Kontinuum einzuweben. Die Montage der Erzählung geht von einem gleichwertigen Nebeneinander und Ineinander von Traum und Wirklichkeit aus. Die radikal subjektivierenden Gestaltungsmittel eröffnen damit eine Ausweitung der Wirklichkeitswahrnehmung. Aufschlussreich dazu ist ein Blick in das Erstlingswerk ERASERHEAD, in dem dieses entscheidende ästhetische Merkmal bereits in der Montage angelegt ist. Der Film ist eine „Reise in eine bizarre Körper-Seele-Einheit, in der man sich nicht linear nach vorn, sondern zugleich in mehreren Richtungen bewegt. Es ist ein Eintauchen in eine Welt, in der die traditionellen Ordnungen im Fluss der Körpersäfte aufgehoben sind; es ist eine Reise in den Mutterschoß, an die Brust, in den Bauch der Welt; ERASERHEAD scheint aus der Perspektive eines sehnsuchtsvollen Embryos gefilmt."[2] Die Eröffnung des Films ist eine traumatische Geburtserfahrung aus der subjektiven Perspektive des jungen Mannes Henry Spencer (John Nance): Ein Mann zieht an einem Hebel und eine gewaltige Öffnung ins Freie erweist sich als Geburtskanal. Nach einem zweiten Hebel, der in Gang gesetzt wird, fällt ein seltsamer Wurm aus Henrys Mund in dieses Licht. Mit Henrys Wesen sinken wir nun in eine Flüssigkeit hinab, die Blasen schlägt und seltsame Muster formt. Immer tiefer geht es in dieser Dunkelheit, bis wieder ein Licht erscheint, auf das wir uns zubewegen. Nun sehen wir im Hellen Henry, dem bereits die Haare zu Berge stehen, ein steiles, skurriles Gebilde auf dem Kopf. Skeptisch und misstrauisch schaut er zurück auf das, was ihm gerade widerfahren ist. Aus dem Hintergrund dringt ein sonores Geräusch, es könnte eine Art Maschinenlärm sein. Dieser junge Mann ist eben erst auf die Welt gekommen, noch nicht zu Ende geboren und zugleich einer revoltierenden Familiengeschichte unterworfen. Alles ist schäbig und defekt in dieser Familie und entsteht aus der Negation. Henry lebt in einer deformierten Welt und wir sind mit ihm als Zuschauer und Zuschauerin mitten drin. Diese radikale Form der Subjektivierung erlaubt Lynch nicht nur eine Ausweitung der Wahrnehmung durch die Schaffung einer „traumatischen Weltsicht". Er schreibt zudem die magische Autobiographie eines jungen Mannes, die sich dem analytischen Zugriff entzieht. Es entwickelt sich eine eigenständige Geographie von Liebe, Sexualität und Körperlichkeit, die irreal erscheint.

Dekomposition – Stillstand – Ästhetik des Unheimlichen

Träume kommen in Lynchs Filmen nicht als klar markierte und eingebettete „Traumsequenzen" vor, wie dies im klassischen Hollywood-Kino Konvention ist. Vielmehr geht es um die Dekomposition des vertrauten Seh- und Hörraumes.[3] Sie führen als Bewegungen der Irrealisierung zu einem seltsamen Zwischenzustand, einer eigenständigen Raum-Zeit, die man als Lynch-Universum bezeichnen kann. Die Auflösung des bekannten Seh- und Hörraumes führt in einen irritierenden Stillstand. So führt zum Beispiel die Darstellung von Gewalt nicht zur gewohnten

Dramatik und Dynamisierung. Vielmehr wird der gleichbleibende pulsierende Rhythmus der Montage schockartig unterbrochen. WILD AT HEART beginnt mit einem unvermittelten Mord, Blut und Gehirnmasse auf der Marmortreppe; eine schockierende Störung des dramaturgischen Rhythmus. ERASERHEAD eröffnet mit einer Geburtsmetapher, die maschinell und gewalttätig geprägt ist. In BLUE VELVET setzt der Fund eines abgeschnittenen Ohres das Abtauchen in die Unterwelt in Gang. Diese Eröffnungen führen jedoch nicht in ein bekanntes dramaturgisches Muster von Dynamik – Klimax – Ruhe, sondern in einen quälenden Stillstand. Es sind nicht Verfolgungsjagden und Showdowns, die sich als Momente der Gewaltanwendung anbieten. Die schrecklichsten Gewalttaten ereignen sich stationär, am Ort des Stillstands.[4] Der Mord an der Ehefrau in LOST HIGHWAY bricht als extrem beschleunigte Schnittfolge in den Stillstand der Ehe ein. Die irrwitzige Beschleunigung ist hier die Kehrseite der Verlangsamung. Kennzeichnend sind die Extreme, die zur Auflösung des Gewohnten Seh- und Hörraums führen.

Lynch verwendet die Filmsprache wie eine Fremdsprache. Insofern ist er weit entfernt von der einfachen Analogie zwischen Film und Traum oder vom Klischee der „Traumfabrik".[5] Seine Methode ist sich der Unähnlichkeit zwischen Film und Traum bewusst und erscheint deshalb auch als Ästhetik des Unheimlichen. In diesem Stil der Verschlüsselung, der sich von ERASERHEAD bis MULHOLLAND DRIVE entwickelt hat, distanziert sich Lynch vom avantgardistischen Pathos der ästhetischen Moderne. Es geht ihm nicht mehr nur darum, die Festlegung der Zeichen zu zerschlagen, sondern auch rettende Metaphern gegen die Gewalt der andrängenden Wirklichkeit zu entdecken. Im Durchgang durch moderne Alltagsmythen und populäre Kinogenres gelingt dies Lynch *ex negativo*. Seine Dekonstruktionen zeigen Risse in den Oberflächen, aus denen die Angst vor dem Nichts aufscheint.[6]

Spurensuche in der verbotenen Zone: BLUE VELVET

Blau ist die Farbe der verbotenen Sexualität: Tod, Gewalt, Sex. BLUE VELVET eröffnet eine labyrinthische Spurensuche in dieser verbotenen Zone. Diese verdichtet sich im Leitmotiv des blauen Samtes. *Blue Velvet* charakterisiert nicht nur die Blue Lady Dorothy (Isabella Rossellini) im *Slow Club*, die sich in einem samtenen Morgenmantel dem jungen Jeffrey (Kyle MacLachlan) nähert und ihn in die schrecklichen Geheimnisse des polymorphen Blickes einführt. *Blue Velvet* ist eine Metapher für das Geld, das in der Nacht gemacht wird, den Reichtum, der mit Leidenschaft und Sexualität angehäuft wird. Der sacht sich bewegende, wie von einem eigenen Herzschlag belebte Samtvorhang öffnet sich im Vorspann und gibt

Abb. 17 Isabella Rossellini, Dennis Hopper und Kyle MacLachlan in BLUE VELVET (USA 1986)

den Blick frei auf ein dunkles Märchen: Das Blau scheint im Song von Bobby Vintons *Blue Velvet*, auf dem blauen Samtkleid von Dorothy, die die Songzeilen betont langsam intoniert und im Rhythmus andeutet, dass Blau auch die Verlangsamung bedeutet.[7]

Die Farbe Blau hat eine magische Bedeutung. Häufig haben bestimmte Heilige die Farbe an ihrem Gewand; beispielsweise ist die heilige Maria in den Krippendarstellungen ikonographisch auf einen blauen Mantel festgelegt. Von der Heiligen Hildegard von Bingen stammt eine Vision, in der sie in einem überhellen Licht eine saphirblaue Menschengestalt sah, die in einem rot leuchtenden Feuer brannte. Im christlichen Mittelalter sind alle in Blau erscheinenden Menschen himmlische Gestalten, durchscheinend für die göttlichen Kräfte. Blau ist auch die Farbe der Fee in Walt Disneys PINOCCHIO (1940) und in Steven Spielbergs A.I. (2001).[8]

OUT OF THE BLUE (Regie: Dennis Hopper, 1979), aus blauem Himmel kommen die Schicksalsschläge und die Wunder. BLUE SUNSHINE (1977) von Jeff Liebermann ist ein Horrorfilm um eine Droge, eine letzte Aufhebung des Widerspruchs zwischen Tag und Nacht, zwischen klärendem Licht und nächtlicher Leidenschaft. So ist auch BLUE VELVET ein BLUE MOVIE, ein Blick in die dunkle Seite des Sex, wo Eros und Thanatos aufeinandertreffen und ineinander übergehen. Das Eintauchen in das abgeschnittene Ohr ist für die Hauptfigur – wie für uns als Publikum – das Eintauchen in den seelischen Abgrund: infantile, gewalttätige Geschlechtlichkeit bedrohen die sexuelle Initiation. Wenn am Schluss der Held aus dieser Welt der labyrinthischen Erzählweise, der polymorphen Gestalten, gewalttätigen Perversionen, verbrecherischen Vaterfiguren und verführerischen Mutteranteile wieder auftaucht, ist zwar die Postkartenidylle wieder hergestellt. Doch das Rot der Tulpen ist nicht mehr unschuldig, das Weiß des Gartenzauns ist brüchig; und ganz besonders das Blau hat eine abgründige Tiefe erreicht.

Selbstbezügliches Labyrinth als Endlosschleife: LOST HIGHWAY

Nach WILD AT HEART (1990) und TWIN PEAKS: FIRE WALK WITH ME (1992) tritt Lynch in eine neue Phase seines Schaffens ein. In LOST HIGHWAY stellt er seine Bildsprache mit ihrer Grammatik zur Disposition und entwickelt das Konzept der Endlosschlaufe als erzählerisches Prinzip.[9] Hier sind die scheinbar privaten Paargeschichten wie ein Irrgarten angelegt. Wer daraus einen rettenden Ausgang finden will, hat einige Rätsel zu lösen. In der verwinkelten und mehrschichtigen Anlage führt der gerade Weg oder das lineare Erzählen nur bis zur nächsten Wand. Die Teile des Films sind dramaturgisch so miteinander verschlauft, dass sie sich weder in zeitlicher Kontinuität noch einfach als Rahmenhandlung mit Rückblende lesen lassen. In der Rondostruktur von LOST HIGHWAY scheinen die Figuren der jeweiligen Handlungsteile immer schon Aspekte der anderen Handlungsstränge zu wissen oder zu ahnen. Dadurch ergibt sich eine irritierende Gleichzeitigkeit, die eine Interpretation des Filmrätsels als kontinuierliche Geschichte ausschließt. Lynchs Dramaturgie verweist auf die zeitgeschichtliche Diagnose der *Posthistoire*. In dieser Raumzeit ist die Geschichte als Metaerzählung (*Lost Highway*) zum Stillstand gekommen. Der Film bietet aber auch keine postmodernen Auswege über die Teilgeschichten. Die Erzählung als verschlauftes Endlosband beschreibt Geschichte als beklemmenden Stillstand. Die rasenden Fahrten auf der Autobahn führen nirgendwohin, in keine Entwicklung, nicht einmal in eine äußere Katastrophe. Die Entladung in eine Explosion wäre nur ein zynisch verzweifelter Kurzschluss. Die Bewegung führt ins Innere. Die Implosion der Psyche kann nur durch den Versuch aufgehalten werden, die Rätsel geduldig zu entwirren.[10]

Auf der ästhetischen Ebene setzt die Aufhebung der linearen Erzählung neue Möglichkeiten der Bildhaftigkeit frei. Lynch knüpft an den autonomen Anspruch moderner Kunst an, indem er mit Konventionen der Filmsprache experimentiert und damit eine Wirklichkeit eigener Art schafft. Die Entdramatisierung befreit die Bilder aus der Zwangsjacke der Erzählung und ihrer Konventionen. Lynchs filmische Bildsprache ist nicht mehr darauf festgelegt, Wirklichkeit abbilden zu müssen. In LOST HIGHWAY zeigt dieselbe Fotografie je nach Betrachter drei respektive vier Figuren. Oder Lynch dekonstruiert die Konvention des Identifikationskinos, dass Darsteller Figuren nicht spielen, sondern verkörpern, indem er Patricia Arquette sowohl Renee als auch Alice spielen lässt, während die männlichen Hauptfiguren Fred und Pete von zwei Schauspielern (Bill Pullmann und Balthazar Getty) dargestellt werden. Die Bilder lösen sich von ihrer Funktion, etwas Bestimmtes zu bedeuten. Durch ihre Selbstbezüglichkeit werden die Zeichen selbst zum Inhalt.

Den Verwandlungen der Hauptfigur folgend lässt sich der Film in drei Phasen gliedern. Folgt man dieser Fährte, so erzählt der erste Teil die Geschichte eines schizophrenen Mörders, der im zweiten Teil nicht nur mental, sondern physisch in eine andere Person schlüpft, und sich in einem kurzen dritten Teil wieder in die Person des ersten Teils zurückverwandelt. Der Saxofonspieler Fred Madison (Bill Pullman) und seine Frau Renee (Patricia Arquette) leben in einer luxuriösen Villa. Ihre Beziehung leidet unter Misstrauen und schleichender Entfremdung. Eines Morgens erhält Fred über den Hausfunk eine seltsame Nachricht: „Dick Laurent is dead." Weder weiß er, wer Dick Laurent ist, noch wer ihm diese Nachricht zugespielt hat. In den folgenden Tagen liegen mysteriöse Videokassetten in der Post, deren stark subjektive Schwarz-Weiß-Aufnahmen dokumentieren, wie jemand sich im Haus der Madisons umschaut. Nachdem Fred auf einer Party den *Mistery Man* kennen lernt, der behauptet, er sei gleichzeitig auf der Party und auf „Einladung" von Fred auch in seinem Haus – und dies durch einen Telefonanruf beweisen kann –, sind Fred und Renee dem Eindringling ausgeliefert. Auf dem dritten Video sieht Fred subjektive Einstellungen auf die Ermordung seiner Frau. Er bricht zusammen. Ein Schlag ins Gesicht weckt ihn zum Polizeiverhör. Er wird angeklagt und zum Tode verurteilt. In seiner Zelle leidet Fred unter starken Kopfschmerzen und Halluzinationen.

Eines morgens schauen die Wärter mit großem Erstaunen durch die Lücke der Gefängnistüre und sehen einen anderen Mann in der Zelle. Es handelt sich, wie Polizeirecherchen ergeben, um den jungen Pete Dayton (Balthazar Getty), einen Automechaniker, der lediglich als Kleinkrimineller bekannt ist. Seine Eltern holen ihn aus dem Gefängnis und bringen ihn zurück nach Hause. Pete nimmt seine Ar-

Abb. 18 Patricia Arquette als Alice Wakefield in LOST HIGHWAY (USA 1996)

beit in der Garage wieder auf. Sein bester Kunde ist der Mafiagangster und Pornoproduzent Mister Eddy (Robert Loggia), dessen teure Luxuswagen er pflegt. Alice Wakefield (Patricia Arquette), die Freundin von Mister Eddy, bricht wie die Erscheinung einer Diva in Petes Leben ein. Zwischen ihnen entflammt eine leidenschaftliche Liebe, die durch das Verbot des konkurrierenden Übervaters und verbrecherischen Besitzers gewaltig Luftzufuhr bekommt. Die äußere Gefahr – die Stimme des *Mystery Man* meldet sich wieder – schlägt das Paar in die Flucht. Pete tötet dabei stellvertretend einen von Eddys Kumpanen. In der Wüste vor dem Haus des *Mystery Man* entschwindet Alice allerdings der In-Besitznahme durch den neuen Helden. Im Kampf mit Mister Eddy alias Dick Laurent verwandelt sich Pete zurück in Fred, der dem Vater-Verbrecher die Kehle durchschneidet. In der letzten Szene ist es Fred, der vor der Tür seines Hauses den Satz „*Dick Laurent is dead*" in die Funkanlage spricht.

Lynch hat die scheinbar private Geschichte dieser Paare wie ein Labyrinth angelegt. Wer daraus einen rettenden Ausgang finden will, hat einige Rätsel zu lösen. In der verwinkelten und mehrschichtigen Anlage führt der gerade Weg – oder ästhetisch: das lineare Erzählen – nur gerade bis zur nächsten Wand. Die drei Teile des Films sind dramaturgisch so miteinander verschlauft, dass sie sich weder in zeitlicher Kontinuität, noch einfach als Rahmenhandlung mit Rückblende lesen lassen. Mit verschiedenen Lesarten soll versucht werden, entlang möglicher Genres das vielschichtige Rätsel von LOST HIGHWAY geduldig zu entschlüsseln: Der Film könnte als *Kriminalfilm* verstanden werden. Mehrere Morde kommen vor, welche die Polizei offenbar mühelos aufklärt. In inneren Angelegenheiten machen die Kommissare allerdings eher eine hilflose Figur. Als Beobachter fühlen sie sich von Leidenschaften der Observierten ausgeschlossen. Und ausgerechnet am Ort ihrer sicheren Verwahrung entschwindet der Mörder in eine andere Geschichte.

Auf einer zweiten Ebene lässt sich LOST HIGHWAY als *fantastischer Film* lesen. Gemäß einschlägigem Plot wird einer bürgerlichen Familie ihr eigenes Haus zur Falle und zur Obsession. „Es erweist sich stets als labyrinthischer, als es gedacht war, es entwickelt seine geheimen Räume, löst die Perspektiven auf und lässt die Menschen eine gefährliche Wandlung durchlaufen, an deren Ende sie sich gegenseitig zu Mördern werden. Das Haus wird zum Geburts- und Todesraum, es wird aber auch zu einer Festung, in die der Feind schon eingedrungen ist, bevor sie richtig fertig gestellt oder bewohnt wird. Eine beobachtende Instanz, die vorerst noch keiner Figur zugeordnet werden kann, ist also in dieses Haus gedrungen, und schaut sich darin um. ‚Es' nimmt wahr, was Fred nicht wahrnehmen kann."[11] Der *Mystery Man*, Symbolisierung der Verwandlung, weist darauf hin, dass er von seinem Gegenüber immer schon „eingeladen" wurde. Schließlich ermöglichen der Mord und Freds Identitätsspaltung ein Hinübergleiten in eine zweite Welt, in der die Gewalt und das Böse, aber auch die Lust sinnlich fassbar werden und sich entladen können. Diese nach außen gerichtete Welt kontrastiert mit der nach innen gerichteten Welt des ersten Teils.

Man könnte drittens LOST HIGHWAY als *Liebesfilm* interpretieren. Lynch buchstabiert mehrere Möglichkeiten von Paarbeziehungen durch. Im zweiten Teil treffen wir auf die ungefährliche Beziehung von Petes Eltern. Nach ihrem Vorbild versöhnt sich Pete mit einem netten Mädchen aus der Nachbarschaft. Als plötzlich Alice im Jungen das Feuer der Leidenschaft anzündet, verstrickt er sich in eine ödipale Konstellation, aus der er sich schließlich nur durch Vatermord zu retten weiß. Im Unterschied zu Freuds Interpretation des Mythos führt diese Initiation nicht hinaus in die Freiheit eines selbstverantwortlichen Lebens. Kurz vor Petes Erwachsenwerden entzieht sich Alice Freds Besitz. Renee, die Frau, die Fred in seinem Haus gefangen hält, hat sich in die Melancholie zurückgezogen. Was bleibt ist der Körper der Frau als Hülle, ihr Gesicht als Maske. Doch wehe dem, der den erlo-

Abb. 19 Der Mystery Man als Figur der Verwandlung in LOST HIGHWAY, USA 1996

schenen Leib zu töten versucht. Im Mord an der Mumie implodiert die melancholische Welt und katapultiert den Täter zurück auf die Bühne des Mythos, auf der die großen Gefühle ausdrucksstark ausagiert werden,[12] bis nach dem Vatermord das Spiel wieder von vorne beginnt, innen im Kopf abgeht. Die Zeitschleife ermöglicht keine Emanzipation. Es kann kein Ich werden, das die Frau anders wahrnehmen könnte denn als Projektion seiner Wünsche oder das die Ansprüche der väterlichen Instanzen souverän auf ihre Geltung hin zu prüfen vermöchte. Die Eltern spielen auf der Bühne des Unterbewussten ihre Rollen weiter mit.

Das Scheitern der Liebesgeschichten verweist viertens auf eine *Krise der Selbstwerdung* bzw. auf die *Genese einer Schizophrenie*, „deren jeweilige Schübe ausgelöst werden durch das Verhalten der Partnerin. Man könnte diese Ebene der Erzählung (...) die innere Schilderung einer Auflösung von Person, Perspektive und Wahrnehmung"[13] nennen. Auf diesen Prozess der Entwicklung einer Schizophrenie[14] deuten die mehrfachen Spiegelungen der Personen hin, die Transformationen von Fred in Pete und wieder zurück zu Fred sowie die daraus resultierende

Doppelprojektion der Frau, gespalten in Renee und Alice. Lynch ist allerdings nicht an einer Krankheitsgeschichte interessiert, sondern es geht ihm um die allgemeine schmerzhafte Erkenntnis, „dass der Mensch in Wahrheit nicht eins, sondern wahrlich zwei ist" – wenn er nicht sogar in ein „ganzes Gemeinwesen vielfältiger, inkongruenter und unabhängiger Existenzen"[15] zerfällt. „Seit ihrer Entdeckung durch Robert Louis Stevenson – beziehungsweise dessen Romanfigur Dr. Jekyll – und durch Freud, kann die Gespaltenheit als eine strukturelle Bestimmung des Subjekts gesehen werden, und Lynch ist sicher der derzeit aktuellste Inszenator dieser *condition moderne*."[16] Ihr entspricht die dramaturgische Implosion der Hauptfigur in LOST HIGHWAY. Das Leitmotiv des Highways – die rasante Beschleunigung über den Mittelstreifen, der nervös hin und her springt – kann als ein Symbol der Dezentrierung, als Verlust der Mitte gelesen werden. Aber auch die Erzählperspektive ist von dieser Gespaltenheit infiziert. Genauso wie dies ein Film über einen schizophrenen Mörder ist, ließe sich auch sagen, dass dies ein mörderisch schizophrener Film über einen Saxofonspieler ist. Die Figuren ringen mit dem Autor um die weitere Entwicklung der Handlung und entgleiten seiner Kontrolle. In diesem Sinne bekennt sich Lynch zur *condition moderne* und löst mit seinem psychotischen Thriller eine multiple Spaltung der Deutungsmöglichkeiten aus.[17]

Und schließlich kann der Film, als fünfte Deutungsvariante, als ein *Totentanz* gelesen werden. Am Ende kehrt Fred zurück an die Tür seines Hauses und spricht in die Funkanlage den mysteriösen Satz vom Anfang: „*Dick Laurent is dead.*" Der Hörende vom Anfang und der Sprechende zum Schluss sind die beiden Gestalten einer Person, die nicht „Ich" sagen kann. Es bleibt den Betrachtern offen, ob sie auf den Satz vom Tod in der ersten Person antworten wollen und damit die Schließung der endlosen Schlaufe und die Ausfaltung in die multiplen „Personen" unterbinden können. Es müsste kein souveränes Ich sein, das für alles Verantwortung übernimmt und sich überfordert. Es könnte ein Ich sein, das um seine Begrenztheit weiß und gerade deshalb den Tod ins Leben einbezieht. Seine Verdrängung erst macht es möglich, dass das erste und letzte Wort im *high speed* des *lost highway* unverstanden bleibt, dass der Tod unerkannt herrscht in der Gestalt des *Mystery Man* als maskiertem Spielleiter des vorgeführten modernen Totentanzes, in dem sich Menschen in Endlosschlaufen vor- und zurückverwandeln müssen.

Illusion der Traumfabrik: MULHOLLAND DRIVE

In seiner Selbstbezüglichkeit ähnlich zu LOST HIGHWAY erzählt Lynch in MULHOLLAND DRIVE von den Irren und Wirrungen im berühmtesten Distrikt von Los Angeles und von dessen einziger Industrie: „[Hollywood, C.M.] gerät zur gefährlichen, psychisch infizierten Irren-Zone, wo die Insassen um Identität und Individualität gebracht, von einer Maskerade in die folgende gestürzt und zu einem Teil der allgemeinen Dekoration degradiert werden. Wem etwas liegt an der eigenen Integrität, der sollte die Flucht ergreifen."[18]

MULHOLLAND DRIVE ist ein neuer Schritt auf der Entdeckungsreise ins Land der Unwahrscheinlichkeit. Es handelt sich auch hier um einen mentalen Raum der Irrealität, der unmittelbar auf einer möglichen Erzähllogik des Traumes baut. Wiederum durchbricht Lynch die Identifikation der Figuren und präsentiert zwei Frauen, die sich vorerst durch den *Kontrast zwischen Brünette und Blondine* unterscheiden; eine eherne Konvention der Star-Ikonographie in der Darstellung von weiblichen Figuren. Dieser Kontrast zwischen der blonden Betty (Naomi Watts), die als strahlende und naive *newcomerin* in Hollywood ankommt und von ihrer ersten Rolle träumt, und der brünetten Hauptfigur (Laura Elena Harring), die auf Grund eines Autounfalls das Gedächtnis verliert und sich vorläufig den Namen Rita zulegt, besteht eine innere Spannung. Bereits in BLUE VELVET ist diese Unterscheidung entwickelt: zwischen der blonden Highschool-Schönheit Sandy, die ein guter Freund sein mag, aber von der Sexualität zunächst nichts wissen will, und der geheimnisvollen Dorothy, die den einsamen jungen Mann mit den Verlockungen und Gefahren der Liebe konfrontiert, wird die Spannung zwischen dem *good girl* und dem *bad girl* aufgebaut. Hier sind die beiden Typen an die Erfahrungen der männlichen Hauptfigur Jeffrey mit seinen aggressiven und polymorph-perversen Schattenseiten gebunden und aus seiner Perspektive erzählt. Auch in LOST HIGHWAY ist die Spaltung in die brünette Renee und die blonde Alice ein Leitmotiv. Hier spaltet sich die Frau durch das männliche Begehren und wird zu einer mehrfachen Spiegelung. MULHOLLAND DRIVE führt dieses Motiv fort, doch nun steht nicht mehr der gespaltene männliche Blick auf die Frau im Vordergrund, sondern die Beziehung zwischen den beiden Frauen Betty und Rita. Es besteht im ersten Teil des Films kein Zweifel, dass die beiden Personen aus einer imaginären Serie stammen. Physisch sind sie wie Archetypen aufgebaut, Figuren mit einer bewundernswerten Erscheinung aber ohne Tiefendimension, verstrickt in ein unwahrscheinliches Abenteuer. Betty, die Blondine könnte als Serienheldin gesehen werden, die über die Klischees der Traumfabrik Hollywood fantasiert und von den mysteriösen Seiten des Kinos angezogen wird. Alles geschieht, als ob wir in die helle und positive Seite dieser Fantasie eingetaucht wären, bevor wir die Schattenseiten eines fürchterlichen Albtraums entdecken, dessen Vorzeichen bereits in der Imagination Bettys latent vorhanden sind. Aus dieser Perspektive ist Betty auch die Zuschauerin vor der Traumleinwand, die in das Universum ihrer Fantasie eindringen möchte. Sie möchte die Trennwand zwischen sich und der Leinwand überwinden und zur Identität von Rita vorstoßen, der *femme fatale*, der Inkarnation der Heldin des *film noir*. Ein Filmplakat von GILDA (1946) mit der Diva Rita Hayworth wird im Bild zitiert und die brünette Hauptfigur leiht von ihr den Namen und die dunklen Aspekte der Verführung.[19] Ritas Inszenierung basiert zudem auf Ava Gardner in THE KILLERS (1947). Das Genre des Schwarzen Films eröffnet konnotativ eine Stimmung der grundsätzlichen Bedrohung.[20]

Vorerst entwickelt sich der Film als eine Detektivgeschichte, eine Suche nach der wahren Identität dieser geheimnisvollen Frau ohne Gedächtnis. Doch die Investigationen gehen über in eine *Liebesgeschichte*: Betty und Rita stoßen zu ihrem Begehren vor, sie sind in einer erotischen Beziehung miteinander verstrickt. Dieser Erzählfaden und die physische Präsenz der beiden Frauen ist ein roter Faden und gleichzeitig eine falsche Spur. Denn die romantische Kriminalgeschichte ist nur ein möglicher Weg, der schließlich in die Irre führt; sie geht über auf die Theaterbühne als ein Raum des ephemeren Spiels. Mitten in der Nacht verlassen Betty und Rita das sichere Haus und begeben sich in die Traumerzählung des *Club Silencio*. Hier entsteht eine Atmosphäre der Leidenschaft und Bedrohung, der Gemeinsamkeit zwischen den beiden Frauen bis in den Tod ihrer unmöglichen *liaison*. Hier geht der Traum von der Hollywoodkarriere über in den Albtraum einer jungen gescheiterten Frau. Alles verkehrt sich in ein morbide Geschichte der enttäuschten Liebe, der alltäglichen Demütigungen sowie der verzweifelten Rache.

Das Objekt der Transformation der blonden Hauptfigur ist ein blauer Kubus mit einem Schlüssel, der ein bedeutendes Zeichen ohne Bedeutung ist. Die Farbe blau verweist auf die verbotene Sexualität in BLUE VELVET und hier kippt der Film in eine andere Ebene. Diane Selwyn, der mysteriöse Name aus der Detektivgeschichte, entpuppt sich als träumendes alter ego von Betty. Rita verwandelt sich in die untreue Camilla Rhodes, eine erfolgreiche Schauspielerin, die sich mit dem arroganten Filmregisseur Alan Kesher eingelassen hat. Aus der Schlusssequenz lässt sich rückwirkend die Version einer schizophrenen Mörderin entwickeln, die ihre geliebte Camilla aus enttäuschter Liebe umbringen lässt und von den Dämonen ihrer inneren Spaltung selbst in den Tod getrieben wird. Entgegen der Konvention etabliert dieses *bad end* nicht eine feste Wirklichkeitsebene im Film, sondern eröffnet

Abb. 20 Leitmotiv der Spiegelung: Die Brünette nimmt den Namen von Rita Hayworth an: Laura Elena Harring in MULHOLLAND DRIVE (USA 2001)

eine neue Lesart im Labyrinth der Deutungen.[21] Hier ist der Film sehr nahe an der Konstruktion von LOST HIGHWAY. Es handelt sich um eine neue Version des Möbius-Bandes, eine Endlosschleife, die sich am Ende spiegelverkehrt mit dem Anfang verbindet und die Wiederkehr des Immergleichen unter neuen Vorzeichen impliziert. Spiralenförmig ergeben sich daraus immer neue Deutungen in einem selbstbezüglichen Labyrinth.

Zeitloser Raum – Irreale Spiegelung – Künstlichkeit der Illusion

MULHOLLAND DRIVE besitzt über weitere Handlungsstränge und Gestaltungsmittel einen Bezug zum Leitmotiv des Traumes. Das Los Angeles von MULHOLLAND DRIVE präsentiert sich als ein zeitloser Raum: Die Verbindung zwischen Schwarzem Film der Vierziger- und Fünfzigerjahre mit Popmusik-Nostalgie und Gegenwart des Filmgeschäfts schaffen ein Wachtraumkontinuum, das eine große Sogwirkung entwickelt.²² Die ersten Bilder zeigen einen Tanzwettbewerb und die erschöpfte Siegerin, darauf folgen Bilder eines roten Kopfkissens in verfremdeter Großaufnahme, eine Form der Subjektivierung, die die Erzählperspektive andeutungsweise in diejenige einer Träumenden überführt: Wir sind kurz erwacht und wieder eingeschlafen. Eingestreute Story-Fragmente wie der junge Mann, der in einem Lokal von seinem Albtraum erzählt, um darauf hinter dem Restaurant seiner Kreatur des Grauens wirklich zu begegnen, schaffen lose Enden und eine Sprunghaftigkeit in der Erzählung. Gleichzeitig werden verschiedene Modalitäten des Traums miteinander verknüpft: Die Traumerzählung, die Vorstellung über eine mögliche zukünftige Begegnung und die Halluzination derselben.²³

Am stärksten trägt jedoch die verfremdete Spiegelung des Produktionsprozesses von Filmen zur Irrealisierung bei. Parallel zu Bettys und Ritas Begegnung entwickelt sich die Geschichte des arroganten Filmregisseurs Adam Kesher (Justin Theroux), der bei einem Meeting mit den Produzenten mit zwielichten Hintermännern konfrontiert wird, die eine Schauspielerin für die Hauptrolle durchsetzen wollen. Wie er sich gegen diese Einmischung zur Wehr setzt und prompt alle Geldhähne zugedreht werden, ist im Gestus der Groteske und des absurden Theaters erzählt. Die Sequenz des unheimlichen Cowboys, der ihm mitten in der Nacht am Rande der Stadt auf einer Pferdekoppel dringend rät, die empfohlene Darstellerin zu berücksichtigen, erhält ihre Eindringlichkeit durch die seltsame Entrücktheit der Charaktere in einem Niemandsland. Auf dem *set* werden darauf Gesangsszenen aus den Fünzigerjahren für das Casting lippensynchron inszeniert und der Regisseur entscheidet sich für Camilla Rhodes. Diese imaginäre Epoche – als Drehkulisse im Studio aufgebaut und in ihrer Künstlichkeit real gezeigt – wird im zweiten Teil des Films wiederum aufgenommen, wenn die brünette Camilla und Alan in einem Cabriolet ihre erste Kussszene unter den Augen der gekränkten Diane inszenieren.

Der leitmotivische Verweis auf das *play back*, auf die Künstlichkeit und den Schein des Gezeigten, hebt MULHOLLAND DRIVE immer wieder auf das Niveau einer reflektierten Traumerzählung, die durch Aspekte des Vorstellens und sich Ausmalens erweitert wird. Die Halluzination spielt eine wichtige Rolle in der zweiten Hälfte des Films. Am Schluss erwachen wir aus dem Traum von Diane. Dennoch ist der Wachtraumzustand nicht aufgehoben. Dafür sorgt der *Club Silencio* und die raffinierte Komposition der Tonspur. Direkt nach der ersten Liebesszene zwischen Betty und Rita folgt diese Schlüsselsequenz: „Die beiden sind eingeschlafen, und wir sehen in einer wunderschönen Einstellung Ritas Profil, das die untere Partie von Bettys Gesicht abdeckt, als gehörten beide Hälften zum selben Wesen – einem neuen Wesen aus Betty und Rita. Und jetzt beginnt Rita, zunächst noch mit

Abb. 21   Naomi Watts und Laura Elena Harring in MULHOLLAND DRIVE (USA 2001)

geschlossenen, dann mit weit geöffneten Augen, im Schlaf zu sprechen: ‚Silencio! No hay banda!' Wie unter Zwang fährt Rita mit Betty um zwei Uhr morgens zu einer Adresse in einer dunklen Gasse, die Kamera rast mit irrer Geschwindigkeit auf eine Tür zu, über der in blauer Neonschrift der Clubname Silencio steht. Rita und Betty nehmen im Zuschauerraum Platz. Auf der Bühne steht ein Zauberer, und der Trick, den er vorführt und erklärt, ist der des play back: Ein Trompeter spielt, setzt das Instrument ab, aber die Musik geht weiter. ‚No hay banda', verkündet der Zauberer, als weihe er uns in das letzte Geheimnis der Hölle ein, ‚es gibt kein Orchester! Dies ist eine Bandaufnahme – eine Illusion!' Eine Sängerin tritt auf, Rebekah Del Rio, und singt Llorando, eine herzzerreißende spanische A-cappella-Version von Roy Orbisons Crying. Betty und Rita weinen, als begriffen sie plötzlich die Wahrheit des Seins. Die Sängerin bricht auf der Bühne am Mikrofon zusammen, aber ihre Stimme singt das Lied zu Ende."[24]

Lynchs Methode der Subjektivierung und Irrealisierung beruht auf einer besonderen Methode der Tonmontage. Er inszeniert in dieser Sequenz explizit den Ton als künstliches Produkt, sozusagen als eigenständige Hauptfigur seines Films. Natürlich handelt es sich beim Ton, den wir im Kino hören, um eine Aufzeichnung, wie auch dasjenige, was wir auf der Leinwand sehen aufgezeichnet ist und sich als Lichtspiel vor unseren Augen abspielt. Was wir erleben, kann sowohl als „Traum" als auch als „Wirklichkeit" bezeichnet werden. Sie stehen hier nebeneinander als selbstbezügliche Elemenete einer Traumerzählung, die darauf abzielt, die Wahrnehmung zu erweitern. Denn natürlich sind beide Ebenen Teil einer Illusion – eine Illusion, der wir uns immer wieder unbelehrbar hingeben, die wir mit Wirklichkeitserwartungen füllen und immer wieder enttäuscht werden. In diesem Verfahren der selbstbezüglichen Subjektivierung sind uns die Trennlinien zwischen Traum und Wirklichkeit entzogen. Der feste Bezugsrahmen, in dem binäre Zuordnungen wie Gut – Böse, Identität – Nicht-Identität oder Traum – Wirklichkeit möglich sind, löst sich auf. Die Traumerzählung setzt sich mit ihrer mehrwertigen Logik durch. Das Ergebnis ist eine „Illusion der Illusionsmaschine", eine irreale Spiegelung von Hollywood als eine von geheimnisvollen Verschwörungen geprägte Traumfabrik.[25]

Geradlinig erzählen: THE STRAIGHT STORY

Aus dem ruhigen Sternenhimmel gleitet die Kamera herunter auf ein abstraktes Gittermuster, das sich in eine Herbstlandschaft im mittleren Westen der USA verwandelt. Riesige Maschinen bringen die Kornernte ein und wirbeln gelben Staub durch das warme Braun der Felder. Beim Gleiten durch die Luft entsteht eine Weite des Blicks, die für die Atmosphäre von *Lynchville* derart ungewohnt ist, dass man dieser amerikanischen Idylle vorerst nicht traut. Wir treffen in einer Kleinstadt ein, gleiten hinunter in einen kleinen Garten, der zwei Holzhäuser voneinander trennt. Eine übergewichtige Frau hat sich eine kleine Zwischenverpflegung besorgt und sonnt sich auf ihrem Kunststoff-Liegestuhl, abgeschirmt von ihrer Umgebung. Die Kamera bewegt sich weiter nach rechts auf eine weiße Hauswand zu, verlangsamt ihre Bewegung und bleibt stehen. Diesen seltsamen Moment des ruhigen Verweilens durchbricht plötzlich ein Schrei, ein Geräusch und der dumpfe Aufprall eines Körpers.[26]

In dieser Anfangssequenz aus THE STRAIGHT STORY manifestiert sich die lineare Erzählung von David Lynch als eine ständig vom Chaos bedrohte Geschichte. Wer das fantastische Universum von Lynch kennt, wagt sich bei dieser Szene kaum vorzustellen, welches Drama oder Massaker sich hinter der Hauswand gerade abspielt. Diese Eröffnung bezieht sich direkt auf eine der ersten Szenen in BLUE VEL-

VET, in der die Kamera, nachdem sie einen idyllischen Garten zeigt, der liebevoll von seinem Besitzer gegossen wird, plötzlich eine Herzattacke des Gärtners vorführt, in die Erde eintaucht und eine ekelerregende Insektenpopulation ins Bild setzt.

In THE STRAIGHT STORY bleibt die Kamera über der Erdoberfläche. Und im Haus finden die Angehörigen lediglich den alten Alvin Straight (Richard Farnsworth), der zum ersten Mal in seiner Küche gestürzt ist. Mit dieser Inszenierung gibt Lynch den Ton an und nimmt die dramaturgische Spannung von Außen und Innen auf. In wenigen Sekunden entwirft er das Dekor – das heutige Nordamerika im mittleren Westen – geht darauf hinter die Kulissen, ins Innere, in die dunklen Zonen der Erinnerung, die in der Person des betagten Alvin noch lebendig sind. In der Ausleuchtung dieser Erinnerungen geht Lynch nun sehr linear vor. Er erhebt die im Titel angedeutete weite Bedeutung von *straight* als aufrichtige, geradlinige und wahre Geschichte zum Erzählprinzip und setzt dieses konsequent in ein unwirklich verlangsamtes *road-movie* um. Wenn Alvin auf seinem Rasenmäher sitzend mit 25 km pro Stunde über die scheinbar unendlich gerade Straße in Richtung Westen strebt, ist er *treker* und Pilgerfahrer zugleich. Er wird dabei von rasenden Lastwagen und hysterischen Schnellfahrerinnen überholt, erleidet einen fatalen Bremsenschaden, begegnet Menschen, deren bewegende Geschichten seine Erinnerungen aufwühlen. Alvin lässt sich trotz allem nicht aus der Ruhe bringen. Von einer Station zur nächsten reist er mit großer Beharrlichkeit weiter.

„Alle meine Filme", sagt David Lynch, „handeln von dem Versuch, in der Hölle die Liebe zu finden." Im Weg durch die Unterwelt durchlebt Jeffrey Beaumont in BLUE VELVET eine Initiationsgeschichte, die ihn in die pornographische Ursituation führt: Das Kind wird Zeuge bei einem gewaltsamen Akt, der den sexuellen Akt der eigenen Zeugung genau wiederholt. Diese Situation ist durch mehrfache Blickwechsel aufgebrochen. Die Frau darf den Mann nicht ansehen und der Mann die Frau nicht berühren. Damit wird der Versuch, die Liebe zu finden, selbst zur Hölle. Nach seiner Rückkehr an die künstliche Oberfläche wirkt Jeffrey als Repräsentant der Alltagswelt und tritt an die Stelle seines schwachen Vaters. In Lynchs Filmen herrschen häufig dunkle, destruktive Muttergöttinnnen über eine chaotische Welt (ERASERHEAD, WILD AT HEART), aus der die Väter einfach entschwinden. Gerade in diesem Zusammenhang überrascht das Vertrauen in die großväterliche Figur von Straight, der in seiner Gebrechlichkeit und in seinem Glauben an die Versöhnung mit dem Bruder über sich selbst hinauswächst. Ohne jegliches Pathos gelingt es Lynch, den beschwerlichen Weg auf dem langsamen Traktor in einfache Bilder zu fassen. Die Zurücknahme der Mittel erlaubt den genauen Blick auf das Gesicht der

Hauptfigur. Hier ist eine Person unterwegs, die nicht mehr zur Gattung der Noch-nicht-zu-Ende-geborenen Männer gehört. Das Geburtstrauma ist überwunden, die ödipalen Verstrickungen sind kein Hindernis mehr, die destruktive Muttergöttin hat ihre Macht verloren.

Dass wir uns in THE STRAIGHT STORY auf der anderen Seite des Lynch-Universums befinden, manchmal hauchdünn von den Albträumen entfernt, zeigt sich in den abgründigen Nebenfiguren, die das bedrohliche Erzählmoment wach halten. Etwa in der rasenden Frau, die mit ihrem Auto regelmäßig Wild überfährt und darüber in einen hysterischen Zustand der Verzweiflung gerät; oder in der kleinen Schar von Schaulustigen, die sich bequem am Straßenrand niedergelassen hat, um das brennende Haus gegenüber zu beobachten; in dem naiven Zwillingspaar, das sich durch die herzergreifende Bruderzwistgeschichte von Alvin berühren und übers Ohr hauen lässt. Am meisten irritiert von Anfang an die traumatisierte Tochter Rose (Sissy Spacek), die stotternd durch die Welt geht und ohne ihre Kinder nur noch ein Schattendasein führt. Diese Nebenfiguren erinnern an die zerfallende und aufgespaltene Welt von LOST HIGHWAY, in der die Psychose und das Scheitern am Trauma der Normalfall ist. Trotzdem würde sich Lynch nie über seine Figuren und ihr Scheitern erheben. Ins Unheimliche des Alltäglichen blickt ein sympathisches, gütiges Kinoauge. Vielleicht liegt hier das Geheimnis des amerikanischen Regisseurs: Nichts ist es, was seine Figuren im Inneren zusammenhält, was sie rechtfertigt; nichts außer die Art, sie in Liebe zu sehen.

Traumlandschaften erschließen

Aus der düsteren Unterwelt von BLUE VELVET und dem geschlossenen Labyrinth von LOST HIGHWAY gelangt Lynch in THE STRAIGHT STORY in eine weite und offene Landschaft. Er gibt den Blick frei in die ideale Traumlandschaft, die aufrichtig idyllisch erscheint. Sie bezieht sich auf die mythische Western-Landschaft, die Lynch bisher nur verfremdet und im Zustand des Zerfalls gezeigt hat; etwa die künstliche Oberflächlichkeit von Lumberton in BLUE VELVET oder die perfekte Imitation der Provinz in der Provinz anhand der Behausungen von TWIN PEAKS. Nach dem Leben in den unbewohnbaren Bildern von *Lynchville* bietet THE STRAIGHT STORY nun eine weitgehend befriedete Landschaft, die sich von Widersprüchen befreit hat. Diese ist jedoch nicht dem naiven Kitsch ausgeliefert, da der Erzähler diesen Zustand bewusst hervorhebt und in der konsequenten Geradlinigkeit auch die mythische Qualität der Landschaft wiederherstellt: Das Widersprüchliche ist in einem organischen, bedeutenden und „wahren" Zusammenhang aufgehoben. Lynch kann es sich leisten, eine durchwegs malerische und ideale Landschaft zu kreieren. Auch hier entsteht durch die Montage eine neue Traumlandschaft, die nun ganz und gar „kreative Geographie" wird (Lew Kuleschow). Der mittlere Westen in THE STRAIGHT STORY ist kein Ort, sondern ein Zustand. In der Bewegung des altersweisen Alvin erschließt Lynch eine Traumlandschaft, die von der Verlangsamung lebt und im Gegensatz zur Hochgeschwindigkeit von LOST HIGHWAY steht. Die springende Mittellinie geht über in die gleitende Linie. Der dezentrierte Zustand wandelt sich durch die Entdramatisierung in eine stimmige Gelassenheit. Im Bild der Traumlandschaft wird etwas von dem mythischen Geheimnis sichtbar, das wir kurz und bündig als „erfülltes Leben" bezeichnen.

1 Vgl. die Beiträge von H. Raguse und M. Zeul in diesem Band.
2 G. Seeßlen: David Lynch und seine Filme. Marburg 2000, 24–38, hier 27.
3 „Ist die Konstruktion des Traums im Film einerseits um Verständlichkeit bemüht, so stellt sie sich andererseits, im Gegenzug, als Ausdruck enthemmter Einbildungskraft dar und verlangt, analog zur Literatur, die ‚Dekomposition vertrauten Seh- und Hörraums'." Th. Koebner: Erzählen im Irrealis. Zum neuen Surrealismus im Film der sechziger Jahre. In: B. Dieterle (Hg.): Träumungen. Traumerzählung in Film und Literatur. St. Augustin 1998, 75.
4 Vgl. G. Seeßlen: David Lynch und seine Filme (s. Anm. 2), 31.
5 Vgl. zur Analogie zwischen Traum und Film I. Schneider: Filmwahrnehmung und Traum. Ein theoriegeschichtlicher Streifzug. In: B. Dieterle (Hg.): Träumungen (s. Anm. 3), 23–46.
6 F. Derendinger: Kultregisseur als Archäologe. David Lynchs LOST HIGHWAY. In: ZOOM, Nr. 6–7/1997.
7 Vgl. G. Seeßlen, David Lynch und seine Filme (s. Anm. 2), 78–100.
8 C. Martig: Die Farbe der Unendlichkeit. Blau im Spannungsfeld von Transformation und Transzendenz. In: film-dienst, Nr. 10/2002, 52–55.
9 G. Seeßlen: Ein endlos geflochtenes Band. LOST HIGHWAY von David Lynch. In: Filmbulletin, Nr. 2/1997. Zum filmischen Werk des Regisseurs: G. Seeßlen: David Lynch und seine Filme (s. Anm 2). Zur Reflexivität von Lynchs Filmsprache vgl. Seeßlens Ausführung: „Doch diese neuerliche Reise in die Schattenseiten der Seele und die dunklen Bereiche, die jenseits der integralen ‚Person' liegen, ist mehr als Lynchs frühere Filme zugleich auch eine Untersuchung über die eigenen Mittel, ein cineastischer Versuch über Selbstbezüglichkeit und das endlos geflochtene Band." Filmbulletin, Nr. 2/1997, 22.
10 M. Loretan und C. Martig: Weltuntergang im Film: zwischen Spektakel und Vision. Sinn und Gefahren apokalyptischer Rede. Kritische Auseinandersetzung mit ethischen, ästhetischen und theologischen Aspekten zeitgenössischer Filme. In: Communicatio Socialis, Nr. 2/1999, 115–148, insbesondere 138–144.
11 G. Seeßlen, Ein endlos geflochtenes Band (s. Anm. 9), 28.
12 Zur Interpretation des Motivs „Liebe" in Lynchs früheren Filmen BLUE VELVET (1986) und WILD AT HEART (1990) vgl.: M. Loretan: Liebe Leidenschaft. In: ZOOM, Nr. 5/1995, 15–19.
13 G. Seeßlen: Ein endlos geflochtenes Band (s. Anm. 9), 29.
14 F. Riemann: Grundformen der Angst. Eine tiefenpsychologische Studie. 13. Auflage, München/Basel 1978.
15 J.L. Stevenson: Dr. Jekyll und Mr. Hyde. Übersetzt von H. W. Draber. Stuttgart 1984, 82.
16 F. Derendinger: Kultregisseur als Archäologe (s. Anm. 6).
17 F. Derendinger interpretiert die Beziehungen zwischen Fred und Renee (bzw. deren Spiegelungen) als einen Konflikt zwischen Anspruch und Begehren des Mannes.
18 P. Lachat: The Queer Story. MULHOLLAND DRIVE von David Lynch. In: Filmbulletin, Nr. 5/2001, 17.
19 Vgl. Th. Jousse: L'amour à mort. In: Cahiers du Cinéma, Nr. 11/2001, 20f.

20 Vgl. G. Fuller: Babes in Babylon. In: Sight & Sound, Nr. 12/2001, 14–17.
21 Vgl. Th. Christen: Das Ende im Spielfilm. Vom klassischen Hollywood zu Antonionis offenen Formen. (Zürcher Filmstudien 7) Marburg 2001.
22 Zur Beschreibung dieses „wake-dreaming-continuums" vgl. E. Hartmann: Dreams and Nightmares. The Origin and Meaning of Dreams. Cambridge (Mass.) 2001. Das Konzept von Hartmann wird im Beitrag von W. Lesch in diesem Band vorgestellt.
23 In der Filmtheorie werden Kategorien von Filmträumen unterschieden durch die Zuweisung von Wirklichkeitsstufen. Die daraus entwickelten Modalitäten nach Wulf sind: 1. Flashback I – Erinnerung; 2. Flashback II – Erinnerungserzählung; 3. Traum; 4. Traumerzählung; 5. Fantasie I – Vorstellen; 6. Fantasie II – Sich Ausmalen. Vgl. dazu H.-J. Wulf: Intentionalität, Modalität, Subjektivität. Der Filmtraum. In: B. Dieterle: Träumungen (s. Anm. 3), 58.
24 R. Fischer: Der Rest ist Silencio. In: epd Film, Nr. 1/2002, 31. (Auszeichnungen, C.M.).
25 Vgl. G. Fuller: Babes in Babylon (s. Anm. 20).
26 Vgl. C. Martig: Entdeckungsreisen. Die (Alb-)Traumlandschaften des David Lynch. In: film-dienst, Nr. 24/1999, 6–8.

„Wir sind in dieser Welt nie wirklich zu Hause"
Peter Weir als Traumwandler zwischen den Welten

Thomas Binotto

Billy Kwan drückt in THE YEAR OF LIVING DANGEROUSLY (1982) seine randständige Lebenssituation als Halbindonese in Indonesien und als Kleinwüchsiger mit diesen Worten aus: „Wir sind in dieser Welt nie wirklich zu Hause." Gleichzeitig benennt er damit die Gemeinsamkeit, die ihn mit dem australischen Reporter Guy Hamilton verbindet, der 1965 in Djiakarta über die Revolutionsunruhen berichten soll, ohne wirklich Verständnis für das Land und seine Menschen aufzubringen.[1] Billy Kwans Zitat könnte auch über THE TRUMAN SHOW (1998) stehen, wo ein Mensch in seinem eigenen Leben nicht mehr zu Hause ist, oder über dem Gesamtwerk Peter Weirs, das sich stets um die Pole Sicherheit und Fremdheit dreht, oder gar als Schlagzeile über Peter Weirs Biographie: dem Australier, der als junger Mann seine Wurzeln in Europa entdeckte – die überraschende Offenbarung einer Touristenreise, wie er selbst berichtet – und der nun ein Einzelgänger unter den arrivierten Regisseuren Hollywoods ist.

Das Leben als Ort der Unsicherheit kann Albträume auslösen, die bis zur Traumatisierung reichen, lässt uns in Wunschträume flüchten und ganze Traumwelten aufbauen. All das repräsentieren Peter Weirs Filme, in denen der Traum zum poetischen Mittel wird, um der Rauheit des Alltags zu begegnen. Sie sind labyrinthische Poesie wie Edgar Allan Poes Gedichtzeile, die am Anfang von PICNIC AT HANGING ROCK (1975) steht und die für Weirs Werk programmatisch geworden ist: „Nothing but a dream within a dream."[2] Sie wirken genauso sanft verstörend wie das Schiff, das in THE TRUMAN SHOW den Himmel rammt.[3] Die Frage lautet also: Wie stimmt uns Weir auf jenes Lebensgefühl ein, dessen poetischer Ausdruck der Traum ist, eben jene Welt, in der wir nie ganz zu Hause sind? Und weiter gilt es aufzuzeigen, dass THE TRUMAN SHOW gerade in dieser Hinsicht die bisherige

Quintessenz von Weirs Werk ist. Zunächst allerdings bleibt festzustellen, dass sein Filmschaffen kein singuläres Phänomen ist und auch nicht sein will. Er versteht sich selbst als Kinoerzähler in einer langen und großen Tradition von Erzählern. In diese Tradition hat er sich selbst ganz bewusst gestellt, als er von Australien nach Hollywood ging und damit, oberflächlich betrachtet und von zahlreichen Kritikern verbreitet, zum *Mainstream-Regisseur* wurde. Hollywood als Traumfabrik ist ein uraltes Klischee, das mit der ebenso alten Erkenntnis einhergeht, dass jedes Kinoerlebnis auch ein Traumerlebnis ist. Dennoch ragt Weir aus dieser Tradition heraus, weil er mit auffallender Beharrlichkeit und Regelmäßigkeit das Thema „Traum" variiert, durchaus vergleichbar mit Alfred Hitchcock und dessen Dauerthema „Schuld und Sühne".

Am 21. August 1944 wurde Peter Weir als Sohn eines Immobilienmaklers in Sidney, Australien, geboren. Er sollte und wollte ursprünglich ins Geschäft des Vaters einsteigen. Von diesem Schritt aber doch nicht restlos überzeugt, machte er 1965 eine Schiffsreise nach Europa, wo er als Hilfskraft für die Bordunterhaltung seine eigentliche Berufung entdeckte: das Entertainment.

Auf derselben Reise lernte er auch seine zukünftige Frau Wendy Stites kennen, die seither an fast allen seinen Filmen als *Production-Designerin* mitgewirkt hat. Auf den ersten Blick nicht so entscheidend, aber auf unauffällige Weise dennoch folgenreich, war die Erkenntnis, dass die australische Kultur nicht nur, wie er zunächst angenommen hatte, eine amerikanisch geprägte ist, sondern in noch stärkerem Maße europäischen Ursprungs. Die Tatsache, dass die Australier im Gegensatz zu den Amerikanern keinen „Mayflower-Stolz" kultivieren – anders gesagt, dass die Nachfahren von aus Europa deportieren Sträflingen und Randständigen ihre Abstammung und damit auch ihre Wurzeln vorzugsweise totschweigen und damit in einer Scheinwelt leben –, konnte er erst durch seine Europareise als solche entlarven. Nach seiner Rückkehr 1967 beschloss Weir, sich ganz dem Entertainment zu widmen. Er begann damit an einer Fernsehstation, wo er sein Handwerk von Grund auf lernte. Im gleichen Jahr drehte er seinen ersten Kurzfilm COUNT VIM'S LAST EXERCISE gefolgt von weiteren Kurzfilmen, bis er 1974 Gelegenheit erhielt, seinen ersten langen Spielfilm THE CARS THAT ATE PARIS zu realisieren. Ausgerechnet in diesem Erstling werden erstaunliche Parallelen zu THE TRUMAN SHOW sichtbar. Schon der Titel führt uns auf eine falsche Fährte, denn mit Paris ist nicht etwa das große europäische, sondern das gottverlassene australische gemeint.[4] Hier im australischen Niemandsland haben sich die Bewohner das Existenzminimum unter der Leitung ihres Bürgermeisters auf außergewöhnliche Weise gesichert: Strandräubern vergleichbar provozieren sie auf einer kurvenreichen Zu-

Abb. 22 Richard Camberlain als David Burton entdeckt in einer geheimen unterirdischen Kultstätte die magischen Zeichen der Traumzeit: Chiffren der Weissagung (THE LAST WAVE, AUS 1977).

fahrtsstraße Autounfälle, nehmen die so erbeuteten Autos aus, begraben Autowracks und Tote und überlassen die Überlebenden dem Krankenhausleiter, dessen „Versuche" kein Patient bei klarem Verstand übersteht. All das geht sehr rechtschaffen vonstatten – selbst die Rentner sitzen brav auf der Veranda und bringen Autobestandteile wieder in Form, damit ein guter Verkaufspreis gesichert ist. Alles wäre gut, wären da nicht die randalierenden Jugendlichen der Stadt. Sie haben nichts besseres zu tun, als in reanimierten Autowracks durch die Straßen zu rasen und wollen nichts mehr von ehrlicher Arbeit wissen.

Wie in THE TRUMAN SHOW werden wir zu einer in sich abgeschlossenen Welt geführt, eine Welt mit eigenen Regeln, die dadurch aus den Fugen gerät, dass die Jugend ausbrechen will. Der leicht debile, bindungslose Arthur, der einen Unfall überlebt hat und vom Bürgermeister adoptiert wird, wandelt wie ein Schlafwandler durch diese verkehrte Welt, die im wahrsten Sinne *down under* ist – als ein reiner Tor, genau wie Truman Burbank, der *true man*, der „wahre Mensch", durch das künstliche *Seahaven* gelotst wird. Solche hermetisch abgeschlossenen Biotope schildert Weir häufig und immer als Lebensräume mit eigenen Regeln, die nur so lange überleben können, wie sie nicht von der übrigen Welt kontaminiert sind. Besonders eindrücklich kommt das in WITNESS (1985), DEAD POETS SOCIETY (1988) oder PICNIC AT HANGING ROCK zum Ausdruck – und immer ist es der oder das Fremde, welches als Katalysator oder als Agitator die Ordnung ins Wanken bringt. In THE TRUMAN SHOW schließlich wird gar Truman selbst zum Fremden.

Die fundamentale Fremdheit des Menschen in dieser Welt, die Weir immer wieder beschreibt, drückt er dadurch aus, dass er unaufhörlich das Verhältnis von Realität und Fiktion zur Diskussion stellt. Ist die Flutkatastrophe, die David Burton in THE LAST WAVE (1977) voraussieht, eine wirkliche Bedrohung oder nur ein Albtraum?[5] Ist Jill in THE PLUMBER (1979) vom Klempner Max wirklich bedroht oder bildet sich das die hysterische, vernachlässigte und frustrierte Ehefrau nur ein?[6] Stirbt Archie auf dem Schlachtfeld von GALLIPOLI (1981) einen heroischen oder einen sinnlosen Tod? Das eingefrorene Bild, mit dem der Film endet, lässt gerade diese Frage offen.[7] Ist unser Leben eine einzige, live übertragene *soap opera* oder haben wir die Freiheit, unseren Lebensweg selbst zu wählen? Die Antworten auf diese Fragen fallen bei Weir nie eindeutig aus. „Ich war immer mehr vom Geheimnis selbst fasziniert als von der Antwort dahinter."[8] Diese Hinwendung zum Geheimnis hat auch formale Folgen, denn gerade daraus entsteht ganz organisch die traumartige Stimmung seiner Filme.

Das Spiel mit Wirklichkeit und Fiktion treibt Weir schließlich in THE TRUMAN SHOW auf die Spitze. Selbst wenn Truman Burbank zum Schluss aus dem TV-Studio entkommt, lässt er zwar die eine Fiktion hinter sich, aber doch nur, um in die nächste zu wechseln; und auch wir als Zuschauer werden zu einem Teil dieses Verwirrspiels. Können wir uns am Anfang noch über die sensationssüchtigen TV-Zuschauer erhaben fühlen und mokieren, so verschmelzen wir im *showdown* mit ihnen zu einem einzigen Publikum, zur Gemeinschaft der Voyeure, die sich nichts so sehnlichst wünscht, als dass die Fiktion doch endlich Realität werde. Der große Manipulator in diesem Verwirrspiel heißt deshalb nicht Ed Harris alias Christof sondern Peter Weir. Er ist der Puppenspieler, der alle Fäden in der Hand hält.

In THE YEAR OF LIVING DANGEROUSLY bietet Billy Kwan eine kurze Einführung in die Kunst des indonesischen Schattenspiels. Er demonstriert Guy Hamilton damit, dass in der Politik und in der Liebe immer jemand an unsichtbaren Fäden das Spiel dirigiert und nichts so ist, wie es zunächst scheint. Gleichzeitig wird aber auch offenbar, wie Kino funktioniert: ein Schattenspiel auf der Leinwand, das uns Realität suggeriert und doch pure Fiktion ist. Wer wird durch Kwans Erläuterungen nicht

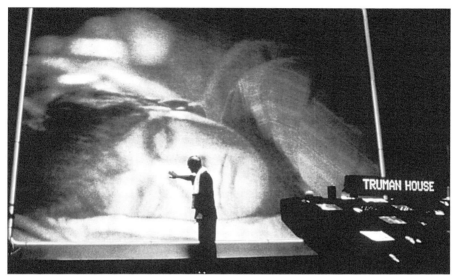

Abb. 23 Der große Manipulator (Ed Harris) und der nichts ahnende Truman Burbank (Jim Carrey) in THE TRUMAN SHOW (USA 1998)

unmittelbar an Platons Höhlengleichnis erinnert? Und wem wird nebenbei bemerkt nicht spätestens hier klar, dass die fruchtbarsten Beiträge zur Selbstreflexion des Kinos nicht unbedingt jene Filme sind, die sich explizit darum bemühen? In den Filmen von Weir ist tatsächlich nichts so, wie es auf den ersten Blick scheint; das ganze Leben ist ein Traum in einem Traum. In THE TRUMAN SHOW kommt dies unter anderem durch Bilder zum Ausdruck, die an René Magritte erinnern, diesen Surrealisten, dessen Gemälde auf den ersten Blick so klar, so realistisch, so überdeutlich erscheinen und die doch das Gefühl hinterlassen, da könnte etwas nicht stimmen. Und tatsächlich stimmt ja auch immer irgendetwas nicht; ein abgründiger Hyperrealismus, wie wir ihn aus unseren Träumen kennen. Auch Weir verwendet gerne überdeutliche Bilder, die doch immer ein Geheimnis bergen, eine fast schon mythische Qualität haben, so wie am Schluss des Films, wenn Truman sein Boot in den Himmel rammt, an dessen Rand entlanggeht und damit an den berühmten Holzschnitt erinnert, auf dem ein Mensch unter dem Himmelsrand hindurchschlüpft.

Die fundamentale Unsicherheit der menschlichen Existenz verleitet dazu, eine Welt aufzubauen, die sicher ist, ein Paradies auf Erden, ein *Seahaven* wo es keine Krankheit, keinen Tod und keine Angst gibt. Es ist kein Zufall, dass gerade das Bauen immer wieder als Bild für den Wunsch des Menschen nach Sicherheit und Unsterblichkeit auftaucht. In MOSQUITO COAST (1986) sieht Allie Fox im wildesten Dschungel schon die Stadt seiner Träume vor sich. Er, der aus der amerikanischen Konsumhölle geflohen ist, will sich hier das Paradies auf Erden schaffen. Und je mehr sich seine Träume materialisieren, desto deutlicher wird, dass er genau jene Zivilisation neu erschafft, vor der er einst geflohen ist.[9] Die Amish-Gemeinden sind ebenfalls Dissidenten des amerikanischen Fortschrittglaubens. Und gerade deshalb erscheint ihr archaisches Leben für uns als ein Paradies auf Erden, in das John Book in WITNESS nicht nur einbricht sondern, der Zivilisationshektik müde, auch dankbar eintaucht. Wenn eine Scheune an einem Tag aufgerichtet wird, dann drückt sich darin für ihn und für uns ein Traum von Gemeinschaft und Solidarität aus. Gemeinsam schaffen die Menschen eine neue Welt oder stellen in diesem Fall wohl eher eine ursprüngliche Welt wieder her. Weir inszeniert diesen Moment in einem betörend sinnlichen Bild- und Musikrausch, der gerade dadurch erhaben wirkt, dass er so ruhig und unaufgeregt dahinfließt. Dass sich auch hinter dieser Fassade das brüchige Leben verbirgt, bemerkt Book und damit auch der Zuschauer erst später.

Sehr oft entführt uns Weir in eine scheinbar perfekte Ordnung, die sich langsam ins Chaos aufzulösen beginnt, wie in THE LAST WAVE, PICNIC AT HANGING ROCK oder in THE TRUMAN SHOW. Dass dahinter durchaus System steckt, wird durch das folgende Weir-Zitat bestätigt: „Ich beschäftige mich mit Ordnung und Chaos; mit der dunkelsten Seite der menschlichen Natur, im Konflikt mit Sanftheit und Licht: dem Unterschied zwischen Oberfläche und Substanz."[11] Manchmal allerdings geht Weir auch den entgegengesetzten Weg, wie in GREEN CARD (1994), wo er auf subtile Art und Weise zeigt, wie aus Fiktion Realität werden kann. Um der Einwanderungsbehörde eine glaubwürdige Liebes- und Lebensgeschichte vorzugaukeln, fabrizieren Brontë und George an einem einzigen Wochenende ihren gesamten Briefwechsel. George sitzt im Wohnzimmer und schreibt aus Afrika, Brontë sitzt in der Küche und antwortet aus New York. Und während sich die beiden eine gemeinsame Vergangenheit „erschreiben", geschieht geradezu Magisches, weil die erfundene Vergangenheit plötzlich Wirklichkeit wird, weil die Gefühle von Verlangen und Sehnsucht, von Warten und Vorwärtsdrängen Realität werden und so aus einer vorgegaukelten eine wahrhaftige Liebesgeschichte.[12]

Peter Weirs Hauptthema ist das Fremde. Wie verschiedene Kulturen und Menschen aufeinander reagieren, das hat Peter Weir immer interessiert. Wie Men-

schen mit dem Fremden in sich und um sie herum umgehen, das steht in schlichtweg jedem seiner Filme im Zentrum:
- In THE CARS THAT ATE PARIS, kommt es zwischen den honorigen aber zutiefst bestialischen Alten und den primitiven aber ehrlichen Jungen zum „Kulturkampf".
- In PICNIC AT HANGING ROCK ist die Spannung zwischen viktorianischer Prüderie und erwachender Sexualität förmlich spürbar.
- In THE LAST WAVE stößt ein Australier auf die ihm völlig fremde Kultur der Aborigines.
- THE PLUMBER macht die Angst einer Volkskundlerin vor ihrer eigenen „primitiven" Natur zum Thema.
- In GALLIPOLI hoffen zwei jugendliche Männer auf das Abenteuer ihres Lebens und stoßen in der Fremde auf den sinnlosen Krieg.
- THE YEAR OF LIVING DANGEROUSLY porträtiert einen Reporter, der die fremde Welt Indonesiens beobachten aber nicht deuten kann.
- In WITNESS kann die Liebe eines Großstadtpolizisten zu einer amischen Frau wegen fundamental verschiedener Kulturen keine Erfüllung finden.
- In THE MOSQUITO COAST sucht ein Aussteiger das ganz Andere, erträgt aber gerade dieses nicht und versucht es zu transformieren und sich dadurch anzueignen.
- In DEAD POETS SOCIETY treffen zwei unverträgliche Lehrmethoden aufeinander. Und Zufall oder nicht: Der Wunschtraum, dessen Verwirklichung letztlich tödlich endet, besteht darin, den Puck in einer Inszenierung von Shakespeares *Sommernachtstraum* zu spielen.[13]
- Bei GREEN CARD ist es gewissermaßen das individualisierte Fremde in Gestalt von Gérard Dépardieu, das für einen Kulturkampf im Kleinen sorgt.
- In FEARLESS findet sich der Überlebende einer Flugzeugkatastrophe im Leben wieder und wird zum heimatlosen Wanderer zwischen Leben und Tod.
- Und in THE TRUMAN SHOW schließlich wird ein Mann in seinem eigenen Leben zum Fremden, weil sich dieses Leben als gefälscht herausstellt.

Das Fremde steht bei Weir ganz selbstverständlich auch für das Unterbewusste, für das verdrängte Archetypische – und wie nicht anders zu erwarten hat sich Weir mit Freud und Jung beschäftigt. Aber einmal mehr gilt, dass Weirs Filme erfrischend unprätentiös sind, dass er sein Thema, auch darin Hitchcock vergleichbar, in „einfache Geschichten" zu formen versteht. Das Fremdeste aber, das es für den Menschen gibt, ist der Tod. Und auch er ist in Weirs Filmen allgegenwärtig: „Das Thema Tod liegt allen meinen Filmen zu Grunde." Dass für Weir die Annahme des

Todes, des Befremdlichen schlechthin, dass dieses Akzeptieren das Leben erst möglich macht, zeigt sich am eindrücklichsten in FEARLESS (1993), wo Max Klein erst durch das Zurückgewinnen der Todesangst wieder lebensfähig wird: Früher hat Max auf Erdbeeren allergisch reagiert, sie hätten seinen Tod bedeuten können. Jetzt, nach dem Überleben eines Flugzeugabsturzes, können sie ihm nichts mehr anhaben. Sie zu essen wird für ihn zum maliziösen Spiel mit dem Tod. Seine Rückkehr ins Leben wird in einer Schlüsselszene dadurch markiert, dass er zum wiederholten Male das Spiel mit der Erdbeere spielt und beinahe daran stirbt. Als er darauf von einer Grenzerfahrung ins Leben zurückkehrt, ist es eine wirkliche Rückkehr, eine Rückkehr in die Todesangst, aber auch ins Leben.[14] Die schwarze Türöffnung, durch die Truman Burbank in THE TRUMAN SHOW am Schluss verschwindet, muss wohl ebenfalls als Symbol für den Tod gedeutet werden, aber auch hier als ein Tod, der neues Leben bedeutet.

Dass eine traumhafte Stimmung in fast allen Weir Filmen auch in der Grundstimmung spürbar wird, hat nicht nur inhaltliche, sondern auch formale Ursachen. Weirs bevorzugte Erzählstruktur funktioniert analog zu Poes Gedicht: Er erzählt Geschichten in Geschichten. In WITNESS ist der Thriller nur die Rahmenhandlung für ein leises Liebesdrama, in dem zwei Kulturen aufeinanderprallen. FEARLESS entführt alle, die einen spektakulären Katastrophenfilm erwarten, auf eine subtile Seelenreise. Und geht es in MOSQUITO COAST auch vordergründig um eine Aussteigergeschichte, so steht in Wirklichkeit der Oedipus-Mythos im Mittelpunkt. Weir beutet Genrekonventionen aus, um seine Zuschauer anzulocken, um ihnen dann eine ganz andere Geschichte zu erzählen, als er zunächst vorgegeben hat. Eine wesentliche Rolle spielt dabei der selektive Umgang mit der Tonspur. Weir schafft häufig etwas, was man eine klangliche Großaufnahme nennen könnte, indem viele Alltagsgeräusche ausgeblendet und nur einige wenige Töne durch diesen Filter hindurchgelassen werden. Diese Töne erhalten dadurch zwangsläufig eine besondere Bedeutung; zudem entsteht eine fokussierte Stille. In THE LAST WAVE sitzt David Burton während eines tosenden Sturms in seinem Auto, was man hört sind aber lediglich die Scheibenwischer. Ein weiteres Beispiel für die klangliche Großaufnahme finden wir in GALLIPOLI, wenn die Soldaten in der Bucht tauchen und der Kriegslärm nur wie durch Watte zu ihnen hindurchdringt. Weir ist zudem ein Meister der stummen Szenen ohne Dialog. Besonders eindrücklich und gleich mehrmals kommen solche in WITNESS und FEARLESS vor. Weir selbst sieht den Ursprung dafür in seiner frühen Zeit als Regisseur: damals seien die selbstgeschriebenen Dialoge so grauenhaft gewesen, dass einer der meistgerufenen Sätze am Set „drop the line" gewesen sei.

Abb. 24.1 und 2   Jeff Bridges in FEARLESS *(USA 1993)*

Auch die Kameraführung trägt ihren Teil zur schwebenden, traumhaften Atmosphäre bei, welche die Filme Weirs dominiert – eine ruhige, aber sich meist in langsamer Bewegung befindliche Kamera. Viele Szenen wirken dadurch retardierend, wie in Zeitlupe, obwohl sie das rein technisch nicht sind. Und schließlich ist Peter Weir nicht nur ein Verfechter der Großaufnahme, sondern offensichtlich auch ein Freund der halbnahen, gebrochenen Totale. Das bedeutet, dass er seine Figuren sehr oft aus mittlerer Entfernung durch ein Hindernis, beispielsweise ein Fenster, beobachtet. Der Zuschauer wird damit zum Zeugen des ganz Intimen und ist doch nicht wirklich Teil davon – ein Träumer in einem Traum in einem Traum. Damit gewährt er dem Zuschauer einerseits den Blick in die Intimsphäre und seinen Figuren gleichzeitig die Wahrung eben dieser Sphäre. Ein geradezu klassisches Beispiel dafür ist die wunderschöne Szene in GREEN CARD, in der Brontë zum ersten Mal ihren Wintergarten betritt. Zunächst folgt die Kamera ihr in den Garten, zieht sich dann aber durch die Türe zurück, während gleichzeitig der langsame Satz aus Mozarts Klarinettenkonzert einsetzt. Damit erhält die ganze Szene eine ungewöhnliche erotische Wirkung, und tatsächlich ist für Brontë die Gärtnerei ja auch Liebesersatz. Und weil die Szene so intim ist bleibt die Kamera draußen, was natürlich die Spannung nur noch erhöht.

Das Leben in *Disney Land* – in einer properen, keimfreien und todsicheren Umgebung – ist für viele Menschen kein Traum sondern Wirklichkeit. Siedlungen wie *Seaside*, das real existierende Set für das scheinbar surreale *Seahaven*, erleben in den USA einen wahren Boom: Alterssiedlungen, in denen keine Kinder übernachten dürfen, wo Vorschriften für die Farbe der Haustüre erlassen werden und für die Möbel, die in Fensternähe sichtbar platziert sind. Allerdings, auch dieses Paradies auf Erden – sofern man sich dieses so vorstellt – zeigt bereits Risse. Die größten Sicherheitsprobleme drohen den Siedlungen nämlich nicht von außen sondern von innen, von randalierenden Jugendlichen, die gegen das Paradies, in dem sie leben müssen, aufbegehren. Die fiktiven Ereignisse aus THE CARS THAT ATE PARIS und THE TRUMAN SHOW sind längst Realität geworden.

Peter Weirs Wunschtraum ist nicht umfassende Sicherheit. Er ist auf der Suche nach Freiheit, aber er macht auch den Preis deutlich, den für diese Freiheit zu zahlen ist: Unsicherheit und letztlich der Tod. Oder, um zum Schluss den Bogen endgültig in die Theologie zu schlagen, jenen Bereich, der bei Weir kaum je explizit zur Debatte steht und der doch immer gegenwärtig ist: „Der Schlaf, des Todes sanftes Bild, führt uns dem Grab des Schlummers zu." Auch dieses Zitat könnte als Motto über Weirs Filme stehen, stammt aber aus dem mittelalterlichen Stundengebet. Es drückt, wie Weirs Filme aus, dass im Traum der Tod und gleichzeitig im Tod der Traum gegenwärtig wird. Diesem Mysterium begegnet Weir nicht mit den Mitteln der Analyse, sondern wie Edgar Allen Poe mit den Mitteln der Poesie und der Fantasie. Er gibt so auf subtile Weise der Hoffnung Ausdruck, dass am Ende des Traums ein *Happy End* wartet, ein wahrhaft glückliches Ende, wie es in allen Weir-Filmen höchstens angedeutet aber nie ausgebreitet wird. Solange wir leben, bleibt alles in der Schwebe.

1   EIN JAHR IN DER HÖLLE (THE YEAR OF LIVING DANGEROUSLY), Australien/USA 1982. „Ein australischer Korrespondent ringt im bürgerkriegsbedrohten Indonesien des Jahres 1965 um seine Karriere, durchschaut schließlich die menschenverachtende Seite seines Metiers und verzichtet zugunsten einer Liebesbeziehung. Melodramatische Spannungsgeschichte, die sich weniger um den zeitgeschichtlichen Hintergrund kümmert, sondern über die Hoffnung auf Selbsterkenntnis des einzelnen und eines ganzen Volkes reflektiert. Filmisch dicht und überzeugend, voller Querverweise zwischen innerer und äußerer Erzählebene." (Lexikon des internationalen Films. Hg. v. Katholischen Institut für Medieninformation und der Katholischen Filmkommission für Deutschland, Reinbek/Marburg 1987–2002). Regie: Peter Weir; Buch: David Williamson, Peter Weir, C.J. Koch; nach einem Roman von C.J. Koch; Kamera: Russell Boyd; Musik: Maurice Jarre; Schnitt: Bill Anderson; Besetzung: Linda Hunt (Billy Kwan), Mel Gibson (Guy Hamilton), Sigourney Weaver (Jill Bryant), Bill Kerr (Col. Henderson), Michael Murphy (Pete Curtis).
2   Zum Programm wurde diese Gedichtzeile auch für die jüngste Weir-Monographie: M. Bliss: Dreams Within a Dream. The Films of Peter Weir, Southern Illinois University 2000.
3   DIE TRUMAN SHOW (THE TRUMAN SHOW), USA 1998. „Das Leben des Versicherungsagenten Truman Burbank ist ohne dessen Wissen seit dreissig Jahren Gegenstand einer weltweit live übertragenen, äußerst erfolgreichen Fernseh-Seifenofer. Satire und Nachdenklichkeit treffen sich in Peter Weirs Film vor dem Hintergrund einer gigantischen ,lebensechten' Fernsehkulisse, und der Zuschauer wird zum Voyeur der Voyeure bei Trumans allmählicher Entdeckung einer alternativen Realität. Brillant inszeniert und gespielt, nimmt der Film Medienmanipulation, Konformismus und Kommerzialisierung aufs Korn, scheut aber auch vor existentiellen Fragestellungen nicht zurück." (Lexikon des internationalen Films). Regie: Peter Weir; Buch: Andrew Niccol; Kamera: Peter Biziou; Musik: Philip Glass, Burkhard Dallwitz; Schnitt: William M. Anderson, Lee Smith; Besetzung: Jim Carrey (Truman Burbank), Laura Linney (Meryl Burbank / Hannah Gill), Noah Emmerich (Marlon / Louis Coltrane), Natascha McElhone (Lauren Garland / Sylvia), Holland Taylor (Trumans Mutter), Ed Harris (Christof).

Traumwandler zwischen den Welten 179

4   DIE AUTOS, DIE PARIS AUFFRASSEN (THE CARS THAT ATE PARIS), Australien 1974. „Die Bürger der australischen Kleinstadt Paris leben von mit Lichtfallen herbeigeführten Autounfällen, während ihre Straßen von Auto-Freaks mit bizarren Vehikeln beherrscht werden. Ein Bürgerkrieg zwischen den Gruppen führt den Untergang der Stadt herbei. Sanft-makabre Horror-Komödie um die Zerstörung einer Zivilisation, deren scheinbare Ordnung und Idylle nur mühsam die Brüche und Risse unter der Oberfläche verbergen kann." (Lexikon des internationalen Films). Regie: Peter Weir; Buch: Peter Weir, Keith Gow, Piers Davies; Kamera: John McLean; Musik: Bruce Smeaton; Schnitt: Wayne LeClos; Besetzung: Terry Camilleri (Arthur), John Meillon (Bürgermeister), Melissa Jaffer (Beth), Kevin Miles (Dr. Midland), Max Gillies (Metcalfe).

5   DIE LETZTE FLUT (THE LAST WAVE), Australien 1977. „Ein junger australischer Anwalt kommt durch die Begegnung mit Vertretern der Aborigines, der schwarzen Ureinwohner des Kontinents, und ihrer Kultur zu der Erkenntnis, dass der Menschheit eine neue Sintflut droht. Mit intellektueller Ernsthaftigkeit und inszenatorischem Können gestaltete beklemmende Vision der Apokalypse." (Lexikon des internationalen Films). Regie: Peter Weir; Buch: Peter Weir, Tony Morphett, Petru Popescu; Kamera: Russell Boyd; Musik: Charles Wain; Schnitt: Max Lemon; Besetzung: Richard Chamberlain (David Burton), Olivia Hamnett (Annie Burton), David Gulpilil (Chris Lee), Frederick Parslow (Pfarrer Burton), Vivean Gray (Dr. Whitburn), Walter Amagula (Gerry Lee), Roy Bara (Larry), Peter Carroll (Michael Zeadler), Athol Compton (Billy Corman), Hedley Cullen (Richter).

6   WENN DER KLEMPNER KOMMT (THE PLUMBER), Australien 1979. „In der Wohnung einer jungen Wissenschaftlerin findet sich ein Klempner ein, der vorgibt, dringende Badezimmer-Reparaturarbeiten erledigen zu müssen. Während der folgenden Tage richtet er ein heilloses Durcheinander an. Sein Betragen flößt der Frau unerklärliche Angst ein, so dass das merkwürdige Verhältnis der beiden zu einer Machtprobe ausartet. Ein ironisch gefärbter Thriller, in dem Gruseleffekte stets ins Komische umschlagen. Der fürs Fernsehen entstandene Film erscheint wie eine Paraphrase des Kinofilms DIE LETZTE FLUT vom selben Regisseur." (Lexikon des internationalen Films). Regie: Peter Weir; Buch: Peter Weir; Kamera: David Sanderson; Musik: Gerry Tolland; Schnitt: G. Tunney-Smith; Besetzung: Ivar Kants (Max, der Klempner), Judy Morris (Jilly Cowper), Robert Coleby (Brian Cowper), Candy Raymond (Meg), Peter Weir.

7   GALLIPOLI (GALLIPOLI), Australien 1981. „Ein historisches Drama aus dem Ersten Weltkrieg: Australische Freiwillige, die sich in der Erwartung großer Abenteuer und Heldentaten für das englische Heer anwerben lassen, werden im Einsatz auf der türkisch besetzten Insel Gallipoli das Opfer gnadenloser Kriegsrealität. Ein wichtiger, mit Ernst und ansehnlicher Qualität gestalteter Film, dem man allerdings die kommerziellen Absichten seiner beiden Produzenten ansieht." (Lexikon des internationalen Films). Regie: Peter Weir; Buch: David Williamson nach einer Erzählung von Peter Weir; Kamera: Russell Boyd; Musik: Jean-Michel Jarre, Tommaso Albinoni, Brian May; Schnitt: William M. Anderson; Besetzung: Mel Gibson (Frank Dunne), Mark Lee (Archy), Bill Hunter (Major Barton), Robert Grubb (Billy), David Argue (Snowy).

8   Pressehaft zu THE LAST WAVE, Columbus Film, Zürich 1977 (s. Anm. 5).

9   MOSQUITO COAST (MOSQUITO COAST), USA 1986. „Ein skurriler Erfinder flieht mit seiner Familie aus der nach seiner Ansicht kaputten Wohlstandsgesellschaft in die Einsamkeit und Unberührtheit des Dschungels, scheitert aber auch dort an den eigenen Ansprüchen. Wort- und kopflastiger politischer Märchenfilm, der am Ende ins Tragikomische umkippt. Die immerhin redliche Botschaft wird nur über die Dialoge transportiert, ihre mangelhafte Umsetzung in Bilder macht den Film langatmig." (Lexikon des internationalen Films). Regie: Peter Weir; Buch: Paul Schrader nach einem Roman von Paul Theroux; Kamera: John Seale; Musik: Maurice Jarre; Schnitt: Thom Noble; Besetzung: Harrison Ford (Allie Fox), Helen Mirren (die Mutter), River Phoenix (Charlie), Jadrien Steele (Jerry), Hilary Gordon (April).

10 DER EINZIGE ZEUGE (WITNESS), USA 1985. „Ein Polizeidetektiv aus Philadelphia kommt bei der Bearbeitung eines Mord- und Korruptionsfalls ins Gebiet der Amish, einer deutschstämmigen Sekte, die alle Errungenschaften der modernen Zivilisation ablehnt. Der Zusammenprall unterschiedlicher Lebensauffassungen und die stete Bedrohung des Traums von einer reinen Welt bilden den Hintergrund der spannenden Liebesgeschichte. Einfühlsam inszeniert, bis auf den plakativen Schluss erfreulich abseits der Genre-Klischees." (Quelle: Lexikon des internationalen Films). Regie: Peter Weir; Buch: Earl W. Wallace, William Kelley; Kamera: John Seale; Musik: Maurice Jarre; Schnitt: Thom Noble; Besetzung: Harrison Ford (John Book), Kelly McGillis (Rachel Lapp), Josef Sommer (Deputy Schaeffer), Lukas Haas (Samuel Lapp), Alexander Godunow (Daniel Hochleitner), Jan Rubes (Eli Lapp), Danny Glover (McFee).

11 Presseheft zu THE LAST WAVE, Columbus Film, Zürich 1977 (s. Anm. 5).
12 GREEN CARD – SCHEIN-EHE MIT HINDERNISSEN (GREEN CARD), Australien/Frankreich/USA 1990. „Ein französischer Bohemien heiratet eine junge Amerikanerin, um sich dadurch die Aufenthalts- und Arbeitserlaubnis in den USA zu beschaffen. Die als Mittel zum Zweck inszenierte Eheschließung stellt beide mehr als erwartet auf die Probe. Charmante Komödie, die weniger die Einwanderungspolitik als die Beziehung zweier Menschen unter widrigen äußeren Umständen thematisiert. Feinfühlig inszeniert und hervorragend gespielt." (Lexikon des internationalen Films). Regie: Peter Weir; Buch: Peter Weir; Kamera: Geoffrey Simpson; Musik: Hans Zimmer; Schnitt: William M. Anderson; Besetzung: Gérard Depardieu (George), Andie MacDowell (Brontë), Bebe Neuwirth (Lauren), Gregg Edelman (Phil), Robert Prosky (Brontës Anwalt).
13 DER CLUB DER TOTEN DICHTER (DEAD POETS SOCIETY), USA 1988. „Ein unorthodoxer Lehrer, der im Herbst 1959 sein neues Amt an einem konservativ-strengen College in Neuengland antritt, leitet die Schüler seiner Klasse zur Selbsterkenntnis und zur Verwirklichung der eigenen Identität an. Die Poesie wird dabei zum Sinnbild geistiger Freiheit. Regisseur Peter Weir findet für die bewegende Story faszinierende Bilder. Ein in Thema und Machart gleichermaßen beachtlicher Film, in dem sich Humor, jugendliche Abenteuerlust, Tragik und revolutionärer Geist fast nach klassischem Maßstab die Waage halten." (Lexikon des internationalen Films). Regie: Peter Weir; Buch: Tom Schulman; Kamera: John Seale; Musik: Maurice Jarre, Schnitt: William M. Anderson; Besetzung: Robin Williams (John Keating), Robert Sean Leonard (Neil Perry), Ethan Hawke (Todd Anderson), Josh Charles (Knox Overstreet), Gale Hansen (Charlie Dalton).
14 FEARLESS – JENSEITS DER ANGST (FEARLESS), USA 1993. „Ein erfolgreicher Architekt überlebt die Folgen eines Flugzeugabsturzes. Während er in der Öffentlichkeit als Held gefeiert wird, steht er selbst seinem früheren Leben, in das er sich erneut zu integrieren versucht, wie ein Fremder gegenüber. Eher eine Exegese über die verwandelnde Kraft des Todeserlebnisses als ein Katastrophenfilm, schließt Peter Weirs neues Werk am kompromisslosesten an die Anfänge seiner Karriere an: ein ins Spirituelle überhöhtes Drama, das die scheinbaren Gewissheiten des modernen Lebens in Frage stellt." (Lexikon des internationalen Films). Regie: Peter Weir; Buch: Rafael Yglesias; Kamera: Allen Daviau; Musik: Maurice Jarre ; Schnitt: William M. Anderson; Besetzung: Jeff Bridges (Max Klein), Isabella Rossellini (Laura Klein), Rosie Perez (Carla Rodrigo), Tom Hulce (Brillstein), John Turturro (Dr. Bill Perlman).

LOVE ME
Weibliche Identität zwischen Traum und Wirklichkeit

Ulrike Vollmer

LOVE ME beginnt mit einer Vorführung besonderer Art. Eine junge Frau in Rosa mit Lockenwicklern im Haar – ganz „weiblich" also – tanzt mit Blick direkt in die Filmkamera, direkt zum Filmzuschauer. Am Schluss der Vorführung überrascht der Film damit, dass die junge Frau außer den Filmzuschauern kein Publikum hat, denn sie tanzt ganz allein an einem Strand, mit Blick auf das Meer, vor dem sie sich verbeugt. Im Einklang mit dem unerfüllten Bedürfnis nach Anerkennung und Aufmerksamkeit tönt die Musik vom Band: *„I feel so lonely I could die."* Die Frau unterstreicht diese Liedzeile durch die Geste ihrer flachen Hand, mit der sie sich mehrmals bildlich die Kehle durchschneidet. Zusätzlich ersticht sie sich mit einem imaginären Messer und erschießt sich mit einer imaginären Pistole. Die Tanzgeste des Spiels auf einer imaginären Gitarre gibt weiteren Aufschluss über den Zustand der jungen Frau. Ihr Spiel ist so unwirklich wie das Durchschneiden der Kehle, das Erstechen und das Erschießen, denn sie spielt weder auf einer wirklichen Gitarre, noch spielt sie wirklich selbst; sie imitiert lediglich das Spiel ihres Idols, des Musikers vom Band, genauso wie sie auch seine Worte mimt.

Die junge Frau lebt in einer fantastischen Welt, in der der Tod nicht wirklich und das Leben ein Imitat ist. Beheimatet ist diese Frau voller Fantasien in einem Wohnwagen, riskant platziert auf einem schmalen Strand zwischen einer steilen Klippe und einer geräuschvollen Brandung. Der Wohnwagen, Symbol des Unterwegsseins und der Bewegung, scheint an diesem Ort zunächst deplatziert, denn hier gibt es weder vor noch zurück. Bewegung ist schlechterdings unmöglich, hat die junge Frau im Wohnwagen doch die hohe Klippe direkt im Rücken und das gefährliche Meer direkt vor sich. Die zweite Szene des Films zeigt die Frau wieder am Meer, am Ende einer Straße, die direkt ins Meer zu führen scheint. Die junge Frau befindet sich also an einer Schnittstelle ihres Lebens, am Übergang vom Land zum

Meer, an dem eine hohe Klippe jeden Weg zurück versperrt und nur noch die Flucht nach vorne auf das gefährliche Meer hinaus offen lässt.

Das Bild der jungen Frau am Ende der Straße kehrt kurz vor Schluss des Films noch einmal wieder; das Motiv der Frau an der Schnittstelle des Lebens rahmt also den Film ein. Das Geschehen innerhalb dieses Rahmens werde ich als Beschreibung sowohl der Persönlichkeit der jungen Frau als auch ihrer Problematik interpretieren. Ich werde mich dabei zunächst an einer entwicklungspsychologischen Studie über Mädchen orientieren und später die Problematik der jungen Frau aus einer philosophischen Perspektive betrachten. Am Ende wird die Frage zu beantworten sein, wie die junge Frau an diesem Übergang weiterkommt und ob sie die Herausforderung des offenen Meers annimmt.

LOVE ME beschreibt die Persönlichkeit der jungen Frau – Gabrielle Rose, 31 Jahre – auf drei Ebenen, die drei Anteile ein und derselben Person verkörpern. Einerseits tritt Gabrielle in Frankreich auf, wo auch ihr Wohnwagen abgestellt ist. Andererseits erzählt der Film wie Gabrielle – diesmal als Namenlose – in Memphis ihr Idol, den Sänger Lennox trifft. Verschiedene Elemente, die ich später benennen werde, charakterisieren diese Erzählebene als Traum.[1] Schließlich tritt Gabrielle auch als 15-jähriges Mädchen auf. Das Ineinanderfließen der einzelnen Erzählebenen macht sich an Gabrielles Kleidung und dem Einsatz von Musik fest. Das 15-jährige Ich sowie Gabrielle in Frankreich treten im selben Lennox-Shirt auf, während das Traum-Ich ein rosa Kleid trägt, das wir auch an Gabrielle in Frankreich manchmal sehen. Das 15-jährige Mädchen und das Traum-Ich sind miteinander verknüpft, indem Szenen, die vom Traum-Ich erzählen, öfter mit Musik von einer Tonquelle unterlegt sind, die in bildlichem Zusammenhang mit der 15-Jährigen steht. So geht zum Beispiel das Traum-Ich eine Straße entlang zur Musik eines Spirituals, welches sich als Bogen über den Schnitt des Bildmaterials hinaus bis zur nächsten Szene spannt. Diese Szene erzählt von der 15-Jährigen, die das Spiritual aus ihrem Fernseher hört. Allen drei Erzählebenen gemeinsam ist der Sänger Lennox, der als Idol der 15-Jährigen auftritt, der die Wände des Wohnwagens als Poster schmückt und den das Traum-Ich in Memphis trifft. Weiterhin gemeinsam ist den Erzählebenen ein Therapeut, der Gabrielle hilft.

Die Ebenen von Traum und Wirklichkeit können also nicht präzise getrennt werden. Im Gegenteil, ich behaupte, dass im Zusammenhang von LOVE ME überhaupt nicht von Wirklichkeit gesprochen werden kann, denn selbst die „wirkliche" Gabrielle in Frankreich lebt ja in einer Welt voll von Fantasien.[2] Wenn ich nachfolgend Gabrielles Persönlichkeit betrachte, möchte ich daher ihre Beschreibung ihrer familiären Verhältnisse und Beziehungen nicht als tatsächlich gegeben annehmen, sondern als metaphorischen Ausdruck von Gabrielles Empfindungen gegenüber diesen Personen. Wenn also Gabrielle zum Beispiel sagt, ihre Mutter sei tot, so bringt sie damit ihre Gefühle gegenüber der Mutter zum Ausdruck, macht aber keine Aussage darüber, ob die Mutter tatsächlich tot oder am Leben ist. Ob die Mutter „wirklich" tot ist oder lebt, spielt meines Erachtens für LOVE ME keine Rolle.[3]

Gabrielles „Wirklichkeit" voller Fantasien

Wenn der Therapeut am Anfang des Films das 15-jährige Ich zur Musik von Gabriel Faurés Requiem „vom Tod erweckt", wird bereits deutlich, dass die 15-Jährige einen wesentlichen Anteil der 31-jährigen Gabrielle ausmacht. In der Tat ähnelt Gabrielles Situation sehr den Problemen eines Mädchens in der Phase der Adoleszenz. Die Adoleszenz wird oft verstanden als Phase der Trennung von den Eltern und der Individuation.[4] Diese Phase verläuft für Mädchen und Jungen unterschiedlich.[5] In ihrem Buch *Altered Loves. Mothers and Daughters during Adolescence* weist Terri Apter auf das gesteigerte Bedürfnis von Mädchen nach Verbindung mit der Mutter während der Adoleszenz hin. Im Unterschied zu dem der Adoleszenz vorausgehenden Streben nach Unabhängigkeit ist also die Adoleszenz des Mädchens eine Zeit erneuter Suche nach Nähe und Bindung. Gerade während das Mädchen eine erwachsene Persönlichkeit entwickle, sei die Bindung zwischen Mutter und Tochter bestimmend, meint Apter.[6] Dabei gehe es aber nicht um eine entspannte Bindung, sondern vielmehr um „eine gute Streitbeziehung, eine Beziehung, durch die die Tochter ihre Unterschiede definieren kann".[7]

Die Beziehung zwischen Mutter und Tochter während der Adoleszenz hat einen ambivalenten Charakter. Die Tochter schwankt einerseits zwischen dem Bedürfnis nach Intimität mit der Mutter und dem Wunsch nach Individualität, andererseits ist die Tochter hin und her gerissen zwischen den Bedürfnissen, gleich wie und anders als die Mutter zu sein.[8] In jedem Fall aber entwickelt sich die Tochter durch die Beziehung zu ihrer Mutter und im Verhältnis zu ihr. Demgegenüber hat die Verbindung zum Vater während der Adoleszenz der Tochter wenig Bedeutung. In der von Apter durchgeführten Studie spürten die befragten Töchter Unverständnis und Distanz von Seiten der Väter gegenüber der physischen und psychischen Entwicklung der Töchter.[9]

Für die 31-jährige Gabrielle scheinen die Eltern zunächst keine große Rolle zu spielen, erzählt der Film doch, sie sei als Waise aufgewachsen. Gabrielles Beziehung zu ihren Eltern ist jedoch der Befindlichkeit eines Mädchens in der Adoleszenz ähnlich. Verschiedene Indizien deuten die Wichtigkeit der Beziehung zwischen Gabrielle und ihrer Mutter an. Die Erzieherin im Waisenhaus, aus dem der Therapeut die 15-Jährige abholt, erzählt von Postkarten, die die Mutter der 15-Jährigen regelmäßig schickt und die das einzige seien, was die Jugendliche ruhig halte. Die 15-Jährige trägt ein Foto der Mutter bei sich. Die 31-jährige Gabrielle sucht gegen Ende des Films nach ihrer Mutter. Sie spricht davon, der Mutter ein Kleidungsstück kaufen zu wollen, damit diese aussehe wie eine Mutter und sie stellt die Mutter ihren Freunden vor. So macht sie deutlich, dass sie selbst als 31-Jährige ihre Mutter braucht. Nach einem nicht vollendeten Frühstück mit Lennox und der Mutter im Wohnwagen bittet Gabrielle sie, doch bei ihr zu bleiben.

Am schmerzlichsten bewusst wird das Bedürfnis nach der Mutter, wenn die 15-Jährige ihr die Abwesenheit einer Bindung zum Vorwurf macht. Die Vorstellung, ihre Mutter hätte sie im Alter von sechs Monaten in ein Waisenhaus gegeben, möchte ich verstehen als Symbol einer unerfüllten Sehnsucht nach Bindung an die Mutter. Dieses unerfüllte Verlangen wird am Ende des Films noch verdeutlicht im Vorwurf der 15-Jährigen, die Mutter habe sie verlassen. Im Gefühl ihrer Verlassenheit wird der Wunsch nach Bindung offenbar.

Gabrielle vermisst nicht nur schmerzlich die Verbindung zu ihrer Mutter, sondern auch die Beziehung zu Gott. Die Erzieherin im Waisenhaus berichtet, die 15-Jährige glaube an nichts; die 31-Jährige versucht zwar, von ihrer Freundin Gloria ermutigt, eine religiöse Lebensweise, gesteht aber später dem Therapeuten, sie könne nicht an Gott glauben.

Gottverlassen und mutterseelenallein sucht Gabrielle nach einer Eltern-Kind-Bindung in anderen Beziehungen. So nimmt die lesbische Freundin Gloria eher die Rolle einer Mutter ein als die der Partnerin. Sie sorgt für Gabrielle, schenkt ihr ihren Mantel, kocht ihr eine heiße Brühe, schränkt ihren Alkoholkonsum ein, gibt ihr Geld und will sie glauben lehren. Auch Gabrielles Beziehung zu Lennox trägt Züge einer Eltern-Kind-Bindung. Lennox ist sehr viel älter als Gabrielle, er bringt ihr gegen Ende des Films ein Frühstück und schmiert ihr ein Butterbrot. Er bringt Gabrielles Traum-Ich wie ein Kind zu Bett und sagt ihr, sie solle schlafen. Im Gegensatz zur Lennox-Fantasie hat Gabrielles wirklicher Vater, in Übereinstimmung mit Apters Studie, wenig Bedeutung für sie. Ihr Vater sei bei ihrer Geburt verschwunden, behauptet Gabrielle einem Seemann gegenüber, während sie dem Therapeuten sagt, sie habe keinen Vater.[10]

Zwischen Gabrielle und ihrer Mutter zeigt sich auch die Ambivalenz einer Mutter-Tochter Bindung während der Adoleszenz. Einerseits sehnt Gabrielle sich nach Intimität mit der Mutter, andererseits fühlt sie sich in ihrer Individualität von der

Mutter bedroht. Die Mutter taucht einmal in Gabrielles Vorstellung auf, während diese als 31-Jährige in einer Bar tanzt. Die Mutter wirbt um sie nicht nur, indem sie mit ihr zu einem Liebeslied tanzt, sondern auch indem sie ihr regelmäßig Postkarten aus Amerika schickte, nach denen sie sich jetzt erkundigt. Ihrer Körperhaltung nach zu urteilen genießt Gabrielle die Intimität im Tanz und in der Umarmung mit der Mutter. Andererseits empfindet Gabrielle aber das plötzliche Auftauchen und die Nähe der Mutter als Eindringen in ihre Individualität. Die Sorge der Mutter, Gabrielle solle ihr Leben nicht wegwerfen, beantwortet sie mit: „Lass mich allein. Ich kann nicht mehr ertragen." Einem liebevollen aber direkten Blick der Mutter nach dem Tanz weicht Gabrielle aus. Gegenüber der Freundin Gloria äußert Gabrielle, die Mutter verfolge sie wie ein Geist, ein Bild also für Gabrielles Angst vor der unkontrollierbaren Einmischung der Mutter in ihr Leben.

Diese Angst wird „Wirklichkeit" in Gabrielles Vorstellung bei dem schon erwähnten, imaginären Frühstück mit Lennox. Hier empfinden wir sogar als Filmzuschauer die Mutter wie einen ungebetenen Gast, der sich in die Zweisamkeit von Gabrielle und ihrem Fantasie-Liebhaber einmischt. Während die Kamera ganz auf die mädchenhaft schüchterne Gabrielle fixiert ist, die in Gegenwart ihres Idols fast kein Wort spricht, dominiert die in ihrer Persönlichkeit reife Mutter ohne jede Hemmung die Unterhaltung von einem Punkt außerhalb des Bildes. In der Vorstellung der Anwesenheit der Mutter während der Zweisamkeit mit einem Liebhaber drückt sich die ganze Angst der Tochter vor der Einmischung der Mutter in ihr persönliches Leben aus.

Auch das von Apter festgestellte, widersprüchliche Streben der Tochter, einerseits gleich wie und andererseits anders als die Mutter zu sein, schwingt in Gabrielles Beziehung zu ihrer Mutter mit. Einerseits stellt Gabrielle sich verschiedene Parallelen zwischen ihrem eigenen Leben und dem der Mutter vor. Die 15-Jährige träumt davon, nach Amerika zu gehen, denn dorthin sei auch ihre Mutter gegangen. Das Traum-Ich „verwirklicht" diesen Wunsch, indem sie sich nach Memphis träumt.

Nicht nur in der Stadt Memphis, sondern auch in ihrer Lennox-Fantasie glaubt Gabrielle, eine Parallele zwischen sich selbst und ihrer Mutter auszumachen. So erzählt die Mutter nach dem Frühstück mit Gabrielle und Lennox, dieser erinnere sie an einen Sänger, den sie einst in Memphis traf. Schon zuvor, beim Tanz mit Gabrielle, erzählte die Mutter von einer signierten Platte des Sängers, die sie an Gabrielle schickte. Durch die Worte, die Gabrielle ihrer Mutter in den Mund legt, kann sie sich als gleich wie die Mutter empfinden, denn auch diese bewunderte den Sänger in Memphis, zumindest in Gabrielles Vorstellung. Für Gabrielle ist das

Einverständnis der Mutter gegenüber Lennox bedeutsam. Ein deutlicher Hinweis des Einverständnisses der Mutter mit Gabrielles Fantasie ist die schon erwähnte signierte Platte. Das vorgestellte Einverständnis der Mutter macht Gabrielles Lennox-Fantasie zu einer von der Mutter autorisierten Fantasie.

Eine weitere Parallele zwischen Gabrielle und ihrer Mutter ist der Seemann, den Gabrielle trifft und dem sie später nach Taipeh folgt. Ihm erzählt sie, auch ihr Vater sei Seemann gewesen. In ihrer Liebe zum Seemann empfindet Gabrielle sich als gleich wie die Mutter, die in Gabrielles Vorstellung ebenfalls in einen Seemann verliebt war. Eine letzte Parallele zwischen Gabrielle und ihrer Mutter besteht darin, dass die im Wohnwagen lebende Gabrielle sich die Mutter ebenfalls als heimatlos vorstellt. Als sie die Mutter gegen Ende des Films aufsucht, findet sie sie als Obdachlose auf einer Parkbank.

Neben ihrem Bedürfnis, gleich wie die Mutter zu sein, möchte Gabrielle aber auch anders sein. Auch wenn dieser Wunsch in Gabrielle weniger ausgeprägt scheint als der Wunsch nach Gleichheit, so weiß Gabrielle, dass sie anders als die Mutter sein muss. Nachdem die 31-jährige Gabrielle ihre Mutter auf der Parkbank findet, bringt sie sie in das Waisenhaus, in dem sie ihrer Vorstellung nach aufwuchs. Die 15-Jährige, die ebenfalls zugegen ist, bringt ihre Ablehnung der Mutter deutlich zu Gehör, wenn sie diese als Schandfleck bezeichnet. In ihrer Entscheidung, die Mutter als tot zu betrachten, offenbart sich der Zorn der Jugendlichen gegenüber der Mutter und ihr vehementes Streben danach, anders zu sein als sie.

Im Vergleich mit der 15-Jährigen scheint die 31-jährige Gabrielle weniger entschlossen, sich von der Mutter abzugrenzen; der Zorn der Jugendlichen hat sich gelegt. Unter dem Protest der 15-Jährigen erweckt die 31-Jährige die tot gesagte Mutter wieder zum Leben. Allerdings drückt sich in Gabrielles Vorstellung trotz allem ihr Wissen aus, dass es kein Zurück zur Gleichheit zwischen ihr und der Mutter gibt, dass sie anders als die Mutter sein muss. Im Waisenhaus möchte Gabrielle von ihrer Mutter mehr über ihren Vater, den Seemann, wissen, aber die Mutter blockiert jeden Versuch der Tochter, sich mit der Mutter identisch zu fühlen. In Gabrielles Vorstellung leidet die Mutter an Gedächtnisschwund und erinnert sich weder an einen Seemann, noch daran, jemals Mutter gewesen zu sein. In dieser Vorstellung drückt sich Gabrielles Wissen aus, dass sie anders als die Mutter ist, dass sie ihr Leben leben muss als eines, das ihr niemand vorlebt, auch nicht die Mutter. Der Zorn der 15-Jährigen ist dem schmerzlichen Wissen der 31-Jährigen gewichen, anders als die Mutter sein zu müssen.

Es handelt sich also bei der Schnittstelle, an der Gabrielle sich befindet, um den Übergang von der jugendlichen zur erwachsenen Frau. Aus Gabrielles Verhalten,

Abb. 25 *Sandrine Kiberlain als Gabrielle und Julian Sands, der Matrose*

das dem eines Mädchens in der Adoleszenz ähnelt, schließe ich, dass Gabrielle auch im Alter von 31 Jahren den Schritt von der jugendlichen zur erwachsenen Frau noch nicht vollkommen getan hat.

Filmisch ausgedrückt sind Gabrielles Schwierigkeiten einer 15-Jährigen im tatsächlichen Alter von 31 in verschiedenen Bildern der Regression, die zeigen, dass Gabrielle fast keine Nahrung zu sich nimmt. Zweimal löffelt Gabrielle im Wohnwagen Joghurt aus einem Glas. Der leicht zu schluckende Joghurt, der nicht gekaut werden muss, ist die einzige „feste" Nahrung, die Gabrielle im Film zu sich nimmt, abgesehen von einem Frühstück mit dem Seemann, auf das ich später noch zurückkomme. Das Traum-Ich fühlt sich zwar wiederholt hungrig, aber bei einem Essen in einem Restaurant mit Lennox rührt sie den Teller nicht an, sondern redet nur.

Das Bedürfnis, jemand zum gemeinsamen Frühstück zu finden, ist groß, aber es scheint nie Wirklichkeit zu werden. Mit dem ersten Liebhaber scheitert es bereits daran, dass Gabrielle weder Kaffee noch Tee in ihrem Wohnwagen hat, außerdem daran, dass sie sich vorstellt, mit dem Mann auf einer Plastiktischdecke frühstücken zu müssen. Ein Frühstück, das Lennox dem Traum-Ich versprochen hat, findet nicht statt, weil Lennox sich vorher davon macht. Am Ende des Films scheint Gabrielles Wunsch endlich in Erfüllung zu gehen. Lennox besucht sie zum Frühstück in ihrem Wohnwagen. Aber obwohl er allerlei zum Frühstück mitbringt und Gabrielle sogar ein Butterbrot streicht, vergeht ihr bereits nach einem Bissen der Appetit. Lennox selbst isst nicht; nachdem das Brot geschmiert ist, verlässt er den Frühstückstisch mit der für Gabrielle schockierenden Offenbarung, er frühstücke nie.

Anstelle von fester Nahrung greift Gabrielle auf Ersatzbefriedigungen zurück. Anstatt mit Lennox im Restaurant wirklich zu essen, raucht sie nur seine Zigarette. Diese Handlung wiederholt Gabrielle später im Wohnwagen, indem sie in einer Handbewegung die Zigarette ihres Lennox-Posters „raucht". Als Ersatz für feste Nahrung konsumiert Gabrielle außerdem zu viel Alkohol. Gabrielles Gewohnheiten des Rauchens und Trinkens erinnern an die Art der Bedürfnisbefriedigung eines Kleinkindes, bevor es feste Nahrung zu sich nimmt. Das Rauchen evoziert das Saugen eines Kleinkindes, mit dem Alkoholkonsum assoziieren wir die beruhigende Wirkung des Trinkens auf ein Kleinkind. Indem LOVE ME diese Assoziationen weckt, beschreibt der Film Gabrielles Zustand als regressives Verhalten. Im Zusammenhang mit ihren Gewohnheiten des Rauchens und Trinkens ist also ihr Frühstück mit dem Seemann als Schritt der persönlichen Entwicklung von Bedeutung.

An dem Punkt, an dem Gabrielle eine erwachsene Persönlichkeit entwickeln sollte, ist sie also rückwärtsgewandt. Vor dem Schritt nach vorne in die Unabhängigkeit hat sie Angst. Diese Angst drückt sich unter anderem darin aus, dass Gabrielle selbst im Alter von 31 Jahren noch an der übersteigerten Fantasie der 15-Jährigen festhält. Die Lennox-Fantasie der 15-Jährigen ist bestimmt von dem für die Adoleszenz typischen Sinn für Dramatik, Romantik und Radikalismus. Die 15-Jährige ist ganz auf Lennox fixiert. Sie trägt ein Lennox-Shirt, spielt wie die 31-Jährige auf einer imaginären Gitarre zu Lennox' Musik und singt seine Lieder in ein unsichtbares Mikrophon. Dem Therapeuten gegenüber gibt sie sich dramatisch und romantisch zugleich. Sie sei nicht verliebt in Lennox, sie liebe ihn, behauptet sie. In ihrer Vorstellung von Liebe ist sie radikal; in einem Zwiegespräch mit der 31-Jährigen über deren ersten Verehrer sagt sie, Liebe bedeute, alles was man tue für den Mann zu tun.

Hinter dem Radikalismus der 15-Jährigen verbirgt sich aber die Unsicherheit der 31-Jährigen, hinter dem romantischen Ideal von Liebe Gabrielles Angst, sich an einen „wirklichen" Menschen zu binden. Gabrielle macht sich zwar vor, als 31-Jährige Lennox immer noch so zu lieben, wie sie es als 15-Jährige getan hat, sie macht sich wohl vor, ihn aktiv zu begehren, aber bei genauerem Hinsehen fällt auf, dass

Abb. 26   Sandrine Kiberlain als Gabrielle „raucht" die Zigarette ihres Idols Lennox.

Gabrielle sehr passiv und unsicher ist, was persönliche Bindungen anbelangt. In ihrer Vorstellung ist Gabrielle immer selbst diejenige, die es passiv erträgt, verlassen zu werden. Sie empfindet sich als von der Mutter Verlassene und sie wird auch vom ersten Verehrer verlassen. Obwohl sie selbst die Beziehung zu ihm abbricht, legt die Kamera Wert darauf, zu zeigen, wie der Mann den Wohnwagen verlässt, während Gabrielle zurückbleibt und ihm nachblickt. Diese Situation wiederholt sich am Ende des Films mit Lennox und ist von der Kamera in ähnlicher Weise eingefangen. In beiden Situationen müsste Gabrielle selbst eine Trennung aktiv vollziehen, im ersten Fall, weil sie sich zu dem Verehrer nicht hingezogen fühlt, und im zweiten Fall, weil sie ihre irreale Lennox-Fantasie hinter sich lassen müsste. In beiden Situationen stellt sie sich aber vor, wie sie den Männern nachblickt, die ihren Wohnwagen verlassen; beide Male zieht sie es vor, die passive Rolle des Verlassenwerdens einzunehmen.

Gabrielle hat keine Vorstellung von ihrem eigenen, aktiven Willen. Sie spricht zwar in einer Selbsthilfegruppe davon, sie suche nach Liebe, aber ihre Suche zielt eher darauf, die passive Rolle des Geliebtwerdens einzunehmen, als selbst aktiv zu lieben und ein eigenes Begehren für einen Mann zu entwickeln. Auf die Wunschvorstellung des Geliebtwerdens weist nicht zuletzt der Filmtitel, LOVE ME, hin. Wenn es darum geht, ihre eigenen Wünsche in Bezug auf einen möglichen Partner zu entwickeln, so sucht Gabrielle nicht nach jemandem, den sie liebt, sondern lediglich nach jemandem, mit dem sie leben kann. In der Zwiesprache mit der 15-Jährigen nach der nicht zustande gekommenen Beziehung zum ersten Verehrer meint Gabrielle, sie könne einfach nicht mit den Männern leben, die sie haben wollten. Selbst das Traum-Ich, das Lennox begegnet, spricht nie von Liebe, sondern nur vom Zusammenleben. „Kann man mit dir leicht zusammenleben? Können wir miteinander auskommen?", fragt sie Lennox in einem eigentlich romantischen Moment der Zweisamkeit.

Die Frage, ob sie selbst einen Mann liebt, scheint Gabrielle sich erst gar nicht zu stellen, denn Liebe ist für sie eine beunruhigende Vorstellung. Zweimal sehen wir Gabrielle im Wohnwagen, während sie ein Fernsehprogramm zum Thema Liebe sieht. In beiden Szenen betont der Sprecher einen für Gabrielle unangenehmen Aspekt des Themas. Einmal vergleicht der Sprecher Liebe mit Verrücktheit, weil man den anderen in einer idealisierten Weise wahrnehme, ein andermal erklärt er, wenn man liebe, bringe man sich in Gefahr, da man dem anderen einen Teil seiner selbst gebe. In beiden Szenen hört Gabrielle mit besorgtem Gesichtsausdruck zu. Liebe scheint also Gabrielle eher Angst zu machen und auf diesem Hintergrund ist auch ihr Desinteresse gegenüber der Frage, wen sie selbst liebt, zu verstehen.

Gabrielles 15-jähriges Ich hindert sie daran, das Risiko einer Liebesbeziehung einzugehen aus Angst vor deren Zerbrechen. Nach der Trennung vom ersten Verehrer meint die 15-Jährige zur 31-Jährigen: „Er hätte dich eh' sitzen lassen." Als Gabrielle sich später, auf dem Hintergrund ihrer Gefühle für den Seemann, bei ihrer Mutter nach ihrem eigenen Vater erkundigt, warnt die 15-Jährige, der Seemann werde Gabrielle schon vergessen haben. Die 15-Jährige tendiert also dazu, Beziehungen erst gar nicht einzugehen, weil sie deren Ende voraussieht, bevor diese überhaupt beginnen. Im Vergleich zum Risiko einer wirklichen Beziehung entscheidet sich Gabrielle lieber für die Sicherheit ihrer Fantasie.

So wenig wie Gabrielles Begehren dem einer 31-Jährigen entspricht, so wenig gereift ist ihr körperliches Verhalten. Gabrielle hat kein eigenes Verlangen. Sie stört sich nicht an dem Interesse, das ihre lesbische Freundin Gloria für sie entwickelt. Während Gloria auf Gabrielles Coming-out als Lesbe wartet, erhält diese weiterhin ihre Lennox-Fantasie aufrecht. Die Zärtlichkeiten und Bemühungen der Freundin nimmt Gabrielle einfach hin. Ob sie hetero- oder homosexuell ist, scheint Gabrielle nicht zu interessieren; sie entscheidet sich weder für das eine noch für das andere.

Gabrielles Unsicherheit gegenüber ihrem Körper wird auch in der vorgestellten Intimität mit Lennox deutlich. Eine Szene erzählt, wie das Traum-Ich Lennox in einem Hotelzimmer aufsucht. Einerseits besteht das Traum-Ich darauf, anderen Frauen in sexueller Hinsicht in nichts nachzustehen, andererseits wird ihr sexuelles Desinteresse deutlich, sobald Lennox beginnt, auf ihre scheinbaren sexuellen Wünsche einzugehen. Das Traum-Ich kommt noch der Aufforderung nach, sich selbst auszuziehen; wenn es aber darum geht, Lennox auszuziehen, ist sie gelangweilt und passiv. Ein weiteres Mal sucht das Traum-Ich Lennox im Hotelzimmer auf. Nach mehrmaligem Abweisen gibt Lennox diesmal dem unschuldigen Charme der Frau in Rosa nach. Doch trotz der körperlichen Nähe, die zwischen Lennox und dem Traum-Ich auffällt, fehlt in den unsicheren Küssen des Traum-Ichs die Leidenschaft. Die kindliche Unschuld des Traum-Ichs besitzt Gabrielle auch beim Frühstück mit Lennox im Wohnwagen. Als Lennox vom Frühstückstisch aufsteht, stellt Gabrielle sich ihm in den Weg, um ihm noch einmal nahe zu sein. Aber auch diesmal ist Gabrielles Zärtlichkeit – sie küsst Lennox nicht einmal – nicht die einer jungen Frau, die sich ihrer Wünsche und ihres Verlangens sicher ist, sondern eher die eines Mädchens, das sich entweder sehr unsicher oder über ihr Interesse am Objekt ihrer Zärtlichkeit nicht vollkommen im Klaren ist. Selbst mit 31 scheint Gabrielle ihrer Sexualität gegenüber unsicher bis gleichgültig. Diese Haltung könnte dem Radikalismus der 15-Jährigen entstammen, die einmal der 31-Jährigen gegenüber Sexualität in einer Beziehung als tägliches Abrackern entwertet.

Gabrielles Unsicherheit und Schüchternheit als Person zeigen sich auch in ihrer Scheu, ihren Namen zu nennen. Wir erfahren Gabrielles Namen erst nach der Hälfte des Films, als sie ein Treffen der Anonymen Alkoholiker besucht und sich dort, nach der Tradition der Gruppe, mit Namen vorstellt. Sobald sie ihren Namen ausgesprochen hat, blickt sie unsicher um sich, so, als ob sie ein schockierendes Geheimnis gelüftet hätte, und verlässt die Gruppe schlagartig. In den Szenen, die vom Traum-Ich erzählen, wird die Unsicherheit sogar zum Schamgefühl im Traum. Anfangs zeigt der Film, wie das Traum-Ich schrittweise in seinen Traum eintritt. Zunächst sind Gabrielle und das Traum-Ich schwer zu unterscheiden, denn beide tragen noch denselben schwarzen Ledermantel. Die lockige Frisur des Traum-Ichs erinnert an Gabrielle mit den Lockenwicklern im Haar in der ersten Szene des Films. Der Film deutet den Eintritt der jungen Frau in den Traum an, als sie ohne Pass nach Amerika reist und sich nicht mehr daran erinnert, wo sie herkommt. Wir sehen, wie die Frau an einer roten Linie entlang geht, die mit „nicht übertreten" gekennzeichnet ist.

Kurze Zeit später entwischt das Traum-Ich dem Therapeuten auf einem unwirklich aussehenden Parkplatz, auf dem lauter identische Autos in Grautönen in gleichmäßigen Reihen geparkt sind. Als sie in einen Bus einsteigt und ihren schwarzen Ledermantel anstelle des Fahrpreises abgibt, ist der Eintritt in den Traum ganz vollzogen. Bekleidet mit nichts als ihrem dünnen, rosa Kleid mit schmalen Trägern steigt Gabrielle in einen Bus voller Menschen in Jacken und Mänteln. Diese Szene erinnert an die Art von Traum, in der jemand sich als zu wenig oder unpassend (zum Beispiel in Nachtwäsche) bekleidet empfindet und sich deshalb schämt.[11] Das Traum-Ich empfindet, ausgedrückt durch ihre Körperbewegungen, eindeutig Scham, als sie sich in ihrem dünnen Kleid in den Bus setzt. Die Freundin Gloria, die sie in diesem Bus erstmals trifft, weist sie sogar eigens darauf hin, sie sei zu dünn bekleidet. Das Traum-Ich in ihrer dünnen Kleidung repräsentiert aber nicht nur das Lebensgefühl eines adoleszenten Mädchens, sondern auch ein Stereotyp von Weiblichkeit, das Gabrielle in ihrer Entwicklung hindert. Die Philosophin Luce Irigaray analysiert dieses Stereotyp.

Der „Traum" der standardisierten Weiblichkeit

Irigarays Kritik einer patriarchalen Gesellschaftsordnung besagt, diese Gesellschaft basiere auf dem Austausch von Frauen. Irigaray wendet Karl Marx' Kapitalismuskritik auf das Verhältnis zwischen Männern und Frauen an und stellt Parallelen fest zwischen dem Status von Frauen in diesem Verhältnis und dem von Konsumgütern im Kapitalismus.[12] Die patriarchale Ordnung zeichne sich dadurch aus, dass Frauen als Objekte zwischen Männern ausgetauscht würden, zum Beispiel zwischen Vater und Ehemann.[13] Weil Männer die Rolle von Geschäftsleuten einnähmen, die nicht etwa wirkliche Beziehungen mit Frauen eingingen, sondern über den Austausch von Frauen lediglich mit anderen Männern kommunizierten, bezeichnet Irigaray diese Ordnung als eine hom(m)osexuelle.[14] Die Ökonomie dieser Gesellschaftsordnung erfordere, „dass Frauen sich zur Verfügung stellen für die Entfremdung im Konsum und im Austausch, der ohne ihre Beteiligung stattfindet, und dass Männer vom Gebrauch und ihrer Zirkulation als Konsumgüter ausgenommen sind".[15]

Diese soziale Ordnung habe Konsequenzen für den Wert, der Frauen zugesprochen wird. Wie der Preis eines Konsumguts sich an den Kaufwünschen der Verbraucher ausrichtet, so werde der Wert von Frauen danach beurteilt, inwieweit sie männliche Bedürfnisse erfüllten. In sich selbst und unabhängig von männlichen Bedürfnissen hätten Frauen in diesem System keinen Wert. Frauen befänden sich in einem Schisma zwischen ihrem natürlichen und ihrem sozial wertvollen Körper. Während der natürliche Körper von Frauen als „Nicht-Wert" betrachtet werde, sei der Wert, der ihrem sozialen Körper zukomme ein von außen zugesprochener, nicht aus dem Wesen der Frauen, sondern aus den Bedürfnissen der Männer herrührender Wert. Der soziale Wert einer Frau sei „über-natürlich", insofern er nicht mit dem Wesen, der Natur einer Frau verknüpft sei.[16] Will eine Frau an dieser Gesellschaft teilhaben, so müsse sie ihrem natürlichen Wert entsagen und ihren sozialen Wert akzeptieren.[17] Dieser Schritt werde gewöhnlich als persönliche Entwicklung der Frau betrachtet.[18] Frauen als Konsumgüter zur Befriedigung männlicher Bedürfnisse besäßen also keine eigene Identität, keinen eigenen Namen. Ihre Identität und ihr Name leiteten sich her aus ihrer Definition durch Männer. Irigaray schreibt: „Die Frau dient als Reflexion, als Bild des Mannes und für den Mann, hat aber selbst keine spezifischen Qualitäten."[19] Insofern Frauen keine eigene Identität besitzen spricht Irigaray von ihnen als phantomartige Wesen.[20]

Der soziale Wert der Frau, die ihr zugesprochene Identität, sei bestimmt durch drei ihr zugedachte Rollen; die der Mutter, der Jungfrau und der Prostituierten. Auf Grund dieser Rollen werde Weiblichkeit definiert als mütterliches sich Kümmern, als sexuelle Unschuld und Desinteresse am eigenen sexuellen Genuss, als passive Akzeptanz männlicher Aktivität und als verführerisch sein nicht zum eigenen, sondern zum Gefallen des Mannes.[21]

In einer patriarchalen Ordnung, so Irigaray, existiere „Weiblichkeit" nur als männlich definierter Standard, an den Frauen sich anpassten. Frauen seien einerseits identisch, insofern sie alle einer standardisierten Weiblichkeit entsprächen, andererseits seien sie unterschiedlich, insofern keine Frau dem „über-natürlichen" Standard vollkommen gerecht werde. Frauen unterschieden sich voneinander in dem Ausmaß, in dem sie den Standard verkörperten.[22] Beziehungen zwischen Frauen sind laut Irigaray dadurch gefährdet, dass Frauen sich nach den Regeln des männlich definierten Standards gegenseitig vergleichen und miteinander konkurrieren.[23] Die Tatsache, dass Frauen keine eigene, sondern nur eine männlich definierte Identität haben, solle aber in der patriarchalen Ordnung versteckt bleiben, damit die homosexuelle Ausrichtung dieser Ordnung nicht offenbart werde. Obwohl in ihrer standardisierten Weiblichkeit ein „Werk" männlicher Imagination, sollen Frauen doch erscheinen wie Personen mit soviel Eigenleben, dass Männer mit Frauen in heterosexuelle Beziehungen eintreten könnten. Heterosexuelle Beziehungen gehörten als Deckmantel des eigentlich homosexuellen Charakters wesentlich zur patriarchalen Ordnung. Irigaray schreibt: „Überall herrschend, obwohl in der Praxis verboten, wird Hom(m)osexualität durch die Körper von Frauen, Materie, oder Zeichen hindurch gespielt und Heterosexualität ist bis heute nichts als ein Alibi für den reibungslosen Ablauf der Beziehungen des Mannes mit sich selbst, der Beziehungen unter Männern."[24]

Das Traum-Ich in LOVE ME ist dem von Irigaray beschriebenen Konzept von Weiblichkeit verblüffend ähnlich. Am Anfang des Traums macht die Frau sich zum Konsumgut, indem sie Lennox verkündet, er habe sie gewonnen, weil er 20 Dollar auf sie wettete. Später bezeichnet sie sich als schlechten Kauf. Das Traum-Ich selbst hat kein Geld, kann also keine Geschäftspartnerin von Lennox sein. Lennox dagegen hat Geld, er ist der Geschäftsmann, das Traum-Ich das käufliche Objekt.

Das Traum-Ich hat keine eigene Identität, entsprechend Irigarays Definition von Weiblichkeit. Sie sagt, sie hätte weder einen Namen, noch ein Zuhause, noch eine Vergangenheit. Mehrmals bittet sie Menschen, ihr zu sagen, an welchem Ort sie sich befinde, denn auch das weiß sie nicht. Im Restaurant mit Lennox möchte sie alles über ihn wissen, von sich selbst aber erzählt sie nichts und auf Lennox' Frage antwortet sie, sie wolle nichts über sich wissen.

Ohne eigene Identität wird sie zur Projektionsfläche, die von anderen definiert wird. Als das Traum-Ich im Bus auf Gloria trifft, wird sie für diese wegen ihres rosafarbenen Kleids zur Erinnerung an eine frühere Freundin, von der Gloria verlassen wurde. Gloria kleidet das Traum-Ich neu ein mit ihrem eigenen, roten Mantel. Sie gleicht das Traum-Ich ihrer eigenen Erinnerung an, macht die Namenlose zu ihrer eigenen Traumfrau. Besonders deutlich wird das Bedürfnis des Traum-Ichs, von außen definiert zu werden, in ihrem Zusammensein mit Lennox. Die Namenlose bittet Lennox nicht nur, ihr zu sagen, wo sie sei, sondern auch, ihr einen Namen auszusuchen. In einem „Spiel" schlägt sie Lennox vor, für drei Stunden die Frau zu sein, die Lennox sich wünsche und alles zu tun, was er sich vorstelle. Eigene Wünsche erwähnt das Traum-Ich nicht. Als Lennox das Traum-Ich trotz versprochenen Frühstücks sitzen lässt, fühlt sie sich wie tot. Ohne Lennox hat sie selbst keinen Wert. Über sie gäbe es nichts zu wissen, sagt sie dem Therapeuten.

In ihren Eigenschaften erinnert das Traum-Ich an die drei den Frauen zugedachten Rollen, die der Mutter, der Jungfrau und der Prostituierten. Das Traum-Ich kümmert sich selbstlos. Lennox' Warnung, er sei alt und verbraucht, beantwortet sie damit, sie liebe gerade solche Männer und sie werde ihn wieder zum Leben erwecken. Sie liebt also Männer, um die sie sich sorgen kann. Andererseits habe ich bereits auf die jungfräulich erscheinende Unschuld des Traum-Ichs hingewiesen, die sich in ihren Zärtlichkeiten gegenüber Lennox zeigt. Auch mit der Farbe Rosa, die das Traum-Ich bis auf die Unterwäsche trägt, assoziieren wir Mädchenhaftigkeit. Doch trotz dieser Unschuld evozieren die spärliche Kleidung des Traum-Ichs sowie ihre Bereitschaft, diese ohne weiteres abzulegen, auch das Bild der Prostituierten. Dieser Eindruck wird verstärkt durch das schimmernde Rotlicht, in dem sich das Traum-Ich in vielen der Traumsequenzen bewegt.

Das Traum-Ich hat den Wunsch, einer standardisierten Weiblichkeit gerecht zu werden. Sie fragt Lennox nach seiner Vorstellung von der idealen Frau. In Bezug auf diesen Standard vergleicht sie sich mit einer Frau, an der Lennox zunächst mehr Gefallen findet. Das Traum-Ich bewundert die glatte Haut und das hübsche Aussehen der anderen Frau und empfindet sich ihr gegenüber als unterlegen, denn sie ist zu groß und die andere Frau ist hübscher als sie selbst. Das Traum-Ich und die andere Frau unterscheiden sich also, wie in Irigarays Theorie der Beziehungen unter Frauen, darin, einer standardisierten, männlich definierten Weiblichkeit mehr oder weniger zu entsprechen. Nicht nur das Traum-Ich selbst misst sich an der anderen Frau, auch Lennox vergleicht die beiden nach allen Regeln dessen, was er unter Weiblichkeit versteht. Die andere Frau sei offen für alle seine Wünsche in Bezug auf Sex, darüber hinaus eine gute Köchin und bereit, Mutter zu sein oder nicht, gerade so wie er es wolle. Lennox schickt das Traum-Ich weg, denn die andere Frau entspricht viel mehr seinen Vorstellungen. Kurze Zeit später schickt Lennox allerdings die andere Frau ebenfalls weg mit der Begründung, sie sehe gleich aus wie das Traum-Ich, eine Begründung, die auf dem Hintergrund von Irigarays Theorie logisch ist. Lennox hat bemerkt, dass Frauen eigentlich identisch sind, insofern sie alle versuchen, sich einer standardisierten Weiblichkeit anzugleichen. In diesem Zusammenhang scheint es kein Zufall, dass sich die namenlose, identitätslose Frau im Film in einem Traumzustand befindet, beschreibt Irigaray doch Frauen im System standardisierter Weiblichkeit als phantomartige Wesen.

In einem Punkt unterscheidet sich das Traum-Ich von der von Irigaray beschriebenen männlich definierten Weiblichkeit. In ihrer Bitte an Lennox, ihr einen Namen zu geben, legt sie offen, dass ihre Weiblichkeit männlich definiert ist. Im Gegensatz dazu ordnet sich die andere Frau gänzlich dem männlich dominierten System unter. Auf Lennox' Fragen nach ihrem Namen, Alter und Beruf hat sie jeweils eine Antwort bereit. Sie besitzt also zumindest scheinbar eine Identität, wenn diese auch durch die von Lennox in seiner Frage vorgegebenen Kategorien bestimmt ist. Durch ihre scheinbare Identität breitet sie einen Deckmantel über die Tatsache männlich definierter Weiblichkeit; auf Grund ihrer scheinbaren Identität kann Lennox eine heterosexuelle Beziehung mit ihr eingehen. Das Traum-Ich dagegen legt ihre Identitätslosigkeit bloß und Lennox geht mit ihr keine Beziehung ein. Lennox beschreibt seine Vorstellung der idealen Frau mit dem Wort „unterwürfig". Unterwürfigkeit aber fehlt dem Traum-Ich. Obwohl sie bereit ist, alles für Lennox zu tun, sich sogar von ihm definieren zu lassen, so ist sie doch nicht bereit, das unter dem Deckmantel einer heterosexuellen „Beziehung" zu tun. Im Gegenteil, sie macht deutlich, dass es in ihrem Verhältnis zu Lennox um eine Handelsbeziehung geht, in der sie den Status des Konsumguts innehat.

Weiblichkeit jenseits von Fantasie und Traum

Für Irigaray gibt es aus der männlich definierten Weiblichkeit nur den einen Ausweg, diesem System den Rücken zu kehren und statt dessen nur unter Frauen Beziehungen einzugehen.[25] Diese Möglichkeit deutet LOVE ME in der Freundschaft zwischen Gloria und Gabrielle zwar an, aber eine Lösung stellt diese Beziehung nicht dar. LOVE ME schlägt dagegen einen anderen Ausweg aus dem Problem männlich definierter Weiblichkeit vor. Dieser wird durch eine Männlichkeit herbeigeführt, die sich von der von Irigaray beschriebenen unterscheidet. Gabrielle findet in ihrer Krise Hilfe bei einem männlichen Therapeuten. Der Therapeut betont mehrmals, er wolle alles wissen, was das Traum-Ich und was Gabrielle wissen. Seine Aufgabe besteht nicht im Zusprechen von Identität, sondern im Zuhören. Er definiert nicht, er vergleicht mit keinem Standard, sondern wartet geduldig darauf, dass Gabrielles eigene Identität zum Vorschein kommt. Mit der Hilfe der 15-Jährigen macht er sich auf die Suche nach dem Traum-Ich, das sich in einer männlich definierten Weiblichkeit verirrt hat. Erst wenn er das Traum-Ich gefunden hat und weiß, was in ihr vorgeht, kann er Gabrielle helfen. Der 15-Jährigen sagt er, er liebe niemanden, gibt sich aber trotzdem als Freund der Familie aus. Er hilft Gabrielle als Freund, nicht als potenzieller, heterosexueller Liebhaber. Durch diesen nicht definierenden Mann, der an Gabrielle als Person, nicht als Verkörperung einer standardisierten Weiblichkeit interessiert ist, findet Gabrielle aus ihrer Krise heraus. In einer symbolischen Handlung erschießt der Therapeut am Ende des Films das in der standardisierten Weiblichkeit gefangene Traum-Ich. Danach springt die 15-Jährige ins Meer, denn sie hat ihre Aufgabe, das Traum-Ich zu finden, erfüllt.

Das erste Zusammentreffen des Therapeuten mit dem Traum-Ich stellt den eigentlichen Wendepunkt in Gabrielles Entwicklung dar. Nachdem der Therapeut das Traum-Ich persönlich „kennenlernt", sehen wir Gabrielle erstmals in einer Therapiesitzung. Nach diesem Treffen ändert sich Gabrielles Beziehung zu ihrer Mutter. Die Welt des Traum-Ichs, die Welt männlich definierter Weiblichkeit also, zeichnet sich durch die völlige Abwesenheit der Mutter aus. Nach der Therapiesitzung macht Gabrielle sich auf die Suche nach der Mutter. Der Therapeut, der Gabrielle nicht definiert, sondern offen ist für ihre Person, hilft also Gabrielle, zu einer veränderten Beziehung mit ihrer Mutter zu finden.[26] Die neue Beziehung ist bildlich dargestellt in zwei Szenen. Nach dem unvollendeten Frühstück mit Lennox reden Mutter und Tochter noch miteinander und Gabrielle bittet ihre Mutter, doch bei ihr zu bleiben. Nach einem Filmschnitt ist die Mutter verschwunden und Gabrielle allein im Wohnwagen, zugedeckt mit der Jacke der Mutter. Obwohl die Mutter sich einerseits entzieht, bleibt sie doch in einer anderen Weise als Gefühl von Wärme und Schutz bei Gabrielle. Gleichzeitig weist das Bild von Gabrielle mit der Jacke der Mutter aber auch auf das Anderssein der Mutter hin. Es handelt sich bei der Jacke um das Kleidungsstück, das Gabrielle der Mutter kaufte, damit sie aussehe wie eine Mutter. Letztendlich legt die Mutter diese Jacke aber wieder ab und macht damit deutlich, dass auch sie eine eigene Identität unabhängig von den Wunschvorstellungen der Tochter hat. Kurz darauf sehen wir die Mutter wieder in ihrer ursprünglichen Kleidung auf der Parkbank, auf der Gabrielle sie erstmals fand. Diesmal blickt Gabrielle aus einiger Entfernung auf die Mutter und geht schließlich weiter. Sie gesteht damit sowohl der Mutter, als auch sich selbst eine eigene Identität zu. Diese Szene signalisiert gleichzeitig erstmals Gabrielles aktive Rolle in einer Beziehung. Sie empfindet sich nicht mehr als die von der Mutter verlassene, sondern sie selbst lässt die Mutter zurück.

Auch in der Beziehung zu Lennox nimmt Gabrielle am Ende des Films eine aktive Rolle ein. Bevor sie Lennox verlässt, küsst sie ihn. In ihrem Kuss zeigt sich zum ersten Mal nicht mehr mädchenhaft schüchterne Zärtlichkeit, sondern das gereifte Körpergefühl einer erwachsenen, jungen Frau. So aktiv und entschieden, wie sie sich danach von Lennox abwendet, wendet Gabrielle sich dem Seemann zu, der, wie der Therapeut, geduldig auf Gabrielles eigene Entscheidung wartet, ob sie nach Taipeh kommt oder nicht. Gabrielle folgt dem Seemann, sie wagt sich also von ihrem schmalen Strand auf das offene Meer hinaus. Mit dem Seemann wacht sie aus ihrem Traumzustand, aus der phantomartigen Weiblichkeit auf als Frau, die eine Beziehung zielstrebig verfolgt und eine aktive Rolle in ihr einnimmt. Es ist kein Zufall, dass der Seemann Gabrielle die Adresse eines Lokals hinterließ, in dem er jeden Tag frühstückt. Am Morgen nach dem Traum fliegt Gabrielle nach Taipeh, wo sie endlich den Mann für ein wirkliches Frühstück findet.

1   Matthias Müller stellt im vorliegenden Band einen hierzu entgegengesetzten Interpretationsansatz vor. In seinem Beitrag versteht er die von mir als Traum gedeutete Ebene als Wirklichkeit. Szenen, die sich in der Welt des Wohnwagens in Frankreich abspielen, interpretiert er dagegen als Traum.
2   In Bezug auf das Medium Film kann generell nicht von Wirklichkeit gesprochen werden, denn es handelt sich immer um eine Repräsentation der Wirklichkeit, hinter der die Wirklichkeit selbst verschwindet. Vgl. z.B. C. Metz: Langage et cinéma, Paris 1971.

3 Zu dieser Interpretation berechtigt die Tatsache, dass Gabrielle zum Beispiel über ihre Eltern recht widersprüchliche Angaben macht. Ihrem Therapeuten sagt sie, die Mutter sei tot, die Frage nach dem Todesdatum aber beantwortet sie nicht. Kurze Zeit später stellt Gabrielle ihre lebende Mutter den Freunden vor. Dem Therapeuten gegenüber äußert Gabrielle, sie habe keinen Vater, aber dem Seemann, den sie zuvor traf, sagte sie, ihr Vater sei ebenfalls Seemann gewesen. Dass es sich bei der Beschreibung der Eltern nicht um die „wirklichen" Eltern, sondern um Gabrielles Fantasien handelt, wird am deutlichsten als die 15-Jährige sich bei der 31-Jährigen über die Anwesenheit der Mutter mit den Worten beklagt: „Wir hatten doch entschieden, sie sei tot."
4 Dieses Verständnis wurde vor allem von Erik H. Eriksson propagiert. Vgl. z.B. E. H. Eriksson: The concept of ego identity. In: The Journal of the American Psychoanalytic Association, Nr. 4/1956, 56–121.
5 Über lange Zeit hinweg wurde die Entwicklung von Mädchen und Jungen nicht als unterschiedlich betrachtet; die Entwicklung von Jungen galt als Norm für menschliche Entwicklung. In ihrer bahnbrechenden Studie *The reproduction of mothering: Psychoanalysis and the sociology of gender* hat Nancy Chodorow Freuds Theorie der Entwicklung des Jungen im Blick auf Mädchen revidiert. Einen wichtigen Beitrag aus einer sozialpsychologischen Perspektive hat in dieser Hinsicht auch Carol Gilligan geleistet mit ihrem Buch *In a different voice. Psychological theories and women's development*. N. Chodorow, Berkeley 1978. C. Gilligan, Cambridge, Massachusetts/London 1982.
6 Vgl. T. Apter: Altered Loves. Mothers and Daughters during Adolescence. New York 1990, 95.
7 Ebd., 97. Alle Übersetzungen von Zitaten sind meine eigenen.
8 Ebd., 145ff.
9 Ebd., 66ff.
10 Ich möchte noch einmal darauf hinweisen, dass ich die Beschreibungen einzelner Personen in LOVE ME nicht für „wirklich" halte. Personen, die im Film auftauchen, sind insofern wirklich, als Gabrielle auf diese Personen in ihrem Leben trifft. Im Rahmen des gewählten Interpretationsmodus gehe ich aber davon aus, dass Gabrielle diesen Personen in ihrer Fantasie bestimmte Rollen zugewiesen hat, so dass die Ereignisse, in die die Personen involviert sind, nicht wirklich, sondern ein Produkt von Gabrielles Vorstellung sind.
11 E. H. Eriksson beschreibt Scham als das Gefühl, den Blicken anderer Menschen ausgesetzt zu sein, während man eigentlich unsichtbar sein möchte und verbindet dieses Gefühl mit der Art von Traum, in dem das Traum-Ich sich befindet. Apter stellt fest, dass Erikssons Beschreibung des Schamgefühls gleichzeitig auf das Lebensgefühl von Mädchen während der Adoleszenz zutrifft, die sich ihrer körperlichen Entwicklung wegen oft schämen und lieber unsichtbar blieben. E.H. Eriksson: Childhood and Society. New York 1965, 252f. Apter (s. Anm. 6), 34f.
12 Ich beziehe mich hier auf L. Irigaray: Le marché des femmes (1976). In: dies.: Ce Sexe qui n'en est pas un. Paris 1977, 165–187.
13 Vgl. Irigaray (s. Anm. 12), 168.
14 Vgl. das französische „homme" für „Mann".
15 Irigaray (s. Anm. 12), 169.
16 Irigaray (s. Anm. 12), 175.
17 Vgl. Irigaray (s. Anm. 12), 182.
18 Vgl. Irigaray (s. Anm. 12), 180.
19 Irigaray (s. Anm. 12), 182.
20 Vgl. Irigaray (s. Anm. 12), 171.
21 Vgl. Irigaray (s. Anm. 12), 181.
22 Vgl. Irigaray (s. Anm. 12), 177.
23 Vgl. Irigaray (s. Anm. 12), 183.
24 Irigaray (s. Anm. 12), 168.
25 Diese Alternative beschreibt sie in L. Irigaray: Quand nos lèvres se parlent. (Cahiers du grif 12), in: dies.: Ce Sexe qui n'en est pas un. Paris 1977, 203–217.
26 LOVE ME bietet Anknüpfungspunkte für einen Vergleich mit Sigmund Freuds Theorie vom Ödipuskomplex. Anstelle eines „wirklichen" Vaters tauchen zwei Vaterfiguren auf, nämlich Lennox und der Therapeut. Lennox gleicht Freuds ödipalem Vater insofern, als er die Rolle eines heterosexuellen Liebhabers einnimmt, durch den die Tochter in eine heterosexuelle Weiblichkeit eintritt. Das gleichzeitige Interesse von Gabrielle

und ihrer Mutter an Lennox, das beim Frühstück mit Lennox deutlich wird, würde in diesem Zusammenhang mit der von Freud postulierten Rivalität zwischen Mutter und Tochter um die Liebe des Vaters korrespondieren. Freud stellt fest, die Tochter wende sich während der ödipalen Phase ganz von der Mutter ab und zum Vater hin. Dies trifft insofern auf den Film zu, als die Mutter in den Szenen, die die Beziehung zwischen dem Traum-Ich und Lennox schildern, ganz abwesend ist. Die Hinwendung des Mädchens zum Vater geht laut Freud einher mit einer Wandlung vom aktiven Verhalten, das Freud als männlich bezeichnet, zum passiven Verhalten, in dem das Mädchen laut Freud zu ihrer eigentlichen Weiblichkeit findet. Im Blick auf diese Feststellung Freuds fällt Gabrielles Passivität in der Beziehung zu Lennox auf. Vgl. S. Freud: Neue Folge der Vorlesungen zur Einführung in die Psychoanalyse. (Freud-Studienausgabe 1), Frankfurt 1989, 544–565.

Der Therapeut wird im Film ebenfalls als Vaterfigur charakterisiert (wir erfahren, dass er Familienvater ist), ist aber stark unterschieden von Lennox als ödipalem Vater. Im Verhältnis zu ihm wird Gabrielle weniger auf eine heterosexuelle Weiblichkeit reduziert, denn der Therapeut ist an Gabrielles Persönlichkeit im Ganzen interessiert. In der Beziehung zum Therapeuten gibt es keine Rivalität zwischen Mutter und Tochter. Die Beziehung dieses „Vaters" zur „Tochter" ist anders als eine heterosexuelle Liebesbeziehung und daher verschmelzen Mutter und Tochter hier nicht als Rivalinnen um denselben Mann. Durch die Beziehung zum Therapeuten kann Gabrielle ihre totale Abwendung von der Mutter rückgängig machen und zu einer veränderten Beziehung mit ihr finden.

Einer liebt mich?
Laetitia Massons Traum von einer Wirklichkeit der Liebe in LOVE ME

Matthias Müller

Meeresrauschen, Möwenrufe, eine Frau, bekleidet mit einem rosafarbenen Morgenrock und mit Lockenwicklern im Haar, tanzt zu *Heartbreak Hotel* gesungen von Johnny Hallyday[1] an einem einsamen Strand auf die Kamera zu. Das Lied ist zu Ende und sie tanzt, innerlich noch ganz von der Musik erfüllt, lautlos singend zurück und verschwindet in ihrem Wohnwagen. Diese französische Frau, gespielt von Sandrine Kiberlain, steht im Mittelpunkt des Films LOVE ME.[2] Wir begegnen ihr in nicht chronologisch erzählten Szenen in ihrer Kindheit im Heim, in Memphis auf der Suche nach einem französischen Sänger namens Lennox (Johnny Hallyday), wieder im Wohnwagen, gemeinsam mit ihrer Mutter, mit dem Sänger, mit einem Seemann, mit Menschen, die ihr Leben mit ihr verbringen wollen und mit einem mysteriösen Mann, der sich in einigen Szenen als Psychiater, in anderen als Killer zeigt.

Träume, Fiktionen und Wirklichkeiten

Am Anfang dieser Reflexion über Laetitia Massons dritten Kinofilm sollen einige Überlegungen zu der Frage stehen, was der Traum denn nun eigentlich sei und wie sich dieses Phänomen definieren lässt. Der Traum als das „Andere der Realität"[3] ist eine Definition, die aus einem alltäglichen Sprachgebrauch eine hohe Plausibilität aufweist. Sie ist aber im Kontext einer Filminterpretation noch weiter aufzulösen. Zunächst kann der fiktionale Film selbst als das Andere der Realität betrachtet werden. Bei einer filmischen Traumdarstellung handelt es sich immer schon um einen Traum von einem Traum, während filmische Realität nichts anderes ist als ein Traum von einer Realität. Aber auch die Realität außerhalb des Films – und damit der Betrachter bzw. die Betrachterin – geraten in den Sog träumerischer Welten. Wenn das Medium als zentrale Komponente jedes Kommunikations- oder Erkenntnisprozesses auch nur einigermaßen ernst genommen werden soll, unterliegt schlechthin alles, was als Wirklichkeit bezeichnet werden kann, immer schon einer medialen Vermittlung, hinter deren konstituierende Oberfläche wir nicht vordringen können. Auch jedes Ich-Bewusstsein ist gespalten vom symbolischen Übergang. Jedes reflektierende Bewusstsein findet sich vor einer Leinwand, vor einem *screen*, auf dem ihm die Wirklichkeit begegnet. Das auf sich selbst reflektierende Subjekt kann in seinem Innersten Momente der Selbstsicherheit wie auch der Bedingtheit ausmachen: Das Descartessche „cogito" bleibt als strukturelles Moment der Freiheit, manchmal gerade in deren Verlust, für die Selbstwahrnehmung konstitutiv. Aus diesem stark reduzierten Wissen um sich selbst kann das Ich aber die Frage, *wer* ich denn nun bin, nicht allein beantworten. Auch das ursprünglichste Aufwachen zur Eigenidentität ist nur in einem Gegenüber zu denken. Im besten Fall ereignet sich dieses Aufwachen in Form des zwischenmenschlichen Zuspruchs im liebenden Blick, eine Form der symbolisierenden Abbildung. Das sich mit Hilfe der symbolischen Formen von Bildern und Sprache selbst wahrnehmende Ich erfährt sich tastend auf einer nicht aus sich heraus zu erklärenden Leinwand, wodurch Wirklichkeit und Traum oder Selbstsicherheit und mediale Vermittlung an keinem Punkt scharf voneinander zu scheiden sind.

Versuche, eine Sicherheit des Denkens, eine neue Positivität gerade durch die Negation zu erreichen, indem man den Traum in den Mittelpunkt des Interesses rückt, scheitern ebenso, denn nicht einmal um die Unmittelbarkeit eines „realen Traums" ist es besser bestellt. Die neuere Traumdeutung wurde sich bewusst, dass es sich bei jedem bildhaften Traum immer schon um einen erzählten Traum handelt, und es sich folglich auch bei dem unmittelbarsten Zugang zu Träumen um ein immer schon durch die Leistung der Symbolisierung gefiltertes Ereignis handelt.[4] Hatten die Surrealisten noch angestrebt, mithilfe von Traumnotizen auf eine andere Seite dieses *screen* zu gelangen und im Anderen der Realität (oder zumindest der Vernunft) unverstellte Erfahrungen fruchtbar machen zu können, wird nun deutlich, dass der Traum als innerpsychische Realität nicht ohne Bilder zu beschreiben ist. Auf diese Weise entzieht er sich ebenso einem direkten Zugriff wie andere vermittelte Realitätserfahrungen.[5] So nähern sich Fiktion, Traum und Wirklichkeit als verschiedene Dimensionen der Weltwahrnehmung sukzessive einander an, und die Grenzen zwischen Film und Realität sowie zwischen Traum und Realität verschwimmen.[6] Es kann der Punkt kommen, an dem die Dualität in ihrer Zuordnung selbst fraglich wird und in ihr Gegenteil umschlägt, wenn das Symbol der Virtualität, die „Leinwand", als eigentliche Realität erscheint und die Identität des diese betrachtenden Individuums als das „Gegenüber der Materialität" eher den virtuellen Moment im Wahrnehmungsgeschehen zu beschreiben scheint. Diese Situation setzt ein neues kreatives Potenzial frei, das durch das Spiel mit verschiedenen Wirklichkeitsdimensionen auf der Leinwand und unter Einbeziehung des Zuschauers selbst als Reflexions- und Projektionsinstanz die Wirklichkeit durch ihre Infragestellung zur Sprache bringt. Dieser theoretische Hintergrund bietet die Grundlage für viele filmische Traumdarstellungen, die das Andere der Wirklichkeit so mit derselben verschränken, dass nicht mehr klar ist, was nun „Wirklichkeit" und was „Anderes" *sein soll* und wie beides miteinander zusammenhängt.[7]

Nicht nur für die Filmemacher beschreibt dieser geistesgeschichtliche Rahmen neue Paradigmen sondern auch für die Filmdeutung. Zunächst werden natürlich Aussagen über Traumdarstellungen im Film schwieriger, da Dimensionen von Realität und Traum dies- und jenseits der Leinwand nicht mehr deutlich voneinander zu scheiden sind.[8] Außerdem – und so lautet die für die folgende Interpretation grundlegende Einsicht – sind diese Dimensionen aber auch im Spiel zwischen Zuschauer und Leinwand nicht mehr eindeutig zuzuordnen, insofern der Betrachter bzw. die Betrachterin im Sog der fiktionalen Fraglichkeit seiner selbst und gleichzeitig im Sog der realen Fraglichkeit des Films steht. Aus den strukturellen Übereinstimmungen zwischen Film-, Traum- und Selbstwahrnehmung, ergeben sich für eine rezeptionsästhetische Filmdeutung neue Möglichkeiten.

Anders als in der Theorie des präsentativen Symbolismus, die zunächst nur die Analogie zwischen Film- und Traumwahrnehmung zur Grundlage hatte und damit *Film als Traum* versteht,[9] ist das Anliegen dieses Aufsatzes den *Traum im Film* zu interpretieren. Die aufgesprengten Traumdarstellungen in LOVE ME unterscheidbar zu machen und sinnvoll zu deuten, stellt im Kontext der Annäherung von Film, Traum und Wirklichkeit eine eigene Herausforderung dar. Die Interpretation orientiert sich an der interpersonalen Begegnung und arbeitet mit den Mitteln der Dekonstruktion. Der Aspekt des Interpersonalen spielt eine wichtige Rolle für die Rezeptionsästhetik. Der Film soll als diaphanes Medium ernst genommen werden. Er scheint durch auf die Leinwand; die Leinwand ist im Wahrnehmungsgeschehen durchscheinend auf die Handlung des Films, und dort begegnen sich Menschen in einer ähnlichen Verfassung zwischen Authentizität und medialer Fraglichkeit wie jeder begegnende Mensch außerhalb des Kinosaales. Die interpersonal ausgerichteten philosophischen Modelle der Gegenwart gelangen ausgehend von der Freiheit und Verantwortung des Individuums zu der Erkenntnis, dass sich Bedeutung im strengen Sinn nur in einer zwischenmenschlichen Begegnung konstituieren kann. Alle Materie ist dann als durchscheinend auf interpersonale Vorgänge zu begreifen.[10] Ein solches interpersonales Gegenüber, auf das der Film durchscheinend wird, kann zum Beispiel die Regisseurin oder die soziale Wirklichkeit darstellen, die den Film in verschiedener Weise bedingen. Insofern aber auch der Betrachter, der die Begegnung mit dem Film sucht, ja selbst ein unentwirrbares Konglomerat aus Selbstsicherheit und medialer Vermittlung ist, kann als Gegenüber der Begegnung auch eine Filmfigur gesucht werden. So scheint in einer Bejahung des Films als auf seine Handlung durchscheinendes Medium auch die Begegnung mit den Personen auf bzw. „hinter" der Leinwand ins Recht gesetzt.[11] Diese Form des Filmverstehens scheint nun nicht mehr naiv, sondern erkenntnistheoretisch unmittelbarer gerechtfertigt, als eine Begegnung, die hinter dem *screen* die Regisseurin oder die Gesellschaft in Form von Produktionsbedingungen oder nach dem Publikum sucht. In diesem Sinn stellt eine interpersonale Interpretation die Begegnung mit der namenlosen Frau, der Hauptfigur von LOVE ME, in den Mittelpunkt. Dazu fordert auch schon der Titel mit seinem existenziellen Imperativ heraus.[12] Welche Bedeutung haben „Traum" und „Wirklichkeit" in diesem Interpretationsversuch? Lässt sich der Film in diese beiden Sphären ausdifferenzieren? Ist eine sinnvolle Unterscheidung von Traum und Realität möglich?

Dekonstruktive Lesarten

Beim ersten Sehen von LOVE ME mutet der Film seinem Publikum viel zu. Ohne Einführung oder selbsterklärende Übergänge tauchen wir in ein Kaleidoskop von Personen und Handlungssträngen ein, das erst langsam Bezüge einzelner Szenen erkennbar werden lässt, sich aber auch rückblickend gegen eine Auflösung in eine kontinuierliche Handlung sträubt. Dieselben Personen scheinen in ganz verschiedenen Kontexten und Interaktionen zu stehen, und die Szenen werden weitgehend unvermittelt aneinandergeschnitten. Hier und da schaffen durchgehaltene bildhafte oder musikalische Themen oder anknüpfende Dialoge Brücken zwischen Sequenzen, die aber dazu geeignet sind, die Verwirrung noch zu vergrößern, da nicht einmal mehr das Modell eines unverbundenen Nebeneinanders bestehen kann. Analysiert man die Sequenzen des Films im Hinblick auf die Leitmotive, lassen sich bezüglich der Hauptcharaktere vier Bereiche erkennen, denen die Szenen zugeordnet werden können:
- Die Frau Gabrielle Rose und der Sänger Lennox
- Der bedrohliche Mann und das Kind
- Die Frau und der Mann als Psychologe
- Die Frau Gabrielle Rose mit Freundin Gloria, mit dem Seemann und mit der Mutter

Ausgehend von einzelnen Ohnmachts- und Aufwachszenen stellt sich die Frage, ob es sich bei dem verwirrenden Nebeneinander, vielleicht um Traumsequenzen handelt, und wenn ja, welche Szenen die narrative Wirklichkeitsebene etablieren, in der die anderen Szenen als Träume zu interpretieren wären. Ob es sich dabei um Tagträume[13], psychotische Innenwelten[14] oder tatsächliche Träume handelt, kann in diesen Überlegungen vorerst offen bleiben.

Zur Interpretation und gegenseitigen Zuordnung der verschiedenen Sequenzen lassen sich unterschiedliche Schlüssel finden: der Ort der Handlung, das Wechseln von Raum und Enge, die Frisur der Frau, einzelne Gegenstände (z. B.die Waffe in der Hand des Mannes), die Sprache (Englisch oder Französisch), die Musik, Leitmotive und Querverweise. Ein besonders starkes Schlüsselzeichen dieser Art ist der Mantel der Frau: Sie besitzt einen schwarzen Ledermantel, zu dem sie immer einen rosafarbenen Schal trägt und einen roten Mantel mit weißem Kragen. Die hier zu Tage tretende Farbsymbolik bestimmt den gesamten Film. Fast alle Szenen sind unterlegt mit einem rosa Kleid oder rosa T-Shirt, das die Frau und das Kind tragen. Lennox und der Mann sind immer in schwarz gekleidet, der dritte Mann im Leben der Frau, der Seemann, trägt eine rote Jacke. Mit Gloria, ihrer Freundin, verbindet sie eine Liebe zu Rosa, Gloria selbst trägt Rot oder Weiß. Diese Farbsymbolik muss hier nicht weiter ausgeführt werden, soll aber später an einzelnen Stellen noch einmal Thema werden. Festzuhalten ist, dass in den meisten Sequenzen einer der beiden Mäntel vorkommt und so eine Unterscheidung von zwei verschiedenen Sphären erlaubt. Auf diese Weise entstehen zwei Welten, die sich parallel gegenüberstehen, und es stellt sich die Frage, ob die eine Welt als „Traum" und die andere als „Wirklichkeit" bezeichnet werden kann.

In der Welt des *schwarzen Mantels* lernen wir die Frau unter dem Namen Gabrielle Rose kennen, wie sie in einem Wohnwagen an einem einsamen Strand in der Bretagne lebt. Einen Freund, der sie liebt, will sie nicht wiedersehen, und zusammen mit ihrer Freundin Gloria unternimmt sie den Versuch, die Geister der Vergangenheit zu zähmen und an eine Zukunft zu glauben. Außerdem begegnet sie in dieser Welt dem Seemann, mit dem sie in einer gemeinsam verbrachten Stunde die leisen Anfänge von gegenseitigem Verständnis und Liebe erlebt. Den *roten Mantel* trägt die Frau in Memphis auf der Suche nach Lennox, einem alternden französischen Sänger, den sie seit ihrer Kindheit liebt. Sie begegnet ihm, es entspinnt sich ein immer intensiveres Spiel zwischen beiden, bis sie schließlich gemeinsam in einem Hotelzimmer einschlafen.

Der schwarz gekleidete Mann[15] kommt in beiden Welten vor und entpuppt sich in der Welt des schwarzen Mantels gegen Ende des Films als Psychologe. In den meisten Besprechungen, die den Versuch einer deutenden Auflösung des Films machen, wird diese Chiffre zur bestimmenden Perspektive und von hier ergibt sich dann die Welt des schwarzen Mantels als „Realität" und die Sequenzen mit dem roten Mantel als Traum, oder als Darstellung des inneren Ringens der Frau, die sich von einer idolatrischen Liebe zu einem Rockstar lösen muss, um so erste Schritte zu einer Lebens- und Liebesfähigkeit zu machen. Exemplarisch sei die „Auflösung" im Presseheft des deutschen Filmverleihs zitiert, wenn hier zu lesen ist: „[B]is wir mit ihr aus der Verwirrung zurückfinden in die Wirklichkeit und sich der Jäger [der Mann, M.M.] als Retter entpuppt. (...) Die Trailer-Welt ist wirklich. Die Figur auf dem Sprung ins Meer ist Sinnbild einer psychischen Krise. Und Lennox in Memphis ist natürlich ein Traum, aus dem Gabrielle – zugegeben: eine Hinterlist – durch Ohnmachten erwacht."[16] Diese Sichtweise rechtfertigt sich zusätzlich durch Aussagen der Regisseurin, wenn sie in einem Interview sagt: „Die Heldin kehrt am Ende des Films in die Wirklichkeit, ins Mögliche zurück. Das ist nicht weniger stark als das Ideal. Nur ist es schwerer, ihm gegenüber zu treten. Sie muss einen wirklichen Menschen wiedertreffen, nicht nur einen Traum."[17]

Diese Lesart kann ohne Frage viel Plausibilität für sich beanspruchen. Aber ist sie vom Film her wirklich so evident? In den folgenden Überlegungen soll der Versuch einer Lesart gegen den Strich dieser Interpretationen unternommen werden in der Hoffnung, durch eine Umkehrung der Zuordnung von Traum und Wirklichkeit neue Bedeutungsdimensionen des Films freizulegen. Im oben skizzierten Spannungsfeld von Identität und Medialität, das jede Wirklichkeits- und Selbstwahrnehmung aufspannt, beschreibt die Zuordnung von Traum und Realität zu verschiedenen wahrgenommenen Sphären eine Hierarchisierung innerhalb der Wahrnehmung. Der Traum ist das, was nicht für sich selbst, sondern nur für die Wirklichkeit Bedeutung gewinnt. Wenn ich davon spreche, etwas geträumt zu haben, ordne ich diese Erfahrungen einer als Kontinuität erlebten äußeren Wirklichkeit ein und unter. Wenn ich darüber hinaus zu einem Gegenüber sage, dass es etwas „nur geträumt" habe, ordne ich gewisse Dimensionen seiner Wahrnehmung anderen unter und in eine kontinuierlich und in der Regel gemeinsam gedachte äußere Wirklichkeit ein. So scheint mir, dass sich auch die übliche Hierarchisierung der beiden Mantelwelten im Film vor allem ausgehend von äußeren Vorstellungen, wie ein Mensch zu sein hat, was normal ist und wie Liebe und Subjektwerdung üblicherweise funktionieren, nahe legt. Wenn man sich aber in einem interpersonalen Ansatz auf die Begegnung mit den Personen der Handlung des Films einlassen will und versucht, die eigenen Vorbegriffe abzulegen und das Gegenüber zu verstehen, können nur filmimmanente Argumente und ein konsequentes

Bauen auf die internen Bezüge der Zeichen untereinander für die Zuordnung von Traum und Wirklichkeit gelten.[18] Der Zuschauer kann sich dem Film zwar zumuten und seine Fragen und Anliegen an ihn herantragen, sollte ihm aber nicht die eigene Identität aufzwingen.

In der Aneignung und Deutung von Filmen und Texten scheint es nicht zu umgehen sein, die Zeichen in Beziehung zueinander zu setzten und diese Bezüge zu differenzieren und zu hierarchisieren. Dabei gibt es natürlich niemals *die* endgültige und *die* richtige Interpretation, da die Zeichen selbst eine Vielzahl von möglichen Bezügen transportieren und die Leistung des Kommentators in der Konstitution der Bezüge nicht unterschätzt werden darf. So soll also die hier versuchte Interpretation einer umgekehrten Zuordnung von Traum und Wirklichkeit den Film nicht besser oder gar vollkommen erklären. Vielmehr will die Bewegung der Umkehrung das Werk als materiales Gegenüber neu in den Blick nehmen und es auf neue Weise zum Sprechen bringen. Der Film selbst oszilliert dann zwischen verschiedenen Interpretationsmustern und kann so eine Eigenständigkeit gegenüber jeder Interpretation behaupten, aber auch immer wieder neu sinnerschließend gedeutet werden. Eine solche Infragestellung von etablierten Hierarchisierungen, die sich nie gegen das Material des Filmes, durchaus aber gegen vermeintliche Autorenintentionen richten darf, kann sich auf die ursprünglich literaturwissenschaftliche Methode der Dekonstruktion, wie sie der französische Philosoph Jacques Derrida entwickelt hat, berufen.[19] Aus dem Material des Films und im Spiel mit seinen Zeichen und ihren immanenten Bezügen möchte ich im Folgenden also versuchen, die üblichen Lesart des Films zu dekonstruieren, Lust zu machen, eine andere Welt zu „erkunden",[20] und die Welt des roten Mantels als Wahrnehmungsrealität zum Sprechen zu bringen. Die dekonstruktive Grundhaltung, vorgefundene Hierarchisierungen umzukehren, kann dem Film zwar zugemutet, darf ihm aber nicht übergestülpt werden. Vielmehr muss sich der konkrete Inhalt dieser umgekehrten Ordnung aus dem Material ergeben. Zunächst soll deutlich werden, inwiefern der Film selbst die auch von der Regisseurin propagierte Definition der Wirklichkeitsdimension in Frage stellt, bevor wir Schritt für Schritt diese Richtung weiter folgend eine selbstbestimmte Frau kennen lernen, der es gelingt, die Liebe ihres Lebens in der Geschichte zu leben und ihre eigene Vergangenheit so anzunehmen, wie sie ist.

Ein erster Hinweis, der die Welt des roten Mantels als fiktionale Wirklichkeit nahe legt, ist die Tatsache, dass die Handlung in diesen Sequenzen über die Unterbrechungen hinweg kontinuierlich weitererzählt wird. Während es sich bei den anderen Szenen weitgehend um Momentaufnahmen handelt, die zwar aufeinander Bezug nehmen, aber nicht aneinander anschließen, nehmen die Sequenzen mit dem roten Mantel den Erzählfaden immer an der Stelle (örtlich und zeitlich) wieder auf, an dem er verlassen wurde. Wir beginnen eine Geschichte zu erahnen, die sich kontinuierlich erzählt und die nicht mehr aus Fragmenten rekonstruiert werden muss. Ein weiterer Hinweis ergibt sich aus dem Umstand, dass zunächst nur in der Welt des roten Mantels das Einschlafen und Aufwachen selbst thematisiert wird: Beim ersten Aufwachen beschreibt die Frau im roten Mantel dem Sänger die vorhergehende Sequenz im Wohnwagen als das, was sie gerade „geträumt" habe. Und auch alle weiteren Ohnmachts- und Aufwachszenen, bevor die fiktionale Wirklichkeit des roten Mantels endet und ein letzter Traum beginnt, zeigen die Frau im roten Mantel. Alle früheren Träume beginnen unvermittelt an verschiedenen Orten und in verschiedenen Zeiten, teilweise mit einer gleißend weißen Leinwand, die aus der schwarzen Leinwand des eingeschlafenen Bewusstseins hervorgeht. Falls man bereit ist, die Zuweisung von Traum und Realität umzukehren braucht man in diesem Umstand keine „Hinterlist" des Films mehr zu vermuten, sondern kann die Handlung des Films so als sinnvoll annehmen, wie sie sich darstellt.

Übergänge

Besonders aufschlussreich für die Bezüge zwischen den beiden Sphären scheinen die Szenen, in denen die Zeichen, die es erlauben diese zu scheiden, ineinander übergehen. So trägt die Frau den roten Mantel nicht unvermittelt, sondern er geht aus dem Verlust des schwarzen hervor. Neu in den USA angekommen und fremd in einer nächtlichen Stadt hat sie kein Geld für eine Busfahrt und ist deshalb gezwungen, ihren schwarzen Ledermantel für ein Busticket einzutauschen. Im Bus begegnet sie im narrativen Verlauf des Films zum ersten Mal Gloria, mit der sie sich auf englisch unterhält und die ihr am Schluss der Szene ihren eigenen roten Mantel überhängt und sie einlädt, in das *Blue Moon*, die Bar in der sie arbeitet, zu kommen. Wieder alleine zieht die Frau den roten Mantel an und trifft kurz darauf im *Blue Moon* Lennox. Das Spiel der Liebe zwischen beiden beginnt und sie fällt in die erste Ohnmacht.

Große Bedeutung für die Schlüssigkeit der umgekehrten Lesart kommt außerdem der Szene zu, in der die Frau den roten Mantel zum letzten Mal ablegt, und die damit das Ende der fiktionalen Wirklichkeit markiert, bevor sie zu einem letzten langen Traum erwacht, der sich bis zum Ende des Films hinzieht. In der siebzigsten Minute des Films hat die Frau den Kampf um die Liebe des Sängers gewonnen: Er nimmt ihr den Mantel ab, sagt zu ihr, sie solle die Augen schließen und nicht wieder öffnen, und beide schlafen gemeinsam auf dem Hotelbett ein. Die folgende Aufwachszene, in der Lennox verschwunden ist und „der Mann" die Vorhänge öffnet, stellt einen Prüfstein für diese Lesart dar. Kann sie, obwohl sie weiterhin im Hotelzimmer spielt, schon der anderen Welt zugeordnet und als Traum gedeutet werden? Dafür sprechen folgende Hinweise: Zum einen kann verwundern und so auf die Spur eines Traums führen, dass der Mann eine Waffe in der Hand hält. In der einzigen Szene, in der er vielleicht in der fiktionalen Wirklichkeit vorkam,[21] nämlich als er die Frau vom Flughafen abholt und sie vor ihm flieht, besitzt er keine sichtbare Waffe, auch wenn die Frau dies selbst anders in Erinnerung hat. Zum zweiten spielt in dem Gespräch zwischen Mann und Frau auf einmal Geld eine Rolle und das bindet die Situation schon stark an die folgende Szene an. Hier wacht die Frau mit schwarzem Mantel bekleidet bei dem Mann als Psychiater auf der Couch auf. Die folgenden Szenen sind noch haltloser vermischt, alle Personen können gemeinsam auftreten und kommunizieren. Die Mutter kommt zum ersten Mal als wirkliche Person und nicht nur als Geist vor, und im *showdown* am Quai kann die Frau sogar selbst doppelt im roten und im schwarzen Mantel erscheinen. Durch diese Aspekte ist das letzte Viertel des Films meiner Ansicht nach durchaus als ein möglicher langer Traum markiert, wobei es auch in diesem noch Ohnmachts- und Aufwachbilder gibt, die sich nicht von den vorherigen unterscheiden. Es ist also in Kauf zu nehmen, dass sich dieser letzte Traum noch einmal in verschiedenen Wirklichkeitsdimensionen abspielt. Diese erscheinen aber durchaus als innere Verarbeitung des Happy End ihres Lebens plausibel: Nachdem sich die Liebe der Frau zu Lennox verwirklicht hat, bringt sie ihre schon zuvor thematisierte Angst, dass sie vielleicht verrückt und alles nur eine große Psychose sei, durch den selbstbestimmten Abschied vom Analytiker zu einem Abschluss. Außerdem kehrt sie noch einmal in ihre Vergangenheit zurück um dort Abschied zu nehmen, zu guter Letzt auch ihr eigenes gespaltenes Ich überwunden zu sehen und die gewonnene geschichtlich reale Liebesfähigkeit in der Begegnung mit dem Seemann umzusetzen. Aus einer solchen Sicht des letzten Teiles des Films lassen sich dann auch alle früheren Sequenzen, in denen der rote Mantel nicht vorkommt, als Träume verstehen.

Eine weitere Übergangsszene, zwischen der Vergangenheit, die in ihren Träumen immer wieder reflektiert wird, und der Wirklichkeit in den USA bildet die Anfangsszene vor dem Wohnwagen. Hier trägt die Frau Lockenwickler in den Haaren. Damit steht die Szene in Diskontinuität zu den folgenden Wohnwagensequenzen, in denen sie durchweg glattes Haar hat. Nur in den USA trägt sie die Haare offen und gewellt. An diesem Detail wird deutlich, dass die Anfangsszene einen Übergang zwischen ihrer Vergangenheit in Frankreich und der Suche nach der Liebe ihres Lebens in der Fremde markieren kann. Dort legt sie dann bald nach der Art der Frisur auch den eigenen Mantel ab, und beginnt nun, gänzlich der eigenen Identität entledigt, den Mann, den sie liebt, in ein Spiel zu verwickeln. Erst nach einem Tagtraum, in dem die Frau von einer Begegnung zwischen Lennox und dem bewaffneten Mann träumt und Lennox davon spricht, dass sie ihn fasziniert und „bewegt", kann sie wieder beginnen, zu sich selbst zurückzukehren, und trägt die Haare zum ersten Mal in den USA nicht mehr offen. Jetzt muss sie nur noch gegen die Frauen- und Liebesbilder, die der Rockstar bis dahin für selbstverständlich hielt, sowie um seine wirkliche Liebe kämpfen, bis sie auch den fremden Mantel ablegen kann.

In der Farbsymbolik ist eine weitere Übergangsmetapher enthalten, es werden zwei Modelle der Koexistenz unterschieden: die Vermischung oder das Spiel zwischen zwei Polen. Diese beschreiben auch zwei mögliche Modelle der Liebe, in denen der Übergang zwischen zwei Menschen gelingen kann. In der Farbsymbolik steht Rosa, die Mischung aus Rot und Weiß, für die Liebe zwischen Gloria und der Frau. Zwischen Rot und Weiß ist eine Vermischung zu einer neuen Farbe, ein statischer Zwischenzustand, ein geschichtsloser Übergang möglich. Die Liebe zwischen Mann und Frau ist in den Farben Rot und Schwarz gezeichnet. In der Sphäre des roten Mantels trägt ihre Liebe schwarz, in der des schwarzen Mantels hat umgekehrt der Seemann eine rote Jacke an. Ihre Mutter, die gerne mit Männern flirtet und viel von Männern spricht, trägt einen roten Mantel mit schwarzem Kragen. Zwischen Rot und Schwarz können wir aber keinen geschichtslosen Übergang zeichnen, es gibt keine Farbe des Zwischenzustands, nur das geschichtliche Spiel der beiden.

Die Liebe in der Sprache

Damit sind wir bei dem zentralen Thema des Filmes angelangt, bei der Liebe. Die beiden in der Farbsymbolik unterschiedenen Varianten der Liebe werden auch mithilfe der beiden Sprachen des Films unterschieden. Ein „Je t'aime" ist nicht dasselbe wie ein „Love me". Während Gloria der Frau auf Französisch zusagt: „Moi, je t'aime"[22], wird die Liebesbezeugung in der Beziehung mit dem Seemann und mit Lennox aus einer fremden Sprache zugesprochen: „Love me." Lennox singt der Frau bei ihrer ersten Begegnung, sie mit Blicken fixierend, das Lied *Loving You* zu, und wenig später erwidert sie mit *Love me tender*. Für den Seemann singt sie am Hafen *Loving you* und er erwidert mit einer Liebeserklärung via negationis im Wortspiel: „Don't believe me, when I say ‚I don't want to spend time with you'."

Abb. 27   Lennox und Gabrielle zwischen „Love me tender" und „Loving you"

Im Traum erlebt die Frau also eine geschichtslose Liebe zu Gloria, die ihr in der Muttersprache und in positiver Formulierung zugesagt wird. Die Liebe zu dem Sänger und dem Seemann wahrt die (farbliche) Eigenidentität der beiden Partner und kann dennoch in der Bereitschaft, sich aus einer Fremde die Liebe zusagen zu lassen, einen Raum für geschichtlich gelingende Koexistenz eröffnen. Die englischen Formulierungen binden außerdem nicht beide Partner der Liebe in einem sprachlichen Zugriff aneinander („*Ich* liebe *dich*"), sondern halten in einem auffordernden „Love me" oder in dem rein zusprechenden „Loving you" die Asymmetrie jeder Beziehung zwischen geschichtlichen Individuen offen.

Die Liebe in der Geschichte

Die Liebe ist in Laetitia Massons drittem Liebesfilm nicht ohne das Motiv des fixierenden Blickes zu beschreiben. Dieser Blick durchzieht alle auf Liebe angelegten Beziehungen. Er ist die eigentliche Verbindung zwischen den Menschen, er verbindet innerhalb der Medialität der Wahrnehmung die beiden Seiten des *screen*. Blicke sind motiviert vom Begehren und nehmen voneinander Besitz.[23] In der Genderdebatte als „objektivierende" Blicke des Mannes verpönt, gewinnen sie als notwendiger Übergang zwischen zwei Subjekten bei Masson eine neue Kraft.[24] Am Anfang steht dabei eine radikale Nichtidentität, eine Durchkreuzung des eigenen Ichs. Die Frau kann dem Sänger ihren Namen nicht sagen und auch der Sänger wird von ihr nie mit seinem Namen angesprochen. In völliger Dunkelheit könnte Liebe sich anders verwirklichen. Ohne Blick und ohne Namen haben wir keinen eigenen Zugriff auf den oder die Andere(n). Ich kann mein Gegenüber nur ertasten und mich von ihr berühren lassen. Im Licht des Tages, innerhalb der materialen und zeitlichen Geschichte, muss sich die Liebe auf anderen Wegen bewähren. Der zwangsläufig besitzergreifende Blick auf den geliebten Menschen muss sich sogleich wieder infrage stellen. Die in Besitz nehmenden Blicke der Liebe sind legitim, solange sie das Gegenüber nicht zum Objekt machen, sondern dieses als Subjekt seiner selbst und als eigentliches Subjekt der Liebe wahrnehmen können. Das Gegenüber, das ich im Blick fixiere, muss frei bleiben es selbst zu sein, und diese Freiheit ist in eine medial vermittelte Wahrnehmung nur in einer ständigen Offenheit für eine Zerschlagung des Bildes einzutragen.[25] Diese Offenheit, dieser suchende und nicht fixierende Blick wird meiner Ansicht nach in der Liebesgeschichte zwischen Frau und Sänger durchgehalten. Im Schlussteil des Filmes, in der träumerischen Reflexion ihrer verwirklichten Liebe mit dem Sänger, steht die Frau im Wohnwagen tastend und liebkosend vor dem Poster mit der Abbildung des Sängers und übernimmt von ihm eine fiktive Zigarette. Der Ikonoklasmus im liebenden Blick ist in dieser eigentlich statischen, weil einsamen, Traumwelt symbolisiert durch den Riss im Plakat, das die statische Abbildung von Lennox durchkreuzt. Hier ist durch den Riss nicht das Idol entlarvt und zerstört, wie es Gloria beim Zerreißen intendiert hatte, sondern die Frau liebkost gerade dieses Bild des Sängers und kann ihn durch die Leinwand des Posters hindurch freisetzend wahrnehmen.

In der Realitätsebene des Films wird diese Liebe Wirklichkeit in dem Spiel zwischen Gabrielle und Lennox. Die Frau fordert den Sänger auf, mit ihr zu spielen; in gegenseitiger Verweigerung verwirklicht sich so eine freilassende, einander anerkennende und fesselnde Liebe im geschichtlichen Hin und Her zwischen Forderung und Zumutung, zwischen Versprechen, Einsatz und Auslieferung und in der gegenseitigen Wahrnehmung zwischen besitzergreifendem Blick und Zerschlagung dieses Bildes. Kurz vor dem gemeinsamen Einschlafen zerstören beide die Rolle, in der sie bisher einander gegenüber getreten sind:

Der Sänger: „Ja, sie haben sich getäuscht. Ich bin niemand, ich kann nicht singen, ich bin aufgebraucht, alt, ich bin tot."
Die Frau: „Ich werde Sie wieder zum Leben erwecken..."
Die Frau: „Ich wollte Ihnen sagen, dass das andere Mädchen viel besser ist als ich, ich kann nichts ..."

Diese Zerschlagung der Bilder wird für die gegenseitige Wahrnehmung aber nicht zur Krise und bestätigt den Blick darin als einen, der den anderen immer schon als realen freien Menschen und Subjekt der Liebe wahrgenommen hat. In der Welt des roten Mantels bleibt die Liebe in der Schwebe des Spiels, und gewinnt auf diese Weise ein neues Potenzial für ihre Verwirklichung in der Geschichte. Der besitzergreifende Blick wird rehabilitiert; nicht als Objektivierung eines Idols, die dem Blickenden die eigene Freiheit ebenfalls rauben würde, sondern als Blick der immer schon durchkreuzt ist, der bereit ist, auch eine Nichtidentität des Gegenübers anzunehmen.[26] In der Wirklichkeit kann man nur im Spiel kommunizieren, das Spiel, das in seinem Hin und Her[27] die Bezüge unabgeschlossen offen hält und trotz real fehlgeschlagener Kommunikation dieselbe in der Zeit bestehen lässt und vor ihrem endgültigen Scheitern bewahrt.

Die Liebe zwischen Traum und Realität

Kommen wir noch einmal zurück zur Szene, in der die Frau vor dem gerissenen Bild des Sängers steht und diesen liebevoll anblickt. Bezüglich der Frage nach dem Verhältnis von Traum und Wirklichkeit stehen wir in dieser Szene vor einem Paradox, denn die Liebe scheint nur *Wirklichkeit* werden zu können, wenn sie in all ihrer Radikalität *geträumt* wird. Oder in den verkehrten Kategorien der Traumwelt der Plakatszene formuliert: Weil die Frau in diesem Augenblick träumt, kann die hier dargestellte Fiktion ihrer Liebe – der ikonoklastisch gebrochene Blick des Sängers auf dem Plakat – Wirklichkeit sein. Der Sänger, jenseits der Plakat-Leinwand, ist nur dann wirklich, wenn die Frau selbst träumt. Denn in dieser Szene befinden sich beide auf zwei verschiedenen Seiten der Leinwand, und es ist gerade dieser Umstand, der auch im Traum das Happy End mit dem Seemann ermöglicht. Wäre Lennox nicht jenseits des *screen*, dann wäre sie nicht frei geworden nach Taipeh zu fliegen; sie hätte auch Lennox auf dem Plakat nicht liebkosen können, denn dieser wäre zur Fiktion degradiert worden.

Ein ähnliches Paradox begegnet uns in der Schlussszene: Die Liebe mit dem Seemann, von der sie in dieser Lesart nur träumt, ist als Liebe zu Lennox schon geschichtlich bewährte Wirklichkeit. Der Seemann sowie Lennox auf dem Plakat sind beides fiktive Abbilder einer Liebe, die nur solange Kräfte für das Spiel der Liebe freisetzen, als sie jenseits der (Traum-)Leinwand liegen. So wird der Film in der Lesart der umgekehrten Zuordnung von Traum und Wirklichkeit zu einem Versuch, wahrhafte Liebe in Materie und Geschichte verwirklicht darzustellen, denn dass sie geschichtlich gelebt wurde, zeichnet die Liebe zu Lennox gegenüber der zum Seemann gerade aus, während die Schlussszene der Begegnung zwischen Frau und Seemann durch Zeitlupe und geringe Tiefenschärfe der Geschichte enthoben dargestellt wird.

Die Möglichkeit für eine sich in Zeit und Materie verwirklichende Liebe als Übergang zwischen zwei geschichtlichen Menschen ergibt sich dann dadurch, dass man die Differenz anerkennt und das Spiel wagt, die Liebe in all ihrer Realität zu träumen oder traumhafte Liebe Wirklichkeit sein zu lassen. Die Bedingtheit der gegenseitigen Wahrnehmung zwischen zwei Freiheitssubjekten muss nicht negiert sondern vielmehr „ins Spiel gebracht" werden. Eine Seite des *screen* wird immer als Traum gegenüber einer Wirklichkeit erscheinen, entweder mein Gegenüber oder ich selbst, entweder die Liebe oder die Geschichte. Die trennende Leinwand kann nicht entfernt werden, um Traum und Realität in einer neuen Totalität zu vereinigen. Es muss vielmehr eine statische Hierarchisierung hinterfragt und die Zuordnung von Traum und Realität immer wieder verkehrt werden, damit geschichtliche Wahrnehmung unverstellt sein kann für die Wirklichkeit Liebe.

Diese Struktur von Blick, Bild, Zerschlagung und Liebe spiegelt sich auch im Verhältnis zwischen Betrachter und Film. Mein Blick auf die Frau im Film kann als „männlicher Blick" beschrieben werden, insofern er nicht auf Identifikation sondern auf Begegnung aus ist.[28] Der Betrachter und die Frau sind getrennt durch die Leinwand, die Fiktion und Wirklichkeit scheidet. Wie Johnny Hallyday in der Welt der Fiktion auf dem Plakat zu sehen ist, so befindet sich der Betrachter auf der anderen Seite der Leinwand, hat also keinen direkten, unverstellten Zugang zur Handlung des Filmes. Er kann nur versuchen, sich in einem geschichtslosen Moment des Traums in der Dunkelheit des Kinosaales von der Frau anrühren zu lassen.

Identität und Selbstbestimmung

Nachdem auf diese Weise unverstellte Liebe zwischen zwei geschichtlichen Individuen – trotz medial vermittelter Wahrnehmung – als reale Möglichkeit in den Blick gekommen ist, möchte ich in einem dritten Aspekt aufzeigen, inwiefern der Film durch die umgekehrte Zuordnung von Realität und Traum hinzugewinnt. Wenn wir der Frau im Film begegnen wollen, dann müssen wir ihr Identität zusprechen, und diese ist zuallererst als Selbstvollzug zu denken: Die Frau als Subjekt ihrer eigenen Geschichte wahrzunehmen, ist Grundbedingung für eine interpersonale Filmdeutung. In dieser Sichtweise wird bedeutsam, dass die Frau den roten Mantel, den Gloria ihr umgehängt hat, selbst anzieht. Auch wird sie dazu fähig, ihre Überzeugung, die sie in ihrer Kindheit verteidigt hat – nämlich dass sie Lennox wirklich liebt – selbst zu bewahrheiten.

Für die kindliche Entwicklung der Subjektkonstituierung hatte das Kind statt der physischen Präsenz nur ein Bild der Mutter zur Verfügung. Eine mögliche Konsequenz wäre es, der Frau deshalb ein Defizit zuzusprechen, das sie im Laufe des Films mit psychologischer Hilfe überwindet. In der umgekehrten Perspektive erleben wir aber, wie sich ihre Liebe zu Lennox in dem von ihr initiierten Spiel verwirklicht, ohne dass eine idolkritische Enttäuschung in der Begegnung mit dem Sänger im Film angedeutet wäre. Dadurch erscheint die Frau als durchaus liebesfähiges Subjekt und auch ihre zuvor empfundene Liebe zu dem Sänger kann als wahrhaftig gelten, auch wenn sie nur Musik und Bild von ihm hatte, und der liebende Blick durch die selektive Wahrnehmung stark gefiltert war. In analoger Weise sehen wir die Frau dann auch mit ihrer Mutter verbunden, deren anerkennende Liebe nur durch Bild und Postkarte vermittelt war, das Kind aber durchaus erreichte. Damit gewinnen wir in dekonstruktiver Perspektive die Einsicht, dass die Situation der Frau nicht mehr als Krankheit oder Mangel erscheint: Sie ist vielmehr schon zur Liebe fähig[29] und muss nicht erst in einem Prozess oder durch äußere Hilfe dazu fähig werden.[30] Liebe ist folglich in diesem Film nicht nur über die Negation thematisiert, sondern in ihrer vollen positiven Kraft.

Theologie der Liebe als Bildwerden in der Geschichte

Zu Beginn dieses Aufsatzes wurde bereits als Vorteil einer die Zuordnung von Traum und Wirklichkeit umkehrenden Lesart herausgestellt, dass sie in der Lage ist, die begegnende Wirklichkeit so anzunehmen, wie sie sich darstellt: Wir können die Szenen der fiktionalen Wirklichkeit in der Chronologie verstehen, in der sie uns der Film zeigt. Die Handlung wird, unterbrochen durch Träume, durchgehend erzählt, von der ersten Szene in der die Frau mit Lockenwicklern vor dem Wohnwagen tanzt, über den Verlust des Mantels und das Spiel mit Lennox bis zum Einschlafen im Hotelzimmer. Wir sehen die Frau in Ohnmacht fallen – weshalb sollten wir diesen Vorgang also als Aufwachen interpretieren? Das Kind besteht im Gespräch mit dem Mann darauf, dass es den Sänger liebt und nicht nur verliebt sei –

warum sollte dies nicht zutreffend sein? Zuletzt wurde deutlich, wie sich die Liebe der Frau gerade in ihrer geschichtlichen Verwirklichung – in der sie darauf angewiesen war, dass sich das Gegenüber auf das Spiel der Liebe einlässt – als immer schon wahrhaftige zeigte. In beiden Lesarten des Films ist die Frau am Ende bei einer wirklichen Liebe angelangt. In der Perspektive einer Umkehrung der Bezüge ist sie darüber hinaus schon die ganze Zeit in wahrhaftiger Liebe getragen.

Wenn nun die Liebe als gelungene und sinnerschließende Koexistenz zwischen zwei Individuen als wichtiger Aspekt der christlichen Erlösungsvorstellung gelten kann, dann sind wir schon bei ausdrücklich theologischen Fragen. Eine zentrale Frage der Religionen lautet, wie Gerechtigkeit oder Erlösung in der Geschichte möglich ist. Inwiefern kann die hier vorgelegte Sichtweise des Films Denkanstöße für die Theologie vermitteln? In der Lesart der Gerechtigkeit schaffenden Umkehrung der Bezüge konnten wir die Vergangenheit so akzeptieren, wie sie ist. Wir begegneten einer Frau, die liebesfähig und glücklich ist. Sie ist sozusagen schon im Land der Gnade, in *Graceland*. Aber ist *Graceland* nicht der Ort der Fiktion und eines virtuellen Glücks schlechthin, so wie in den klassischen Zuordnungen der Moderne auch die Religion als Land des fiktiven Glücks erscheinen kann? Dies ist nicht der Fall, wenn man die Bezüge umkehrt und die Begegnung mit dem Menschen sucht. *Graceland* ist zunächst einmal das reale Haus des Sängers Elvis Presley, eines wirklichen Menschen mit dem Recht auf Liebe, Selbstentwurf und -zweifel. Die Begegnung mit dem Menschen kann *Graceland* zum wirklichen Land der Gnade machen. Insofern ist dieses Symbol einer fiktiven Heimat gebrochen durch sein Potenzial auf wirkliche Heimat. Die Frau hat es geschafft, in einem solchen Land der Gnade zu leben, denn sie hat den Sänger Lennox geliebt, durch seine Musik den wirklichen Menschen wahrgenommen und in der geschichtlichen Begegnung diese Liebe im Spiel zwischen Herausforderung und Verweigerung einer statischen Eigenidentität verwirklicht.

In wenigen abschließenden Überlegungen sollen noch einmal die schon begonnenen Anknüpfungen an einen theologisch-systematischen Entwurf der Gegenwart weitergeführt werden. Ähnlich wie der Film eine Frau zeichnet, die ihre Liebe zu einem anderen Menschen selbst wahrhaftig lebte, gegen alle Anfragen der scheinbaren Realität durchhielt und dann in der Begegnung mit dem Menschen verwirklichte, wird auch das christliche Erlösungsverständnis in dem Ansatz des Freiburger Theologen Hansjürgen Verweyen beschrieben. Verweyens „Grundriss" für eine systematische Durchdringung des christlichen Bekenntnisses baut sich über die Stationen Bildwerdung und Ikonoklasmus auf bis hin zur Vorstellung aller Natur als Medium des interpersonalen Bildwerdens.[31] Das Christentum be-

Abb. 28   Gabrielle in der mythischen Sphäre von Elvis ... oder in ihrer Wirklichkeit?

kennt ein solches universales Bildwerden als schon gelungen vorweggenommen, indem die ganze Geschichte immer schon in der wahrhaftigen Liebe Christi getragen ist. Christus selbst ist dann in dieser Sichtweise nicht losgelöst von der Geschichte zu denken, ja er muss vielmehr im geschichtlichen Spiel um die Individuen der Geschichte liebend werben.[32] Dann ist aber für die Möglichkeit von Erlösung in der Geschichte eine große Vorleistung erbracht, muss sich doch der einzelne Mensch nur noch auf das geschichtliche Spiel mit ihm einlassen, wie der Sänger Lennox, sich auf das Spiel der Liebe einlassen musste, um durch die schon wahrhaftige Liebe der Frau „erlöst" zu werden. In letzter Konsequenz sollte sich dann auch die Religion nicht als Ort eines fiktional zu schaffenden Glücks verstehen, sondern die Bezüge und Hierarchien der Welt umkehren, um die befreienden und erlösenden Perspektiven, die die Geschichte bereits beinhaltet, zu verwirklichen.

1 In den sechziger Jahren wurde Johnny Hallyday mit Rock'n'Roll berühmt und ist bis heute einer der großen Rockstars in Frankreich. Er spielte in zahlreichen Filmen mit, unter anderem bei Jean-Luc Godard.
2 Damit schließt Laetitia Masson eine Trilogie von drei Liebesfilmen ab, die um Besitz, Geld und Liebe kreisen. Begonnen hat sie 1995 mit ihrem ersten langen Kinofilm, EN AVOIR (OU PAS) – HABEN (ODER NICHT), der viel Aufmerksamkeit und Anerkennung erhielt: 1996 Preis der Ökumenischen Jury auf der Berlinale für Laetitia Masson, César für Sandrine Kiberlain. 1998 führte sie die Reihe mit A Vendre – Zu verkaufen fort. In allen drei Filmen spielt Sandrine Kiberlain die weibliche Hauptrolle.
3 Eine solche Beschreibung formuliert in ontologischen Dimensionen die von W. Lesch in diesem Band verwendete erkenntnistheoretische Definition des Traums als das „Andere der Vernunft".
4 Vgl. dazu den Überblick bei H. Deserno: Die Bildsprache des Traumes. In: ders. (Hg.): Das Jahrhundert der Traumdeutung. Perspektiven psychoanalytischer Traumforschung. Stuttgart 1999, 276-288. Er schlägt vor, den Traum als Phänomen des Übergangs zu begreifen, angesiedelt zwischen Tag und Nacht, zwischen Unwillkürlichkeit und Symbolisierung.
5 Dass es auch einer Reduzierung der Traumforschung auf die Betrachtung neurophysiologischer Zustände nicht gelingen würde, aus dieser Dualität auszubrechen, wird schön deutlich anhand von S. Zizeks Aufsatz: *Cyberspace, or the Unbearable Closure of Being*. In: J. Bergstrom (Hg.): *Endless Night. Cinema and Psychoanalysis, Parallel Histories*. Berkeley u.a. 1999, 96–125. Er zeigt für den computergenerierten Cyberspace (als fiktional erzeugtes Pendant solcher Traumwelten) auf, dass die „reale" Ebene der Nullen und Einsen nicht ausreicht, um das Phänomen der virtuellen Welt zu beschreiben, und wir zumindest einen Begriff der Virtualität in Form der „Berechnung" hinzunehmen müssen.
6 Die zahlreichen Unterschiede zwischen Realität, Traum und Film sollen hier nicht geleugnet werden (wie zum Beispiel das künstlerische Ringen der Regisseurin mit der Materie, das den Film bedingt und auszeichnet oder das gemeinschaftliche Erleben, das Film und Realität gegenüber dem Traum unterscheidet), können aber im Interesse dieser Überlegungen zu den strukturellen Übereinstimmungen in Bezug auf das Wahrnehmungsgeschehen aus der Perspektive des Betrachters hintangestellt werden.
7 Von LE CHARME DISCRET DE LA BOURGOISIE, einem späten Film Buñuels (vgl. dazu den Aufsatz von Moritz Geisel in diesem Band), bis hin zu den Auseinandersetzungen mit der Auflösung der Subjektsicherheit angesichts technisch generierter Parallelwelten z.B. in MATRIX, EXISTENZ und THE THIRTEENTH FLOOR am Ende des 20. Jahrhunderts.
8 Ganz anders noch bei Ingmar Bergmans WILDE ERDBEEREN von 1957. Vgl. zu dieser Entwicklung auch Dietmar Regensburgers Beitrag in diesem Band.
9 Für eine semiotische Filminterpretation ist eine grundsätzlich ähnliche Problemstellung relevant, wie für die Traumdeutung, die den Traum nicht mehr als Primärvorgang fassen kann. Aufbauend auf Ernst Cassirer und Susanne K. Langner machte Alfred Lorenzer die Theorie des präsentativen Symbolismus für die Traumdeutung fruchtbar, die in ihrer Ausrichtung auf nichtsprachliche Symbole ebenfalls Anschlussstellen für eine Filmtheorie besitzt. Die strukturellen Übereinstimmungen in der Wahrnehmung von Film und Traum legen eine Filmdeutung mithilfe des präsentativen Symbolismus nahe, wie sie Uwe Gaube vorgelegt hat. U. Gaube: Film und Traum. München 1978.
10 Dieses ontologische Modell gründet im Kern auf Emmanuel Lévinas und seiner auf der Metaphysikkritik Martin Heideggers und der dialogischen Philosophie Martin Bubers aufbauenden Philosophie vom radikal unsymmetrischen Verhältnis zu einer Alterität (zum Beispiel im anderen Menschen). Die fruchtbare Begegnung von Subjekt und Anderem wird dann zum primären Ort der Sinn- und Wirklichkeitskonstituierung. Sehr verwandt ist die theologische Durchbuchstabierung einer vernunftgemäß denkbaren Geschichtswerdung eines unbedingten Sinnzuspruchs an den freien und vernunftbegabten Menschen durch den Freiburger Theologen Hansjürgen Verweyen, der in der Forderung kulminiert: „Es müßte sich dann ‚nur noch' die gesamte materielle Welt – sic hinein in den Leib des Menschen – als ‚Medium' dieses Zum-Bild-Werdens verstehen lassen." H. Verweyen: Botschaft eines Toten. Regensburg 1999, 41. Insofern es auch bei einer Filmdeutung letztendlich um das Zur-Sprache-Bringen von Bedeutung geht, scheint mir die interpersonale Dimension eine notwendige Ergänzung zu den texttheoretisch ausgerichteten Diskursen der zeitgenössischen Filmtheorie zu sein.
11 Die Begegnung ist so gesehen eine interpersonal gebrochene „Identifikation" mit der Welt des Films, wie sie Bazin als Proprium der Filmwahrnehmung im Gegensatz zum Theater beschrieben hat. Die besonderen Be-

stimmungen des filmischen Wahrnehmungsgeschehens lassen André Bazin zufolge die Zuschauer in kollektiver Identifikation mit dem Helden zu einem Teil der Filmwelt werden. Vgl. A. Bazin: Theater und Kino. In: ders.: Was ist Kino? Bausteine zur Theorie des Films, Köln 1975, 68–110, 85ff. Ausgehend von einem interpersonal gebrochenen Selbst- und Wirklichkeitsverständnis, kann man aber auch in dieser zunächst passiven Wahrnehmungssituation ein neues Potenzial für die Eigenidentität des Zuschauers in der Begegnung mit den Personen und Handlungssträngen des Films erkennen. Eine aktive Rolle, die der Betrachter eines Filmes innerhalb der Identifikation einnimmt, sieht auch Bazin und beschreibt sie in Analogie zu Traumsituationen: „ich laufe dort unsichtbar herum, genieße die zweideutige Freiheit, die auch in bestimmten Träumen vorkommt." (ebd. 101).

12 Strukturell ist ein „Liebe mich" durchaus vergleichbar mit dem „Töte mich nicht", der Lévinasschen Uranforderung des Anderen. Die positive Äußerung ist in ihren Implikationen vielschichtiger und bringt die singuläre Begegnung einerseits nicht so rein geläutert zur Sprache, kann aber andererseits in ihrer positiven Kraft und ihrer nicht hierarchischen Struktur die wirklichkeitskonstituierende Dimension der Begegnung leichter plausibel machen.
13 In letzter Zeit wurde die produktive Kraft solcher tagträumerischer Parallelwelten nirgends so schön wie in Lars von Triers DANCER IN THE DARK (Dänemark 2000) thematisiert.
14 So am ehesten in David Finchers FIGHT CLUB (USA 1999) oder THE CELL (USA 2000) von Tarsem Singh.
15 In einer Szene wird der Schwarze Mann als „M. Carbonne" bezeichnet. Er wird dargestellt von Jean-Francois Stevenin.
16 LOVE ME. Ein Film von Laetitia Masson. Pressemappe der Kool Filmdistribution, Freiburg 2000, 4.
17 L. Masson im Interview mit dem Ecran Noir vom 17.2.2000, übersetzt in der Pressemappe (s. Anm. 16), 9.
18 Dabei ist wohl zuzugeben, dass sich die inneren und äußeren Bezüge womöglich immer nur graduell unterscheiden. Vor allem bei dem geringen Abstraktionsgrad, den die zu Grunde liegenden Szenenanalysen bieten und den der in diesem Rahmen machbare Argumentation leisten kann, müssen auch für die so genannten immanenten Bezüge logische Regeln außerhalb der reinen Wiederholung von Zeichen angewendet werden.
19 Inwiefern dieser Umkehrung auch die ethische Dimension der Gerechtigkeit zuzuordnen ist, entwickelt Joachim Valentin anhand der gegenseitigen Beeinflussung zwischen Lévinas und Derrida. Vgl. ders.: Atheismus in der Spur Gottes. Mainz 1997, S. 87–110. Hier findet sich auch eine gut verständliche Einführung in das Denken Derridas und eine tiefgreifende Reflexion auf Möglichkeiten, dieses für die Theologie fruchtbar zu machen.
20 Vgl. Anm. 29.
21 Diese Szene liegt vor dem Tausch der Mäntel. Sie ist insofern ebenfalls nicht deutlich in eine der beiden Sphären einzuordnen. Falls man sie der Traumwelt zuspricht kommt der Mann überhaupt nur in ihren Träumen oder Erinnerungen an die Kindheit vor. Wenn man dem Mann am Flughafen reale Existenz zuschreibt, verwundert wie oben beschrieben doch zumindest die Waffe in seinen Händen.
22 In der gleichen Formulierung gesteht ihr auch der französische Freund im Wohnwagen seine Liebe. Dieser trägt ein weißes Hemd, während sie sich in ihren rosa Morgenmantel hüllt und die schwarzen Spitzen des rosa Nachthemdes verhüllt. Die geschichtliche Unmöglichkeit dieser Beziehung wird auch durch die Farbsymbolik außer Zweifel gelassen.
23 Die Schwierigkeiten und Notwendigkeiten der Liebe als Besitz thematisiert Masson ausdrücklich in HABEN (ODER NICHT).
24 So bekennt sich auch Masson zu den Blicken und ihrer wirklichkeitskonstituierenden Funktion: „Weil für mich der Blick des Regisseurs immer ein Blick des Begehrens ist. Wenn ich Sandrine filme, liegt darin Begehren. (...) Und vor allem glaube ich, dass es keine Realität gibt, dass die Dinge nur durch unseren Blick existieren, durch unsere Subjektivität." L. Masson im Interview mit dem Studio Magazine, März 2000, übersetzt in der Pressemappe (s. Anm. 16), 8.
25 Vgl. zur theologischen Relevanz des Ikonoklasmus als notwendiges Moment des gegenseitigen Zum-Bild-Werdens H. Verweyen: Gottes letztes Wort. Grundriß der Fundamentaltheologie. (3. vollst. überarbeitete Auflage), Regensburg 2000, 169 ff.
26 Frau sagt zu dem Sänger: „Ich bin an Sie gekettet, ich möchte alles wissen; wie Sie essen, wie Sie schlafen, wie Sie arbeiten, wie es ist, wenn Sie ganz alleine sind", und stellt so das Postulat ihrer Kindheit unter Beweis, dass sie ihn liebt und nicht in einer schwärmerischen Verliebtheit einem Idol anhängt.

27 Vgl. H.-G. Gadamer: Wahrheit und Methode. In: Gesammelte Werke. Tübingen 1990, 108ff.
28 Meist wird in den Gendertheorien gerade der männliche Blick als identifizierend beschrieben, insofern er machtausübend und festlegend sei. Diese Bestimmung sollte aber weniger als endgültige Definition betrachtet werden, sondern vielmehr als Infragestellung von bestehenden Hierarchisierungen. In dieser Interpretation eines Film von einer weiblichen Regisseurin über eine Frau durch einen männlichen Autor scheint eine Situation gegeben zu sein, die es erlaubt, die Zuordnungen umzukehren und so neues Potenzial für genderbewusste Betrachtungen zu erschließen. Vgl. den grundsätzlich anderen Zugang von U. Vollmer in diesem Band. Einander gegenüberstehend mögen die beiden Aufsätze ein dialogischer Beitrag zur Genderfrage sein.
29 Die hier gezeigte Liebe ist sogar besonders vollkommen und anders als in den beiden früheren Filmen Massons nicht durch Inbesitznahme oder Geld als vorherrschende Momente verzerrt. Dass die Ermöglichung einer solchen Liebe etwas damit zu tun hat, die Realität des Traumes anzunehmen, wird auch durch die Regisseurin unterstützt, wenn sie sagt: „Ich berücksichtige nun auch den Teil des Traums, des Fantastischen. Als könnte ich heute leichter davon sprechen als zur Zeit von HABEN (ODER NICHT). Das war wie eine nicht eingestandene Realität, die ich kaum auszudrücken wagte. Heute habe ich Lust, das zu erkunden." L. Masson im Interview mit dem Studio Magazine (s. Anm. 24).
30 Nicht jede andere Deutung verunmöglicht natürlich einen Selbstvollzug. So zeigt U. Vollmer in ihrem Beitrag auf, wie die Frau in einem gänzlich anderen Modell der auslegenden Differenzierung in einem entwicklungspsychologischen und gesellschaftskritischen *Prozess* der Selbstwerdung vor Augen tritt.
31 Gut zugänglich und prägnant dargestellt in den ersten vier Kapiteln von H. Verweyen: Botschaft eines Toten (s. Anm. 10); ausführlich im ersten Teil von: ders.: Gottes letztes Wort (s. Anm. 25).
32 Bei H. Verweyen in Anknüpfung an Origenes beschrieben mit dem wartenden Christus, der auch nach seiner Auferstehung nicht losgelöst von der Geschichte gedacht werden kann. Vgl. ders.: Botschaft eines Toten (s. Anm. 10), 46f.

Zu den Filmen

Filme im Mittelpunkt

DER ANDALUSISCHE HUND
(Originaltitel: UN CHIEN ANDALOU),
Frankreich 1928
Regie: Luis Buñuel; *Buch*: Buñuel, Salvador Dalí; *Kamera*: Albert Duverger; *Schnitt*: Luis Buñuel; *Besetzung*: Simone Mareuil, Pierre Batcheff, Salvador Dalí, Luis Buñuel, Jaime Miravilles; *Produktion*: Luis Buñuel, Salvador Dalí für Luis Buñuel Prod. 20 Min.

Formal hervorragender Experimental-Stummfilm der surrealistischen Avantgarde, den der damals 28-jährige Buñuel gemeinsam mit dem Maler Dalí inszenierte. Am Anfang steht eine der berühmtesten Schocksequenzen der Filmgeschichte: Eine Wolke bewegt sich auf den Vollmond zu, ein Rasiermesser schneidet durch das Auge einer jungen Frau. Später sieht man eine von Ameisen wimmelnde Menschenhand, Priesterseminaristen, die an Glockenseilen baumeln, und den Kadaver eines Esels, der aus einem Pianoflügel quillt. Einige Szenen sind bewusst als anarchische Provokation gedacht, andere lassen sich als poetische Metaphern deuten – insgesamt attackieren die vieldeutigen Bilder nachhaltig die herkömmlichen Vorstellungen von Ratio und Normalität. An deren Stelle tritt die Logik des Traums, die auflösende Kraft der Fantasie. Der gleitende Übergang zwischen äußerer Realität und Bewusstseinswirklichkeit sowie der respektlose Blick auf die Werte der bürgerlichen Kultur finden sich in den meisten späteren Werken Buñuels wieder.

BIS ANS ENDE DER WELT
(Originaltitel: BIS ANS ENDE DER WELT),
Australien/Deutschland/Frankreich 1991
Regie: Wim Wenders; *Buch*: Peter Carey, Wenders; *Kamera*: Robby Müller; *Schnitt*: Peter Przygodda; *Musik*: Graeme Revell; *Besetzung*: Solveig Dommartin (Claire Tourneur), William Hurt (Sam Farber), Rüdiger Vogler (Phillip Winter), Max von Sydow (Henry Farber), Jeanne Moreau (Edith Farber); *Produktion*: Anatole Dauman, Jonathan Taplin und Wim Wenders für Argos Film, Road Movies Filmproduktion, Village Roadshow. 179 Min.

Während im Jahr 1999 die Menschheit durch eine atomare Katastrophe bedroht ist, reist eine junge Frau kreuz und quer durch die Welt einem Fremden nach, der mit einer Spezialkamera Bilder aufzeichnet, die Blinden übermittelt werden können. In der australischen Wüste endet die Jagd bei der Familie des Mannes, dessen Vater Forschungen betreibt, um Träume sichtbar zu machen, was zu einer schweren Bildersucht führt. Wim Wenders' ehrgeiziges Projekt ist ein gigantischer Reise-, Abenteuer-, Science-Fiction-, Musik- und Liebesfilm, der als zentrales Thema die Sucht nach Bildern behandelt. Komplex in der Verarbeitung zahlloser Motive und faszinierend in der Technik, bietet die Geschichte wenig Raum, um eine gefühlsmäßige Anteilnahme am Schicksal der Figuren zu entwickeln.

BLUE VELVET
(Originaltitel: BLUE VELVET), USA 1985
Regie, Buch: David Lynch; *Kamera*: Frederick Elmes, Joe Dunton; *Schnitt*: Duwayne Dunham; *Musik*: Angelo Badalamenti; *Besetzung*: Kyle MacLachlan (Jeffrey Beaumont), Isabella Rossellini (Dorothy Vallens), Dennis Hopper (Frank Booth), Laura Dern (Sandy Williams), Dean Stockwell (Ben), Hope Lange (Williams), George Dickerson (Detective Williams); *Produktion*: Fred Caruso für De Laurentiis Entertainment Group. 120 Min.

Jeffrey Beaumont lebt in einem amerikanischen Provinznest und ist mit dem *Highschool Girl* Sandy Williams liiert. Auf einem Spaziergang entdeckt er ein abgeschnittenes Ohr und meldet den Fund der Polizei. Durch das Ohr taucht die männliche Hauptfigur in den dunklen Untergrund seiner Psyche: infantile und gewalttätige Geschlechtlichkeit bedrohen die sexuelle Initiation. Durch die Faszination für die *Blue Lady* Dorothy wird Jeffrey in die schrecklichen Geheimnisse des polymorphen Blickes eingeführt. Als Kriminalgeschichte getarnt führt der Film in eine labyrinthische Spurensuche in der verbotenen Zone von Tod, Gewalt und Sex. Durch das Eindringen in die finsteren Abgründe lotet BLUE VELVET die Adoleszenz als riskante Gratwanderung zwischen Identität und Nicht-Identität aus. Lynch entlarvt zudem das bürgerliche Leben als zerbrechliche Postkartenidylle.

DER DISKRETE CHARME DER BOURGEOISIE
(Originaltitel: LE CHARME DISCRET DE LA BOURGEOISIE), Frankreich 1972
Regie: Luis Buñuel; *Buch*: Buñuel, Jean-Claude Carrière; *Kamera*: Edmond Richard; *Schnitt*: Hélène Plemiannikov; *Musik*: Guy Villette; *Besetzung*: Fernando Rey (Rafaele Costa), Delphine Seyrig (Simone Thévenot), Stéphane Audran (Alice Sénéchal), Bulle Ogier (Florence), Jean-Pierre Cassel (Henri Sénéchal); *Produktion*: Serge Silberman für Greenwich. 100 Min.

Mehrere Angehörige der bürgerlichen Führungsschicht eines fiktiven lateinamerikanischen Landes verbringen ihre Zeit mit einer Folge von gegenseitigen Einladungen, doch werden sie immer wieder in ihren Geschäften dabei gestört und um den kulinarischen Genuss betrogen. In seinem drittletzten Film knüpft Buñuel an früheste surrealistische Muster an und führt die Denunziation des als verrottet angeprangerten Bürgertums zu einem Höhepunkt, indem er eine schlüssige „bürgerliche" Dramaturgie zerschlägt und deren Bruchstücke als Traumelemente um ein operettenhaftes Personeninventar drapiert.

DER EINZIGE ZEUGE
(Originaltitel: WITNESS), USA 1985
Regie: Peter Weir; *Buch*: Earl W. Wallace, William Kelley; *Kamera*: John Seale; *Schnitt*: Thom Noble; *Musik*: Maurice Jarre; *Besetzung*: Harrison Ford (John Book), Kelly McGillis (Rachel Lapp), Josef Sommer (Deputy Schaeffer), Lukas Haas (Samuel Lapp), Alexander Godunow (Daniel Hochleitner), Jan Rubes (Eli Lapp), Danny Glover (McFee); *Produktion*: Edward S. Feldman für Paramount. 122 Min.

Ein Polizeidetektiv aus Philadelphia kommt bei der Bearbeitung eines Mord- und Korruptionsfalls ins Gebiet der Amish, einer deutschstämmigen Sekte, die alle Errungenschaften der modernen Zivilisation ablehnt. Der Zusammenprall unterschiedlicher Lebensauffassungen und die stete Bedrohung des Traums von einer besseren Welt bilden den Hintergrund der spannenden Action- und Liebesgeschichte. Einfühlsam inszeniert, bis auf den plakativen Schluss erfreulich abseits der Genre-Klischees.

EYES WIDE SHUT
(Originaltitel: EYES WIDE SHUT), USA 1999
Regie: Stanley Kubrick; *Buch*: Kubrick, Frederic Raphael nach der „Traumnovelle" von Arthur Schnitzler; *Kamera*: Larry Smith; *Schnitt*: Nigel Galt; *Musik*: Jocelyn Pook; *Besetzung*: Tom Cruise (Bill / Dr. William Harford), Nicole Kidman (Alice Harford), Sydney Pollack (Victor Ziegler), Marie Richardson (Marion), Radé Sherbedgia (Milich), Todd Field (Nick Nightingale), Vinessa Shaw (Domino), Sky Dumont (Sandor Szavost), Fay Masterson, Leelee Sobieski (Milich's Tochter), Thomas Gibson (Carl);Produktion: Kubrick für Pole Star Production, Hobby Films. 159 Min.

Das seit neun Jahren verheiratete Paar Bill und Alice lebt zusammen mit der gemeinsamen Tochter in New York. Ihre Beziehung gerät in eine Krise, als Alice nach einer Party ihrem Mann bisher verborgene sexuelle Absichten und Wünsche offenbart. Es folgen zwei Tage und zwei Nächte, in denen sich die Zukunft des Paares entscheidet. Brillant inszeniertes Vermächtnis von Stanley Kubrick, der geschickt Themen seiner früheren Werke variiert und dabei das zentrale Thema, das Gefühlsleben eines Paares, bis in die dunkelsten Winkel beleuchtet.

DIE LETZTE FLUT
(Originaltitel: THE LAST WAVE), Australien 1977
Regie: Peter Weir; *Buch*: Weir, Tony Morphett, Petru Popescu; *Kamera*: Russell Boyd; *Schnitt*: Max Lemon; *Musik*: Charles Wain; *Besetzung*: Richard Chamberlain (David Burton), Olivia Hamnett (Annie Burton), David Gulpilil (Chris Lee), Frederick Parslow (Pfarrer Burton), Vivean Gray (Dr. Whitburn), Walter Amagula (Gerry Lee), Roy Bara (Larry), Peter Carroll (Michael Zeadler), Athol Compton (Billy Corman), Hedley Cullen (Richter);*Produktion*: Hal McElroy, James McElroy für Ayer. 110 Min.

Burton, ein biederer Anwalt in Sydney, bekommt es mit den Aborigines, den Ureinwohnern Australiens zu tun, deren magisches Wissen in seinen banalen Alltag eingreift und seine geordnete Welt in Frage stellt. Es kommt zur Entdeckung von Katakomben unter dem heutigen Boden der Millionenstadt. Burton drängt sich die Erkenntnis auf, dass eine neue Sintflut (eine „letzte Welle") im Verbund mit den Resten eines uralten Volkes auf die Menschheit zukommt. Die beklemmende apokalyptische Vision ist einer der besten australischen Filme überhaupt.

LOST HIGHWAY
(Originaltitel: LOST HIGHWAY), USA 1996
Regie: David Lynch; *Buch*: Lynch, Barry Gifford; *Kamera*: Peter Deming; *Schnitt*: Mary Sweeney; *Musik*: Angelo Badalamenti; *Besetzung*: Bill Pullman, Patricia Arquette, Balthazar Getty, Robert Blake, Robert Loggia, Michael Massee; *Produktion*: Deepak Nayar, Tom Sternberg, Mary Sweeney für Asymmetrical, Ciby 2000, Pandora Film. 134 Min.

Ein von Eifersucht zerfressener Jazzsaxophonist soll seine Frau grausam ermordet haben. Er wird verurteilt und ins Gefängnis gesteckt, wo ihn unerträgliche Kopfschmerzen plagen. Eines Morgens sitzt an seiner Stelle ein junger Mechaniker in der Zelle. Auf freien Fuß gesetzt, beginnt dieser eine Affäre mit der Geliebten eines Kunden, die der Frau des Musikers aufs Haar gleicht. Verstörende, äußerst komplexe Reise ins Unheimliche, die mit den Mitteln der Verrätselung und des Horrorfilms den Zuschauer in Bann schlägt. Ein filmisches Meisterwerk, das über viele Fragen der Gegenwart zur Auseinandersetzung zwingt.

LOVE ME
(Originaltitel: LOVE ME), Frankreich 2000
Regie, Buch: Laetitia Masson; *Kamera*: Antoine Héberlé; *Schnitt*: Aïlo Auguste-Judith; *Musik*: John Cale; *Besetzung*: Sandrine Kiberlain (die junge Frau), Johnny Hallyday (Lennox),

Jean-François Stevenin (Carbonne), Aurore Clément (die Mutter), Salomé Stevenin (die Jugendliche), Julie Depardieu (Barbara), Julian Sands (der Matrose), Elie Semoun (der Liebhaber), Christine Boisson (die Heimleiterin), Anh Duong (Gloria); *Produktion*: Alain Sarde für Ciné Valse, Studio Images 6, Canal +. 105 Min.

Eine junge Französin, die ein ausgesprochenes Faible für die Farbe Rosa hat, reist in die USA nach Memphis, Tennessee, um einem älteren Sänger ihre Liebe anzutragen. Bestechend fotografiertes Drama, das in Analogie zur assoziativen Struktur seelischer Prozesse eine kaum überschaubare Fülle an Zeit- und Erzählebenen ineinander schachtelt, in denen es um Sehnsucht, Liebe und Abhängigkeit geht. Die konzentrierte, durch Musik und Schnitt akzentuierte Bildsprache geleitet in eine traumnahe Region, deren schwebende Bewegung über den filmischen Binnenraum hinaus drängt und zur visuelle Metapher psychischer Selbstbefragung werden kann.

MULHOLLAND DRIVE
(Originaltitel: MULHOLLAND DRIVE), Frankreich/USA 2001
Regie, Buch: David Lynch; *Kamera*: Peter Deming; *Schnitt*: Mary Sweeney; *Musik*: Angelo Badalamenti; *Besetzung*: Naomi Watts (Betty Elms), Laura Elena Harring (Rita), Justin Theroux (Adam Kesher), Ann Miller (Coco Lenoix), Monty Montgomery (Cowboy), Robert Forster (Detective Harry McKnigh), Dan Hedaya (Vincenzo Castigliane); *Produktion*: Mary Sweeney, Alain Sarde, Neal Edelstein, Michael Polaire, Tony Krantz für Asymmetrical, Les Films Alain Sarde, Studio Canal. 146 Min.

Ein Unfall auf einer kurvenreichen Landstraße, bei dem eine Frau ihr Gedächtnis verliert, dient als Aufhänger für eine Vielzahl scheinbar unabhängiger Begegnungen im Umfeld der Filmmetropole Hollywoods. Hypnotisch-albtraumhaftes Traum- und Vexierspiel von David Lynch, das sich einer linearen Nacherzählung verweigert, weil Personen ihre Identität wechseln und viele Handlungsstränge so ineinander verschlungen sind, dass sie wie ein Endlosband funktionieren. Handwerklich perfekter Film, ideenreich und inszenatorisch bestechend, der die Medienmythen der Gegenwart lustvoll zerpflückt und in Gestalt eines Horrorthrillers im kalten Entsetzen kulminieren lässt, ohne dass der Regisseur damit seinem bekannten Œuvre etwas erkennbar Neues hinzufügen würde.

PERSONA
(Originaltitel: PERSONA), Schweden 1966
Regie, Buch: Ingmar Bergman; *Kamera*: Sven Nykvist; *Schnitt*: Ulla Ryghe; *Musik*: Lars Johan Werle; *Besetzung*: Bibi Andersson (Alma), Liv Ullmann

(Elisabeth Vogler), Gunnar Björnstrand (Herr Vogler), Margareta Krook (Ärztin), Jörgen Lindström (Junge); *Produktion*: Svensk Filmindustri. 84 Min.

Eine Krankenschwester übernimmt die Pflege einer offenbar psychisch gestörten, in Isolation und Schweigen versunkenen Schauspielerin. Die beiden Frauen geraten in eine symbiotische Abhängigkeit und werden zu spiegelbildlichen Varianten eines verstörten Bewusstseins, das an existenzieller Sinnlosigkeit verzweifelt. Formal streng und asketisch, inhaltlich reich an metaphysischen und psychologischen Spekulationen, variiert der Film auf faszinierende Weise Grundmotive Bergmans – die Abwesenheit Gottes und die Einsamkeit des auf sich selbst zurückgeworfenen Menschen.

DIE STUNDE DES WOLFS
(Originaltitel: VARGTIMMEN), Schweden 1966
Regie,Buch: Ingmar Bergman; *Kamera*: Sven Nykvist; *Schnitt*: Ulla Ryghe; *Musik*: Lars Johan Werle; *Besetzung*: Liv Ullmann (Alma), Max von Sydow (Johan Borg), Gertrud Fridh (Corinne von Merkens), Erland Josephson (Baron von Merkens), Ingrid Thulin (Veronika Vogler); *Produktion*: Svensk Filmindustri. 87 Min.

Aus fragmentarischen, zum Teil widersprüchlichen Berichten und Einzelszenen entsteht die Geschichte eines Künstlerpaares, das von Todesfurcht, Aberglauben und Wahnsinn heimgesucht wird. Eine komplexe Albtraumcollage von Ingmar Bergman, der das Psychogramm seiner Helden mit Horrorfilmzitaten und filmkritischen Reflexionen ironisch bricht. Bergman bleibt den Leitmotiven seines Werks treu, löst sich aber von den Konventionen der Filmerzählung.

DIE TRUMAN SHOW
(Originaltitel: THE TRUMAN SHOW), USA 1998
Regie: Peter Weir; *Buch*: Andrew Niccol; *Kamera*: Peter Biziou; *Schnitt*: William Anderson, Lee Smith; *Musik*: Philip Glass, Burkhard Dallwitz; *Besetzung*: Jim Carrey (Truman Burbank), Laura Linney (Meryl Burbank / Hannah Gill), Noah Emmerich (Marlon / Louis Coltrane), Natascha McElhone (Lauren Garland / Sylvia), Holland Taylor (Trumans Mutter), Ed Harris (Christof); *Produktion*: Scott Rudin, Edward S. Feldman, Adam Schroeder, Andrew Niccol für Paramount. 103 Min.

Das Leben des Versicherungsagenten Truman Burbank ist ohne dessen Wissen seit dreißig Jahren Gegenstand einer weltweit live übertragenen, äußerst erfolgreichen Fernseh-Seifenoper. Satire und Nachdenklichkeit treffen sich in Peter Weirs Film vor dem Hintergrund einer gigantischen „lebensechten" Fernsehkulisse, und der Zuschauer wird zum Voyeur der Voyeure bei Trumans allmählicher Entdeckung einer alternativen Realität. Brillant inszeniert und gespielt, nimmt der Film Medienmanipulation, Konformismus und Kommerzialisierung aufs Korn, scheut aber auch vor existenziellen Fragestellungen nicht zurück.

WILDE ERDBEEREN
(Originaltitel: SMULTRON STÄLLET),
Schweden 1957
Regie, Buch: Ingmar Bergman; *Kamera*: Gunnar Fischer; *Schnitt*: Oscar Rosander; *Musik*: Erik Nordgren; *Besetzung*: Victor Sjöström (Prof. Isak Borg), Bibi Andersson (Sara), Ingrid Thulin (Marianne Borg), Gunnar Björnstrand (Evald Borg), Julian Kindahl (Agda), Max von Sydow (Akerman), Gunnel Lindblom (Charlotta); *Produktion*: Allan Ekelund für Janus, Svensk Filmindustri. 92 Min.

Ein Tag im Leben eines 78-jährigen Medizinprofessors, der auf dem Weg ins schwedische Lund, wo er eine Auszeichnung entgegennehmen soll, seine Vergangenheit wiederentdeckt. Die Stationen der Reise werden in Träumen, Visionen und Erinnerungsbildern zu Stationen einer Lebensbilanz; indem er Orten seiner Kindheit und Verwandten begegnet, erkennt er mit zunehmender Klarheit die Ursache seiner Kälte, Isolation, seelischen Verhärtung und Todesangst. Ingmar Bergmans sensibel gestaltetes Meisterwerk um Leben, Gott und Tod fasziniert durch die virtuose Verschränkung von realistischen und surrealen Stilmitteln, von psychologischem Charakterporträt und philosophischem Diskurs. Hervorragend in der Hauptrolle: der schwedische Theater- und Stummfilmregisseur Victor Sjöström.

Die Inhaltsangaben wurden von den Herausgebern mit Hilfe des Lexikons des internationalen Films und Kurzkritiken der Zeitschriften film-dienst und ZOOM erstellt.

Erwähnte Filme

A

A.I. – KÜNSTLICHE INTELLIGENZ *(A.I. – ARTIFICIAL INTELLIGENCE)*, Regie: Steven Spielberg, USA 2001.

ACHTEINHALB *(OTTO E MEZZO)*, Regie: Federico Fellini, Italien/Frankreich 1962.

DER ANDALUSISCHE HUND *(UN CHIEN ANDALOU)*, Regie: Luis Buñuel, Frankreich 1928.

ANEMIC CINEMA *(ANEMIC CINEMA)*, Regie: Marcel Duchamp, 1925.

DIE AUTOS, DIE PARIS AUFFRASSEN *(THE CARS THAT ATE PARIS)*, Regie: Peter Weir, Australien 1974.

B

BELLE DE JOUR – SCHÖNE DES TAGES *(BELLE DE JOUR)*, Regie: Luis Buñuel, Frankreich 1967.

Erwähnte Filme

BIS ANS ENDE DER WELT *(BIS ANS ENDE DER WELT)*, Regie Wim Wenders: Australien/Deutschland/Frankreich 1991.
BLUE SUNSHINE *(BLUE SUNSHINE)*, Regie: Jeff Liebermann, USA 1977.
BLUE VELVET (BLUE VELVET), Regie: David Lynch, USA 1985.

C
DAS CABINETT DES DR. CALIGARI *(DAS CABINETT DES DR. CALIGARI)*, Regie: Robert Wiene, Deutschland 1920.
THE CELL *(THE CELL)*, Regie: Tarsem Singh, USA 2000.
CITIZEN KANE *(CITIZEN KANE)*, Regie: Orson Welles, USA 1941.
DER CLUB DER TOTEN DICHTER *(DEAD POETS SOCIETY)*, Regie: Peter Weir, USA 1988.
COUNT VIM'S LAST EXERCISE *(COUNT VIM'S LAST EXERCISE, Kurzfilm)*, Regie: Peter Weir, Australien 1967.

D
DANCER IN THE DARK *(DANCER IN THE DARK)*, Regie: Lars von Trier, Dänemark 2000.
DER DISKRETE CHARME DER BOURGEOISIE *(LE CHARME DISCRET DE LA BOURGEOISIE)*, Regie: Luis Buñuel, Frankreich 1972.

E
EIN EINFACHER FALL *(PROSTOJ SLUCHAJ)*, Regie: Wsewolod Pudowkin, Sowjetunion 1932.

L'ÉTOILE DE LA MER *(L'ÉTOILE DE LA MER)*, Regie: Man Ray, 1928.
DER EINZIGE ZEUGE *(WITNESS)*, Regie: Peter Weir, USA 1985.
ERASERHEAD *(ERASERHEAD)*, Regie: David Lynch, USA 1977.
EXISTENZ *(eXistenZ)*, Regie: David Cronenberg, USA 1999.
EYES WIDE SHUT *(EYES WIDE SHUT)*, Regie: Stanley Kubrick, USA 1999.

F
FEARLESS – JENSEITS DER Angst *(FEARLESS)*, Regie: Peter Weir, USA 1993.
FIGHT CLUB *(FIGHT CLUB)*, Regie: David Fincher, USA 1999.

G
GALLIPOLI *(GALLIPOLI)*, Regie: Peter Weir, Australien 1981.
DAS GESPENST DER FREIHEIT *(LE FÂNTOME DE LA LIBERTÉ)*, Regie: Luis Buñuel, Frankreich 1974.
GILDA *(GILDA)*, Regie: Charles Vidor, USA 1946.
DAS GOLDENE ZEITALTER *(L'ÂGE D'OR)*, Regie: Luis Buñuel, Frankreich 1930.
GREEN CARD – SCHEINEHE MIT HINDERNISSEN *(GREEN CARD)*, Regie: Peter Weir, Australien/Frankreich/USA 1990.

H
HABEN (ODER NICHT) *(EN AVOIR [OU PAS])*, Regie: Laetitia Masson, Frankreich 1995.

LAS HURDES *(LAS HURDES / TIERRA SIN PAN)*, Regie: Luis Buñuel, Spanien 1932.

I

ICH KÄMPFE UM DICH *(SPELLBOUND)*, Regie: Alfred Hitchcock, USA 1945.

J

EIN JAHR IN DER HÖLLE *(THE YEAR OF LIVING DANGEROUSLY)*, Regie: Peter Weir, Australien/USA 1982.

K

THE KID *(THE KID)*, Regie: Charles Chaplin, USA 1921.

L

DAS LEBEN IST SCHÖN *(PROSTOJ SLUCHAJ)*, Regie: Wsewolod Pudowkin, Sowjetunion 1932.
DIE LETZTE FLUT *(THE LAST WAVE)*, Regie: Peter Weir, Australien 1977.
LOST HIGHWAY *(LOST HIGHWAY)*, Regie: David Lynch, USA 1996.
LOVE ME *(LOVE ME)*, Regie: Laetitia Masson, Frankreich 2000.

M

DER MANN, DER DIE OHRFEIGEN BEKAM *(HE WHO GETS SLAPPED)*, Regie: Victor Sjöström, USA 1924.
MATRIX *(THE MATRIX)*, Regie: Andy und Larry Wachowski, USA 1999.
DIE MILCHSTRASSE *(LA VOIE LACTÉE)*, Regie: Luis Buñuel, Frankreich 1969.

MOSQUITO COAST *(MOSQUITO COAST)*, Regie: Peter Weir, USA 1986.
MULHOLLAND DRIVE *(MULHOLLAND DRIVE)*, Regie: David Lynch, Frankreich/USA 2001.
DER MÜDE TOD *(DER MÜDE TOD)*, Regie: Fritz Lang, Deutschland 1921.

O

OUT OF THE BLUE *(OUT OF THE BLUE)*, Regie: Dennis Hopper, Kanada 1979.

P

PANZERKREUZER POTEMKIN *(BRONENOSEZ POTJOMKIN)*, Regie: Sergej M. Eisenstein, Sowjetunion 1925.
LA PERLE *(LA PERLE)*, George Hugnet, 1929.
PERSONA *(PERSONA)*, Regie: Ingmar Bergman, Schweden 1966.
PHANTOM *(PHANTOM)*, Regie: Friedrich Wilhelm Murnau, Deutschland 1922.
PICKNICK AM VALENTINSTAG *(PICNIC AT HANGING ROCK)*, Regie: Peter Weir, Australien 1975.
PINOCCHIO *(PINOCCHIO)*, Produktion: Walt Disney, USA 1940.

R

RÄCHER DER UNTERWELT *(THE KILLERS)*, Regie: Robert Siodmak, USA 1947.
DIE ROTEN SCHUHE *(THE RED SHOES)*, Regie: Michael Powell und Emeric Pressburger, Grossbritannien 1948.

DIE ROTE WÜSTE *(IL DESERTO ROSSO)*, Regie: Michelangelo Antonioni, Italien 1964.

S

SCHREIE UND FLÜSTERN *(VISKNINGAR OCH ROP)*, Regie: Ingmar Bergman, Schweden 1972.

DAS SCHWEIGEN *(TYSTNADEN)*, Regie: Ingmar Bergman, Schweden 1963.

DAS SIEBENTE SIEGEL *(DET SJUNDE INSEGLET)*, Regie: Ingmar Bergman, Schweden 1956.

THE SIXTH SENSE *(THE SIXTH SENSE)*, Regie: M. Night Shyamalan, USA 1999.

THE STRAIGHT STORY *(THE STRAIGHT STORY)*, Regie: David Lynch: USA 1999.

STREIK *(STACHKA)*, Regie: Sergej M. Eisenstein, Sowjetunion 1924.

DIE STUNDE DES WOLFS *(VARGTIMMEN)*, Regie: Ingmar Bergman, Schweden 1966.

SUNNYSIDE *(SUNNYSIDE)*, Regie: Charles Chaplin, USA 1919.

T

TRAUM OHNE ENDE *(DEAD OF NIGHT)*, Regie: Alberto Cavalcanti u.a., Grossbritannien 1945.

DIE TRUMAN SHOW *(THE TRUMAN SHOW)*, Regie: Peter Weir, USA 1998.

TWIN PEAKS *(TWIN PEAKS: FIRE WALK WITH ME)*, Regie: David Lynch, USA 1992.

V

DIE VERGESSENEN *(LOS OLVIDADOS)*, Regie: Luis Buñuel, Mexiko 1950.

VON ANGESICHT ZU ANGESICHT *(ANSIKTE MOT ANSIKTE)*, Regie: Ingmar Bergman, Schweden 1975.

W

WENN DER KLEMPNER KOMMT *(THE PLUMBER)*, Regie: Peter Weir, Australien 1979.

WILD AT HEART *(WILD AT HEART)*, Regie: David Lynch, USA 1990.

WILDE ERDBEEREN *(SMULTRON STÄLLET)*, Regie: Ingmar Bergman, Schweden 1957.

DER WÜRGEENGEL (EL ÁNGEL EXTERMINADOR), Regie: Luis Buñuel, Spanien 1962.

Z

ZU VERKAUFEN *(A VENDRE)*, Regie: Laetitia Masson, Frankreich 1998.

Auswahlbibliographie

I. Zur Filmtheorie und Filminterpretation

Arnheim, R.: Film als Kunst. Berlin 1932.
Balázs, B.: Der sichtbare Mensch oder die Kultur des Films (1924). (Suhrkamp Taschenbuch Wissenschaft, 1536) Frankfurt a.M. 2001.
Balázs, B.: Der Geist des Films (1930). (Suhrkamp Taschenbuch Wissenschaft, 1537) Frankfurt a.M. 2001.
Balázs, B.: Der Film. Werden und Wesen einer neuen Kunst (Iskusstvo Kino, 1945), Wien 1946.
Bazin, A.: Was ist Kino? Bausteine zur Theorie des Films, Köln 1975. (Qu'est-ce que le cinéma? Paris 1990).
Bergman, I.: Bergman über Bergman. Interviews mit Ingmar Bergman über das Filmemachen von Stig Björkman, Torsten Manns und Jonas Sima. Frankfurt a. M./Berlin/Wien 1978.
Bergman, I.: Bilder. Köln 1991.
Bliss, M.: Dreams Within a Dream: The Films of Peter Weir, Southern Illinois University Press, 2000.
Branigan, E.: Point of View in the Cinema: A Theory of Narration and Subjectivity in Classical Film. New York 1984.
Breton, A: Die Manifeste des Surrealismus, Reinbek 1993.
Bronfen, E.: Heimweh. Illusionspiele in Hollywood, Berlin, 1999.
Brütsch, M.: Zur Ästhetik der Traumdarstellung am Beispiel des Kurzfilms REM (Jann Jenatsch, Paul Avondet, CH 1991), in: Vinenz Hediger et al. (Hg.), Home Stories. Neue Studien zu Film und Kino in der Schweiz, Marburg 2001.
Buñuel, L.: Die Flecken der Giraffe. Ein- und Überfälle, Berlin 1991.
Buñuel, L: Mein letzter Seufzer. Berlin 1999.
Dieterle, B. (Hg.): Träumungen. Traumerzählung in Film und Literatur, St. Augustin 1998.
Ebeling, L.: Der diskrete Charme der Bourgeoisie. In: Korte, H.: Systematische Filmanalyse in der Praxis, Braunschweig 1986.

Eberwein, R. T.: Film and the Dream Screen. A Sleep and a Forgetting. Princeton 1984.
Gaube, U.: Film und Traum. Zum repräsentativen Symbolismus. München 1978.
Kinder, M.: The Discreet Charm of the Bourgeoisie. Cambridge 1999.
Koch, G.: Traumleinwand – filmtheoretische Ausdeutungen eines psychoanalytischen Konzepts. In: Hau, S. u.a. (Hg.): Traum-Expeditionen, Tübingen 2002.
Kracauer, S.: Theorie des Films: Errettung der äusseren Wirklichkeit. 3. Auflage, Frankfurt a.M. 1996.
Metz, C.: Langage et cinéma, Paris 1971.
Metz, C.: Le signifiant imaginaire: Psychanalyse et cinéma (1977). Neuauflage, Paris 1993.
Mitry, J.: Esthétique et psychologie du cinéma. Paris 1990.
Münsterberg, H.: Das Lichtspiel. Eine psychologische Studie (1916) und andere Schriften zum Kino. Wien 1996.
Seeßlen, G.: David Lynch und seine Filme. 4. Auflage, Marburg 2000.
Seeßlen, G./Jung, F.: Stanley Kubrick und seine Filme. Marburg 1999.
Sontag, S.: Styles of Radical Will. New York 1969.
Wollen, P.: Signs and Meaning in the Cinema (1969). 4. erw. Auflage, London 1998.

II. Zur psychoanalytischen Theoriebildung

Arlow, J.: (Hg.): Selected Writings by B. Lewin. New York 1973.
Baudry, J.-L.: Das Dispositiv: Metapsychologische Betrachtungen des Realitätseindrucks (1975), in: Psyche, Nr. 48/1994, 1047-1074.
Bergstrom, J. (Hg.): Endless Night. Cinema and Psychoanalysis, Parallel Histories. Berkley u.a. 1999.
Chodorow, N.: The Reproduction of Mothering: Psychoanalysis and the Sociology of Gender. Berkley 1978.
Deserno, H. (Hg.): Das Jahrhundert der Traumdeutung. Perspektiven psychoanalytischer Traumforschung. Stuttgart 1999.
Freud, S.: Die Traumdeutung (1900). (Gesammelte Werke Bd. 2/3), Frankfurt a.M. 1960ff.
Freud, S.: Neue Folge der Vorlesungen zur Einführung in die Psychoanalyse. XXIX. Vorlesung. Revision der Traumlehre (1932). (Gesammelte Werke Bd. 15), Frankfurt a.M. 1960ff, 6–31.
Freud, S.: Ausgewählte Bibliographie im Internet: http://freud.t0.or.at/freud/themen/biblio.htm.

Hartmann, E.: Dreams and Nightmares. The Origin and Meaning of Dreams. Cambridge (Mass.) 2001.
Hau, S. / Leuschner, W. / Deserno, H. (Hg.): Traum-Expeditionen (Psychoanalytische Beiträge aus dem Sigmund-Freud-Institut 8), Tübingen 2002.
Kubie, L. S.: Psychoanalyse und Genie. Reinbek 1966.
Lewin, B. D.: Sleep, the Mouth and the Dream Screen. Psychoanalytic Quarterly, Nr. 15/1946, 419–434. Auch in: Arlow, J. (Hg.): Selected Writings, 87–100.
Lewin, B.D.: Interferences from the Dream Screen', International Journal of Psycho Analysis, Nr. 29/1948.
Lewin, B.D.: Das Hochgefühl. Zur Psychoanalyse der gehobenen, hypomanischen und manischen Stimmung (1950). Frankfurt a.M 1982.
Lewin, B.D.: Reconsideration of the Dream Screen. Psychoanalytic Quaterly, Nr. 22/1953, 174–199.
Lorenzer, A.: Kritik des psychoanalytischen Symbolbegriffs. Frankfurt a.M. 1970.
Kömer, J. / Krutzenbichler, S. (Hg.): Der Traum in der Psychoanalyse. Göttingen 2000.
Metz, Ch.: Der fiktionale Film und sein Zuschauer. Eine metapsychologische Untersuchung (1975). Psyche, Nr. 48/1994, 1004–1046.
Morgenthaler, F.: Der Traum. Fragmente zur Theorie und Technik der Traumdeutung (1986). Frankfurt a.M. 1990.
Ziñek, S.: Cyberspace, or the Unbearable Closure of Being. In: Bergstrom, J. (Hg.): Endless Night, 96–125.

III. Philosophische und theologische Zugänge

Descartes, R.: Meditationen über die Erste Philosophie. Stuttgart 1980.
Frölich, M. / Middel, R. / Visarius, K. (Hg.): Zeichen und Wunder. Über das Staunen im Kino. (Arnoldshainer Filmgespräche 18), Marburg 2001.
Gadamer, H.-G.: Wahrheit und Methode. (Gesammelte Werke), Tübingen 1990.
Gamm, G. / Kimmerle, G. (Hg.): Ethik und Ästhetik. Nachmetaphysische Perspektiven. Tübingen 1990.
Gollut, Jean-Daniel: Conter les rêves: La narration de l'experience onirique dans les œuvres de la modernité, Paris 1993.
Hasenberg, P. / Luley, W. / Martig, C. (Hg.): Spuren des Religiösen im Film. Mainz 1995.
Heise, J.: Traumdiskurse. Die Träume der Philosophie und die Psychologie des Traums. Frankfurt a.M. 1989.

Hermann, J.: Sinnmaschine Kino. Sinndeutung und Religion im populären Film, Gütersloh 2001.
Kamper, D.: Zur Geschichte der Einbildungskraft. Reinbek 1990.
Karrer. L. / Martig C. (Hg.): Gewaltige Opfer. Filmgespräche mit René Girard und Lars von Trier. (Film und Theologie 1), Köln 2000.
Lenk, E.: Die unbewusste Gesellschaft. Über die mimetische Grundstruktur in der Literatur und im Traum. München 1983.
Niessen, S.: Der Traum. Auflösung der Grenze zwischen Ich und Nicht-Ich. In: der blaue Reiter. Journal für Philosophie, Nr. 4/1996, 47–52.
Orth, S./Valentin, J./Zwick, R. (Hg.): Göttliche Komödien. Religiöse Dimensionen des Komischen im Kino. (Film und Theologie 2), Köln 2001.
Raguse Hartmut: Psychoanalyse und biblische Interpretation. Eine Auseinandersetzung mit Eugen Drewermanns Auslegung der Johannes-Apokalypse, Stuttgart 1993.
Skarics, M.: Populärkino als Ersatzkirche? Überlegungen zur partiellen Funktionsäquivalenz von Kirche und Kino. In: Communicatio Socialis, Nr. 2/2002.
Védrine, H. Les grandes conceptions de l'imaginaire. De Platon à Sartre et Lacan. Paris 1990.
Verweyen, H.: Gottes letztes Wort. Grundriß der Fundamentaltheologie. 3. vollst. überarbeitete Auflage, Regensburg 2000.

Autorinnen und Autoren

Thomas Binotto, geb. 1966, Lizentiat der Philosophie bei Hermann Lübbe in Zürich, Journalist und Filmpublizist, Mitarbeiter der Zeitschrift film-dienst, seit 2000 Redakteur bei der größten schweizerischen Kirchenzeitung in Zürich.

Matthias Brütsch, geb. 1969, Studium der Filmwissenschaft, Anglistik und Geschichte in Zürich und Montpellier (F), seit 1999 Lehrbeauftragter und Assistent am Seminar für Filmwissenschaft der Universität Zürich sowie Mitglied des Leitungsteams der Internationalen Kurzfilmtage Winterthur. Schreibt zur Zeit an einer Dissertation zur Traumdarstellung im Film.

Moritz Geisel, geb. 1972, Studium der Katholischen Theologie und Romanistik in Tübingen und Paris, 1. Staatsexamen für das Lehramt am Gymnasium.

Walter Lesch, geb. 1958, Studium der Katholischen Theologie, Philosophie, Romanistik und Pädagogik in Münster, Fribourg, Jerusalem und Tübingen; 1988 Dissertation in Tübingen; von 1988 bis 1999 Wissenschaftlicher Mitarbeiter im Bereich Ethik an der Universität Fribourg, seit 1999 Professor für Sozialethik und Moralphilosophie an der Universität Löwen (Université catholique de Louvain) in Louvain-la-Neuve.

Charles Martig, geb. 1965, Studium der Theologie (Lizentiat), Journalistik und Kommunikationswissenschaft (Diplom) in Fribourg und Amsterdam; 1994–2002 Filmbeauftragter und seit 2002 Geschäftsführer des Katholischen Mediendienstes in Zürich. Regelmäßige Publikationen zu Film, Medien und Ethik unter www.kath.ch/mediendienst/, www.medienheft.ch sowie in der Zeitschrift film-dienst.

Matthias Müller, geb. 1972, Studium der Theologie und Mathematik in Freiburg i. Br. und Jerusalem. Derzeit Arbeit an einer Dissertation in Fundamentaltheologie zum Thema: „Gemeinsames Warten. Fundamentaltheologie im Angesicht des Judentums"

Hartmut Raguse, geb. 1941, Psychoanalytiker und Titularprofessor für Neues Testament und Hermeneutik an der Theologischen Fakultät der Universität Basel, Lehrbeauftragter für Seelsorge in Basel und an der Theologischen Fakultät Zürich.

Dietmar Regensburger, geb. 1963, Studien in Katholischer Theologie, Germanistik und Politikwissenschaft, 1996 Dissertation über Hannah Arendt, seit 1993 Assistent am Institut für Systematische Theologie der Universität Innsbruck, Mitarbeit im Forschungsprogramm „Religion – Gewalt – Kommunikation – Weltordnung"

Ulrike Vollmer, geb. 1971, Studium der Religionspädagogik in Freiburg i.Br., seit 1999 PhD Studium zum Thema „Frauen, Film und Theologie" im Department of Biblical Studies, Universität Sheffield (GB).

Mechthild Zeul, Diplompsychologin und Psychoanalytikerin in Frankfurt a.M. und Madrid. Mitglied der Asociación Psicoanalítica de Madrid (Madrider Psychoanalytische Vereinigung) und der Deutschen Psychoanalytischen Vereinigung. Zahlreiche Veröffentlichungen insbesondere auf den Gebieten Weiblichkeit in der Psychoanalyse sowie Film und Psychoanalyse. Sie ist Mitglied der Redaktion der Zeitschrift Psyche seit 1985 und Mitherausgeberin seit 1992.

Filmbücher bei Schüren

Joachim Valentin (Hrsg.)
Weltreligionen im Film
(Film und Theologie Bd. 3)
256 S., Pb., zahlr. Abb.,
€ 19,80/SFr 34,40
ISBN 3-89472-369-6

Sind religiöse Inhalte im Film darstellbar? Welche Verstellungen und Verschiebungen finden dabei statt? In jedem Fall kann bei vielen Werken der Filmgeschichte eine ernsthafte Auseinandersetzung mit religiösen Themen und Lebenswelten und deren Verhältnis zu modernen Sinnfragen und Gesellschaftsstrukturen beobachtet werden. Die Verschiedenartigkeit der Religionen selbst und ihres jeweiligen Verhältnisses zur ‚Moderne' führt zu einer je spezifischen Thematisierung der fünf Weltreligionen (Christentum, Islam, Judentum, Hinduismus und Buddhismus).

Jürgen Felix (Hrsg,)
Die Postmoderne im Kino
Ein Reader
320 S., Pb.,
€ 19,80/SFr 34,40
ISBN 3-89472-325-4

Ein hilfreicher Reader, der Beiträge aus dem In- und Ausland zur Verständigung über das postmoderne Kino sammelt.
Beiträge von Jean Baudrillard, Umberto Eco, Frederic Jameson, Peter W. Jansen, Thomas Elsaesser, Andreas Kilb, Rainer Rother, Klaus Kreimeier, Georg Seeßlen, E. Ann Kaplan und vielen anderen mehr.
Das Buch enthält eine Einleitung sowie Filmo- und Bibliographie.

Burkhard Röwekamp
Vom *film noir* zur *méthode noire*
Die Evolution filmischer Schwarzmalerei
240 S., Pb., zahlr., teilweise farbige Abb.
€ 19,80/SFr 34,40
ISBN 3-89472-344-0

Die Arbeit dokumentiert und analysiert die Entwicklung des Noir-Films anschaulich von den Anfängen bis in die Gegenwart, von *A Bout De Souffle* über *Chinatown* bis hin zu *L.A Confidential*. Damit wird ein methodisch und theoretisch innovatives Modell filmischer Wirkmechanismen vorgestellt.

SCHÜREN

Universitätsstr. 55 · D-35037 Marburg · Fon 06421/63084 · Fax 06421/681190 **www.schueren-verlag.d**